32. フロリダ（タラハッシー）
33. ミシシッピ（ジャクソン）
34. アーカンソー（リトルロック）
35. ルイジアナ（バトンルージュ）
36. オクラホマ（オクラホマシティ）
37. テキサス（オースティン）
38. モンタナ（ヘレナ）
39. ワイオミング（シャイアン）
40. コロラド（デンバー）
41. ニューメキシコ（サンタフェ）
42. アイダホ（ボイジー）
43. ユタ（ソルトレークシティ）
44. アリゾナ（フェニックス）
45. ワシントン（オリンピア）
46. オレゴン（セーレム）
47. ネヴァダ（カーソンシティ）
48. カリフォルニア（サクラメント）
49. ハワイ（ホノルル）
50. アラスカ（ジュノー）
51. ワシントンD.C.

シリーズ
世界を知る
ための地誌学
アメリカ

二村太郎・矢ケ﨑典隆 ［編］

Regional Geography of
the United States

朝倉書店

―― 書籍の無断コピーは禁じられています ――

　本書の無断複写（コピー）は著作権法上での例外を除き禁じられています。本書のコピーやスキャン画像、撮影画像などの複製物を第三者に譲渡したり、本書の一部を SNS 等インターネットにアップロードする行為も同様に著作権法上での例外を除き禁じられています。

　著作権を侵害した場合、民事上の損害賠償責任等を負う場合があります。また、悪質な著作権侵害行為については、著作権法の規定により 10 年以下の懲役もしくは 1,000 万円以下の罰金、またはその両方が科されるなど、刑事責任を問われる場合があります。

　複写が必要な場合は、奥付に記載の JCOPY（出版者著作権管理機構）の許諾取得または SARTRAS（授業目的公衆送信補償金等管理協会）への申請を行ってください。なお、この場合も著作権者の利益を不当に害するような利用方法は許諾されません。

　とくに大学等における教科書・学術書の無断コピーの利用により、書籍の流通が阻害され、書籍そのものの出版が継続できなくなる事例が増えています。

　著作権法の趣旨をご理解の上、本書を適正に利用いただきますようお願いいたします。　　　　　　　　　　　　　［2025 年 1 月現在］

まえがき

　世界地誌シリーズの第4巻として『アメリカ』が刊行されてから14年が経過した．同書は，テレビのニュースや新聞の報道で注目されがちな政治・外交・経済などの内容よりも，地誌学的な観点から，この巨大で多様な国を包括的に理解することを目指した．すなわち，アメリカ合衆国がどのような自然環境のもとで成り立ち，どのような歴史を歩み，どのような人々によって構成され，どのように農村や都市が変化してきたか，そしてどのような産業が発展・衰退してきたかなどについて，地域の枠組みを踏まえて解説した．幸いにも同書は，アメリカ地誌を受講した大学生からアメリカ合衆国に関心を持つ一般読者まで，多くの方々にご好評をいただいた．これまで『アメリカ』をご愛読いただいた皆様に感謝したい．

　一方で，同書が刊行された2011年から十数年の間に，アメリカ合衆国は大きな変化を経験した．世界最大の二酸化炭素排出国として，温暖化が進むことへの懸念から，クリーンエネルギー（太陽光発電や風力発電）の活用が進んだ．また，電気自動車（EV）の開発が急速に進み，市街地では充電施設を見かけることが珍しくない．さらに，いくつかの都市では自動運転を実装したタクシーが運行している．スマートフォンのアプリケーション（アプリ）を利用したライドシェアも活用されている．アメリカ企業の主導で開発されたスマートフォンは，インターネット販売やソーシャルメディアの普及を加速した．情報通信技術関連のアメリカ系大手多国籍企業は成長を続け，国内外に支配的な影響を及ぼしている．

　また，世界情勢の影響を受け，アメリカ合衆国を目指す人々は今も絶えることがない．メキシコ国境の南側にはこの国への入国を試みる人々があふれており，移民に対する人道支援と国境管理をめぐって，連邦政府と州政府の主張には隔たりがみられる．さらに，1964年の公民権法制定によってあらゆる差別が撤廃されたにもかかわらず，マイノリティへの差別は今も続いている．白人警官によるアフリカ系アメリカ人への暴力行為が明らかになると，「黒人の命も大切だ」という異議申し立てが多くの人々の共感を得た．アメリカ合衆国全体では多民族化がさらに進んでおり，現地へ調査に行くとそうした変化を実感する．

　本書は旧版の『アメリカ』と同様に，このような変化と多様性に富むアメリカ合衆国を地誌学の視点と方法を用いて読み解くことを目指す．大学教育においてアメリカ地誌を学ぶためのスタンダードな教科書となるだけでなく，一般の人々にもアメリカ合衆国について学んでいただく機会を提供する．本書の構成については旧版から大きな変更はないが，カラーの図版や写真を多く用いて，視覚的にアメリカ合衆国の独自性と全体像を把握し，読者の関心を高めるように努めた．また，前回から引き続き執筆する6名に，新たに3名の地理学研究者が執筆陣に加わった．朝倉書店編集部には，旧版同様に企画から刊行まで大変お世話になった．本書を通じて，多くの方々のアメリカ合衆国に関する理解が深まることを期待している．

2025年2月

二村太郎・矢ケ﨑典隆

編集者

二村太郎（ふたむらたろう）　同志社大学グローバル地域文化学部
矢ケ﨑典隆（やがさきのりたか）　東京学芸大学名誉教授

執筆者

（　）は担当章

石井久生（いしいひさお）　共立女子大学国際学部（11章）
大石太郎（おおいしたろう）　関西学院大学国際学部（4章）
小田隆史（おだたかし）　東京大学大学院総合文化研究科（2章）
平　篤志（たいらあつし）　香川大学教育学部（7章）
髙橋昂輝（たかはしこうき）　北海道大学大学院文学研究院（9章）
長尾謙吉（ながおけんきち）　専修大学経済学部（6章）
平井　誠（ひらいまこと）　神奈川大学人間科学部（10章）
二村太郎（ふたむらたろう）　同志社大学グローバル地域文化学部（1, 8, 12章）
矢ケ﨑典隆（やがさきのりたか）　東京学芸大学名誉教授（1, 3, 5, 12章）

（五十音順）

目　次

1　アメリカ地誌へのアプローチ ……………………………………………［矢ケ﨑典隆・二村太郎］ *1*
　　1.1　アメリカ地誌の課題と方法　*1*
　　1.2　地域的多様性　*3*
　　1.3　アメリカ的等質性　*4*
　　1.4　地域性と地域区分　*7*
　　1.5　分裂しない多民族国家　*8*

2　自然環境・自然災害・環境保護 ………………………………………………………［小田隆史］ *11*
　　2.1　地形の多様性と地域　*11*
　　2.2　気候と植生の多様性　*14*
　　2.3　主な自然災害と社会素因への着眼　*16*
　　2.4　環境問題と環境保護　*19*

3　大陸国家の形成と国土の開発 …………………………………………………………［矢ケ﨑典隆］ *22*
　　3.1　国土の拡大　*22*
　　3.2　交通網の整備　*24*
　　3.3　荒野の開拓と人口移動　*28*
　　3.4　交通と経済発展　*30*

4　移民と多民族社会 ………………………………………………………………………［大石太郎］ *33*
　　4.1　移民の流入とアメリカ社会　*33*
　　4.2　人種民族構成の地域性　*35*
　　4.3　農村地域のエスニック景観　*39*
　　4.4　都市のエスニック景観　*41*

5　食料生産と農業地域 ……………………………………………………………………［矢ケ﨑典隆］ *44*
　　5.1　アメリカ型農業様式の誕生　*44*
　　5.2　農業と農業地域の変化　*46*
　　5.3　資本と技術のダイナミズム　*48*
　　5.4　食料生産の持続性　*53*

6　産業構造の変化と多国籍企業　…………………………………[長尾謙吉] 55
6.1　豊かな資源と工業発展　*55*
6.2　脱工業化社会と経済サービス化　*58*
6.3　情報化社会と地理的分散・集中　*60*
6.4　グローバリゼーションと多国籍企業　*62*

7　都市の構造・景観と都市問題　………………………………[平　篤志] 66
7.1　都市システムの形成　*66*
7.2　都市の景観と構造　*69*
7.3　都市の郊外化　*72*
7.4　都市問題と社会運動，再開発　*73*

8　生活様式と生活文化　……………………………………………[二村太郎] 77
8.1　アメリカ的生活様式　*77*
8.2　宗教の地域差　*80*
8.3　食文化　*83*
8.4　スポーツ　*85*

9　社会経済的格差と地域活性化　…………………………………[髙橋昂輝] 88
9.1　経済大国アメリカの格差　*88*
9.2　「インナーシティ問題」―1960年代まで―　*91*
9.3　「ジェントリフィケーション」―1960年代以降―　*93*
9.4　都市政策の新自由主義化　*96*

10　高齢者と高齢社会　………………………………………………[平井　誠] 99
10.1　人口構成の変化　*99*
10.2　人口高齢化の地域性　*102*
10.3　高齢人口移動　*104*
10.4　高齢者の生活―リタイアメント・コミュニティ―　*106*

11　アジア化とラテンアメリカ化　…………………………………[石井久生] 109
11.1　増加するアジア系　*109*
11.2　増加するヒスパニック　*112*
11.3　ロサンゼルスのアジア系とヒスパニック　*115*

12　アメリカ合衆国と世界 ［矢ケ﨑典隆・二村太郎］ *119*

12.1　文化的に異なる2つの隣国　*119*
12.2　アメリカ合衆国とラテンアメリカ　*121*
12.3　アメリカ社会のグローバル化　*124*
12.4　世界の博物館　*127*

索　引 *129*

1 アメリカ地誌へのアプローチ

アメリカ合衆国という巨大な国の現実の姿を理解するために，地誌学はどのようにアプローチするのだろうか．本章では，はじめにアメリカ地誌の課題と方法について概説し，本書が採用するテーマ重視法について説明する．次に，アメリカ合衆国を特徴づける地域的多様性を把握するとともに，この国に共有されるアメリカ的等質性について検討する．そうした理解を踏まえて，さまざまな指標に基づく地域区分の例を紹介する．最後に，国家としてのアメリカ合衆国の全体像について考えてみよう．

ヨセミテ国立公園のヨセミテバレー（2023年11月，筆者撮影）

1.1 アメリカ地誌の課題と方法

世界の国々のなかで，アメリカ合衆国は日本にとって最も身近で関係の深い国の1つである．第二次世界大戦以降，日本はアメリカ合衆国と政治的にも経済的にも緊密な関係を維持してきた．アメリカ合衆国から輸入される農産物は，穀物，食肉，果物など，日本に暮らす人々の食生活にとって不可欠な存在である．同時に，日本の産業はアメリカ市場に大きく依存してきた．一方，情報通信技術が飛躍的に発展した今日，アメリカ合衆国に関する情報はマスメディアやソーシャル・ネットワーキング・サービス（SNS）を通して，私たちの日常生活に氾濫している．インターネットによってアメリカ合衆国から商品を購入することも容易である．ビジネス，留学，観光旅行などを目的として，多くの人々がこの国を体験している．

このように日本とアメリカ合衆国の関係は緊密であり，日本に暮らす人々にとってアメリカ合衆国は身近な存在であるにもかかわらず，また，アメリカ研究という学問領域が制度化され，アメリカ関係の出版物や研究が蓄積されてきたにもかかわらず，この国に関する地域認識は必ずしも深まってはいないようにみえる．それは1つには，日本におけるアメリカ合衆国への関心が政治，経済，文化などの特定の領域に偏っており，地域を研究し理解することへのこだわりが弱いためである．また，日本ではアメリカ合衆国をひとまとめにして論じる傾向が強くみられる．しかし，実際には国土は広大で多様性に富んでおり，多くの地域がニューヨークやワシントンD.C.とは別世界である．限定された知識に基づいて，特定の情報源に依存して，また単純な表現を用いてこの国を論ずることは危険なのである．

アメリカ合衆国に関する正確でバランスのとれた地域認識を促進するために，地誌学の果たす役割は大きい．地誌学は，さまざまな地域スケールを設定し，地域に関する情報や多様な現象を地域の枠組みに即して提示し，地域の特徴を説明し，地域の課題を解明する学術領域である．また地誌学は，今日，マスメディアやインターネットを通じて氾濫する情報を自ら組み立てて地域を客観的かつ構造的に認識し，正確な地域像を構築する能力を育成することに貢献する．身近な地域社会から全世界にいたるまで，さまざまなスケールにおいて地域をどのような枠組みで認識すべきなのかという，地域認識の方法を提示する．

それでは，もう少し具体的にアメリカ地誌を考えてみよう．まず，アメリカ地誌が取り組む課題として次の4つがあげられる．

第1に，アメリカ合衆国には，自然環境，植民・開発の過程，産業と経済，社会と文化，人種

民族構成など，さまざまな点において地域差が存在する．例えば，東海岸と西海岸，北部と南部，沿岸部と内陸部では地域的コントラストが顕著である．このような地域的多様性を認識するとともに，地域性の形成過程を理解することは，アメリカ地誌の重要な課題である．

第2に，アメリカ合衆国では，地域的多様性が存在すると同時に，アメリカ的な等質性を促進する力も作用し，アメリカ的な特徴が共有されるようになった．合理性を追求する過程で新しい生活様式や生産様式が醸成され，それらがアメリカ的基準として広域な国土に普及した．こうした等質性を実現したアメリカ的なしくみを理解することも，アメリカ地誌の重要な課題である．

第3に，多様な諸地域がどのように関連しあって，1つの国家として存立してきたのか，すなわち，特徴を持つ地域の複合体としてのアメリカ合衆国の全体像を理解することも，アメリカ地誌の課題である．

第4の課題として，アメリカ合衆国をより広域な地域の枠組みにおいて理解することも重要である．アメリカ合衆国は，国土が広大で人口密度が低いという2つの点において，ヨーロッパとは著しい対照をなす．一方，新大陸という枠組みでみると，メキシコ以南のラテンアメリカとアメリカ合衆国には大きな地域差が存在する．それは，コロンブス以降の南北アメリカの地域形成において，その母体となったヨーロッパ文化に起因するものである（矢ケ﨑，2008）．

私たちがアメリカ合衆国を訪問する場合，体験されたアメリカ合衆国はこの巨大な国のごく一部の切り取られた現実であり，それ以外に未知のアメリカ合衆国が存在することを認識する必要がある．アメリカ合衆国の地域性と全体像を把握するためには，地域を理解するための方法が必要となる．それでは，どのような方法によってアメリカ地誌へアプローチできるだろうか．地誌学にはいくつものアプローチがあるが（矢ケ﨑ほか，2020），アメリカ地誌の場合，網羅累積法，地域区分法，地域抽出法，テーマ重視法という4つの方法が有効である．

網羅累積法は，地理的事象を網羅的かつ羅列的に説明することによって，地域の全体像を描き出す方法である．地理的事象には，位置，自然環境，資源，人口分布，人種民族構成，産業と経済，社会・文化現象，都市，交通などが含まれる．それぞれの事象に関する調査研究，主題図，統計等を重ね合わせることにより，広大で多様なアメリカ合衆国という国家の全体像を描くという伝統的な方法である．

地域区分法は，広大な面積を持つアメリカ合衆国は特色のある地域によって構成されるという認識に基づいて，地域区分を行ってそれぞれの地域の特徴を描き出し，それらを合算することによってこの国の全体像を理解しようとする方法である．地域区分とは地域をいくつかの下位の地域に区分する作業であり，地域区分の目的，着目する地域性，区分する地域の数，用いる指標によって地域区分の方法はさまざまである．

地域抽出法は，アメリカ合衆国の一部の地域を取り上げて詳しく説明することにより，国の全体像を理解しようとする方法である．これは，アメリカ全体の動向は特定の地域に投影されている，という認識に基づく．例えば，グレートプレーンズは人口密度が低く，経済発展から取り残された地域であるが，この地域の変化に着目することによって，大規模で先進的な農業の特徴やダイナミックな地域変化を理解することができる．また，ロサンゼルス大都市圏を事例として，そこに暮らす多様な人々や移民の流入に着目することによって，多民族社会としてのアメリカ合衆国の現実の姿にアプローチすることができる．

テーマ重視法は，アメリカ合衆国を特徴付けると想定される地理的事象に焦点を当てることによって，この国の全体像を理解しようとする方法である．当然のことながら，取り扱うテーマが異なれば，描かれる地誌も異なる．すなわち，光の当て方によって，アメリカ合衆国の見え方は異なってくるわけである．そのため，複数のテーマを取り上げることにより，バランスのとれた地域認識が可能になる．本書ではこのテーマ重視法を採用しており，次章以下では11のテーマを設定

した．すなわち，自然環境・自然災害・環境保護，大陸国家の形式と国土の開発，移民と多民族社会，食料生産と農業地域，産業構造の変化と多国籍企業，都市の構造・景観と都市問題，生活様式と生活文化，社会経済的格差と地域活性化，高齢者と高齢社会，アジア化とラテンアメリカ化，アメリカ合衆国と世界である．それぞれのテーマについて11の章で詳しく考察した．

1.2 地域的多様性

1.2.1 アメリカ地誌の4層構造

アメリカ合衆国の地域性は，その形成過程に着目すると，自然環境，アメリカ先住民の世界，ヨーロッパ文化圏の拡大，アメリカ化の進展という4層構造を理解することによって可能になる（図1.1）．アメリカ合衆国には多様な自然が存在しており，それは地誌を理解するための基盤である．前コロンブス時代の先住民は，自然環境を利用しながら，地域によって異なる生活様式を確立した．このような先住民の世界は，1492年以降，大きく変更されることになった．ヨーロッパから持ち込まれた文化は地域によって異なった．ヨーロッパ諸国のそれぞれの植民地では，本国の伝統を反映して異なる経済，社会，文化景観が形成されたからである．一方，独立後は，大陸規模の国家を開発し統治するための新しいしくみや，地域の条件に適応するような新しいしくみが作り出された．このようなアメリカ化が進展することによって，アメリカ合衆国は独自の発展を経験した．

アメリカ地誌の4層構造において，自然環境，アメリカ先住民の世界，ヨーロッパ文化圏の拡大は，現代のアメリカ地誌を考えるための基層であり，いずれも地域的多様性を助長する要因として作用した．

1.2.2 自然環境

アメリカ合衆国には多様な自然環境が存在する．地形を概観すると，東部から南部にかけての海岸平野，アパラチア山脈，内陸低地，ロッキー山脈，山間地区，太平洋岸に区分される．多様な気候には東西性と南北性が顕著である．一般に国

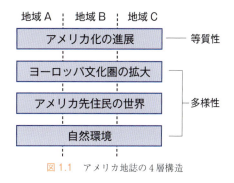

図1.1 アメリカ地誌の4層構造

土の東半分は湿潤であるのに対して，国土の西半分は乾燥している．また，緯度による気候の地域差も著しい．植生は気候や地形を反映して多様である．一般に湿潤な東部では森林が，乾燥した西部では草原が広域に存在する．このような自然環境は先住民の生活の基盤であった．また，ヨーロッパ人による植民・開発が進む過程で，ローカルな環境条件を活用することにより，その地域の経済が発展し，地域性が形成された．

1.2.3 アメリカ先住民の世界

前コロンブス時代には，先住民のネイティブアメリカンは自然環境に適応し，自然環境を巧みに利用する生活様式を作り上げた．アメリカ東部の森林地域では，先住民は樹木の皮を剥いで立ち枯れを起こさせ，森林内に小さな畑を作ってトウモロコシ，マメ，カボチャなどの自給的栽培を行った．中央部の草原地域では，バッファローなどの野生動物の狩猟が中心となった．一方，西部の半乾燥地域では，堅果類の採集や狩猟を中心とした生活が営まれた．

このような生業形態に基づいた先住民の人口は，南北アメリカという枠組みで考えると大きくはなかった．地理学者のウイリアム・デネヴァン（Denevan, W. M.）は，15世紀末の南北アメリカにおける先住民の人口を5390万人と推計しており，人口が特に集中したのはメキシコ中部とアンデス中部であった．一方，現在のカナダとアメリカ合衆国を含む北アメリカの先住民人口は，379万人（南北アメリカ全体の約7％）であった（Denevan, 1992）．現代の南北アメリカの人口分布とは大きく異なるわけである．このような先住民の世界の存在は，コロンブス以降のヨーロッパ

人の植民と開発に大きな影響を及ぼした.

1.2.4 ヨーロッパ文化圏の拡大

先住民の世界を大きく変更することになったのは，1492年にコロンブスが新大陸に到来し，それを契機として進行したヨーロッパ文化圏の拡大であった．今日のアメリカ合衆国とカナダの地域には主にイギリス，フランス，スペインの植民地が形成され，それぞれの植民方式の違いが，経済の形態，集落の立地，文化景観に地域差を生み出した．それぞれの植民地では，植民地経営，フロンティア組織，先住民との関係，土地の分割・所有形態，農業様式，本国との関係などの点で著しい地域差がみられた．

スペイン植民地は，フロリダ半島から西部の内陸部を含んで，太平洋岸まで広範囲に及んだ．主に植民が進んだのは海岸部であり，フロンティア開発を目的として，カトリック伝道集落，軍事基地，民間人の入植村が建設され，作物や灌漑技術が導入された．また，広大な土地の使用権が牧場として賦与され，家畜とともに大土地所有制の伝統がイベリア半島から移植された．先住民は労働力であり，布教活動の対象であった．ただ，広大な植民地にもかかわらず，スペインの実質的な支配が及んだ地域は限定的であった．

フランス植民地では，セントローレンス川，五大湖，ミシシッピ川という内陸水路に沿って植民が展開した．もともとニューファンドランド島沖の北大西洋漁場にフランス人漁民がタラ漁を目的として進出しており，これが植民のきっかけとなった．引き続いて毛皮商人がセントローレンス川に沿って内陸へと進出し，毛皮交易所が各地に設けられた．先住民との関係は良好で，彼らとの交易を通じて内陸部の植民が進行した．

イギリス植民地は大西洋岸に建設された．ニューイングランド植民地では，宗教共同体としてのタウンが植民・開発の単位となった．中部植民地では，自営農民が小規模家族農場で混合農業を営み，森林開発を行った．南部植民地では，ヨーロッパ市場向けのタバコ，イネ，ワタなどの栽培がプランテーションで行われ，奴隷労働力が農業経営の基盤となった．イギリス植民地において，先住民は労働力とはみなされず，対立した植民者たちにとって次第に制圧の対象となり，のちに排除され西へと追いやられることになった．

以上のように，アメリカ合衆国という地域の枠組みにおいて，自然環境，先住民の世界，ヨーロッパ文化圏の拡大には著しい地域差が存在し，それらの相互作用の結果として，異なった地域性を有する地域が形成された．

1.3 アメリカ的等質性

アメリカ合衆国は北西ヨーロッパの伝統を受け継いで誕生したが，国土が広大で人口規模が小さいという2つの点で，ヨーロッパとは著しく異なる世界であった．そこで，少ない人口で広大な国土を開発するために，アメリカ独自のしくみが必要になった．これが図1.1のアメリカ化の進展であり，このような新しいしくみは大陸規模の国家に等質性を生み出す要因となった．

例えば土地制度について考えてみよう．植民地時代に開発が行われた地域では，不規則な測量が行われ，土地所有の規模や形態は地域によって異なった．大西洋岸のイギリス植民地や，西部のスペイン植民地がそうした例である．アメリカ合衆国が独立してから，広大な国土を迅速に測量するために，タウンシップ・レンジ方式による方形測量（いわゆるタウンシップ制）が導入された（図1.2）．各地に設定された主経線と基線を座標軸として，6マイル（9.6 km）ごとのメッシュが設けられた．6マイル四方の正方形はタウンシップと呼ばれ，それは36のセクションに分割された．1マイル四方のセクションはさらに四等分された．この一辺の長さが0.5マイル（約800 m）の正方形はクォーター（4分の1）セクションと呼ばれ，160エーカー（64.7 ha）の面積を持つ．

タウンシップ・レンジ方式の方形測量は広域にわたって規則的な文化景観を生み出したし，連邦政府はこの方形測量に基づいて，公有地（public land）と呼ばれる国有地の払い下げを積極的に行った．独立自営農民を育成するために，160エーカーの土地を開拓民に安い価格で販売し，あるいはホームステッド法に基づいて無償で提供し

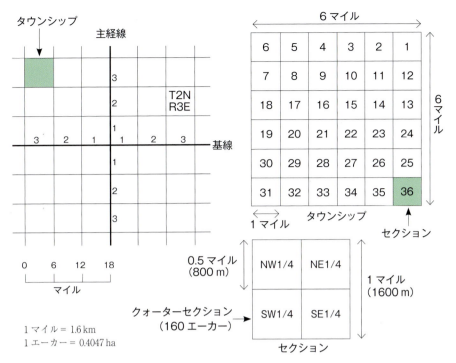

図 1.2　タウンシップ・レンジ方式の方形測量

た．州政府に対しては，公立学校や大学の設立を援助するために，公有地を無償で賦与した．1862年施行の太平洋鉄道法に基づいて，大陸横断鉄道を建設した鉄道会社に対して，線路の両側の土地（奇数番号のセクション）が賦与された．このような土地政策の結果，方形の農場が主流となり，道路はセクション境界線に沿って建設された．タウンシップ・レンジ方式が残した方形の文化景観は，植民地時代の影響が強く残る一部の地域は例外として，広域の国土に等質的で永続的な刻印を残すことになった．

農業様式においてもアメリカ合衆国独自の展開がみられた．アメリカ合衆国の発展において基本的な農業様式となったのは，家族農場を単位とした混合農業であった．大西洋岸の中部植民地には，北西ヨーロッパから農民が流入して家畜や作物とともに混合農業の伝統を導入した．これにメソアメリカ（メキシコ中部から中央アメリカ北西部にかけての地域）原産のトウモロコシが加えられた．優れた家畜飼料であるトウモロコシによって飼料作物の輪作体系が強化され，アメリカ型農業様式が誕生した．連邦政府が家族農場の育成を目指した農業政策を実施した結果，開拓民がアパラチア山脈を越えて平原部に進出し，それに伴ってこの農業様式も西へと拡大した．地域によって気候条件や市場への距離が異なるため，農業には地域差が生まれたが，家族農場と混合農業はアメリカ合衆国の農業発展の基盤となった．

国土が西に向かって拡大し，開発が進行するにつれて，交通と通信は重要な役割を演じた．大陸規模の国家において，交通・通信の発達は諸地域の等質性を強める方向に作用した．19世紀後半には複数の大陸横断鉄道が建設されて，人や物の東西海岸間の長距離輸送が活発化した．北東部の富裕層や病弱者は，大陸横断鉄道のおかげで南カリフォルニアの温暖な冬を過ごすことができるようになり，これが南カリフォルニアの発展の1つの要因となった．20世紀にはモータリゼーションが急速に進展し，移動性に富んだアメリカ的生活様式が確立された．また，フリーウェイと呼ばれる高速自動車道の整備が進んで，物流が促進された．20世紀後半に航空交通の時代が到来すると，大小さまざまな空港は多数の航空会社によって高密度に結ばれ，距離の克服が実現された．も

ともとアメリカ人は移動性に富むが，鉄道・道路・航空交通の発達によって，人口移動や物・情報の交流が活発化し，地域間の文化的な差異が縮小した．

情報通信技術の発達も距離と地域差の克服に貢献した．ベルによる電話機の発明から最近のインターネットまで，アメリカ合衆国で開発された技術は世界のあり方に変革をもたらし続けている．今日，コンピュータとインターネットによって，どこにいても同じ仕事ができる．この国では本社機能の地域分散が進んでおり，多くの企業は経済の中心地ニューヨークや政治の中心地ワシントンD.C.に本社を置いてはいない．

交通と通信の発達は，距離を克服するばかりでなく，アメリカ人の生活様式における等質性を実現することに貢献してきた．そして，どこにいても同じ商品を手に入れ，同質のサービスを受けることが理想となった．すなわち，商業やサービス業においてもアメリカ的基準が確立され，等質性が助長されたわけである．

アメリカ的生活様式を広域に普及する原動力となったのは，19世紀末にシカゴを拠点として発達した通信販売システムであった．中西部の農村地域では農民が分散して居住したので，彼らは商品を購入するために地方都市に出向く必要があった．しかし，地方都市の小規模商店では品揃えが限られたし，より大きな都市への交通の便はよくなかった．通信販売の代名詞ともなったシカゴのシアーズローバック社は，配布したカタログから注文を受けて商品を郵送する通信販売形態を定着させた．同社の分厚いカタログには，衣料品，家具，食器などの日常生活に必要なさまざまな種類の実用品や，農機具や馬具，娯楽やスポーツのための実用品までが掲載された．こうして，だれでもどこからでもシアーズローバックカタログから同じ商品を入手することができるようになった．また，他社もカタログによる通信販売に進出した（写真1.1）．こうして歴史や環境の異なる地域に暮らす人々が，また人種民族の異なる人々が，同じカタログから同じ商品を購入して，同じような生活を営むようになったのである．

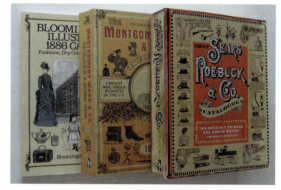

写真1.1　19世紀末の通信販売カタログ（2010年7月，筆者撮影）

フランチャイズチェーンの発達もまた，同一企画の商品やサービスを全国どこでも供給することに寄与した．マクドナルド，ケンタッキーフライドチキン，タコベル，ハーゲンダッツアイスクリームなど，どこにいても同じ食事を取ることができる．大型スーパーマーケットや大型量販店（ウォルマート，ターゲット，コストコなど）の全国的なチェーンストアの増加は，個人経営の小規模小売店の衰退を招く一方で，消費者の買い物行動と商品・サービスの等質化を促進した．

全国規模の企業による地元資本の工場の買収，拠点工場の設立，そして流通システムの整備によって，同じ商品が全国でいっせいに販売されるようになった．こうして，都市と農村，中央と地方，東部と西部の間の時間差がなくなり，どこにいても同時に同じ商品を購入することができるようになった．例えば，ビールはもともとそれぞれの街で醸造され地元で消費されていたが，バドワイザー（旧アンハイザー・ブッシュ社，現ABインベブ社）のようなナショナルブランドのビールが市場占有率を拡大し，飲酒行動の画一化が進んだ．もちろん最近のクラフトビールブームによってさまざまなビールを飲むことができるが，消費量が多いのは，いつでもどこでも安価に入手できるナショナルブランドのビールである．

広大な国家に等質性をもたらす重要な原動力として忘れてはならないのは，共通言語としての英語である．ヨーロッパやアジアと比べてみれば明らかなように，1つの言語が広域な地域で共通に話されているという点で，アメリカ合衆国は世界

でもまれな事例である．もちろん，メキシコ系バリオ，チャイナタウン，コリアタウン，リトルサイゴンなど，新しい移民の住むエスニックタウンでは英語以外の多様な言語が主流である．しかし，移民は時間の経過とともに英語を習得するし，アメリカ生まれの若い世代は英語中心の生活を営むようになり，言語的にも文化的にもアメリカ社会に吸収されていく．アメリカ社会が伝統的に重視した公教育は，このような言語教育やアメリカ的価値観の育成に寄与してきた．

1.4 地域性と地域区分

1.4.1 自然地域区分と行政地域区分

地域区分は，対象とする国の地域性と全体像を把握するための伝統的な地理学的アプローチである（矢ケ﨑，2006）．いくつかの例（アラスカとハワイは除く）をあげてみよう．

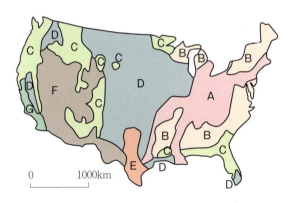

図1.3 アメリカ合衆国の植生地域区分
A：落葉広葉樹，B：落葉広葉樹・常緑針葉樹，C：常緑針葉樹，D：草地，E：草地・メスキート（マメ科低木），F：常緑広葉灌木，G：地中海性灌木．White, et al. (1985) による．

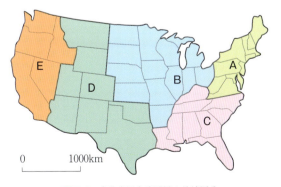

図1.4 内務省国立公園局の地域区分
A：北東部，B：中西部，C：南東部，D：山間部，E：太平洋岸西部．U.S. Bureau of the Interior, National Park Service による．

自然環境に着目した地域区分としては，地形，気候，植生を指標として，またそれらを総合した自然地域区分が一般的である．図1.3は植生地域区分の例であり，気候や地形が反映される．

連邦政府の各省はそれぞれの目的に応じて地域区分を行う．例えば，内務省国立公園局では，図1.4の地域区分を採用し，それぞれの地域に10から35か所の国立公園が属し，支援事務所が技術援助を行い，州や地方自治体と協力している．

1.4.2 住民の地域認識による文化地域区分

アメリカ人地理学者ゼリンスキーはユニークな地域区分を試みた．彼が前提としたのは，一般の人々は自分たちが住んでいる地域に関してイメージや地域認識を共有しており，それ自体が民衆レベルにおける文化地域を作り出しているという考えである（Zelinsky, 1980）．着目したのは，都市に存在する会社などの名称である．会社に名前をつける場合に，意識的あるいは無意識的に顧客の認識と共感を得やすい名称が選ばれる．したがって，会社などにつけられた地域名称の頻度は，その地域住民が場所に対して持っている集団的なイメージや地域認識を反映するものである．彼はこのような前提に立って，特定の地域名称が会社名として使用される頻度を調べ，人々の頭のなかの文化地域を探り出そうとした．

地域的文化的意味を持つとして検討されたのは73の語彙である．この中には，私たちにもなじみの深いアトランティック，セントラル，イースタン，フロンティア，ミドルウエスト，パシフィック，サンベルト，ウエスタンなどが含まれる．各都市の電話帳に掲載されたあらゆる種類の会社，事業所，協会，学校，病院，公園，墓地，マンションなどの名称について，こうした語彙の出現頻度が調べられた．対象となったのは，アメリカ合衆国の1975年標準大都市統計地域（SMSA）と，カナダではそれとほぼ同じ規模にあたる人口5万人以上の都市で，合計276都市であった．各都市に関して，最も多く使われている名称，および第2位と第3位の名称を集計し，名称ごとに地図上にしるしをつけ，その範囲を大まかにまとめて図化した．こうして14の地域名

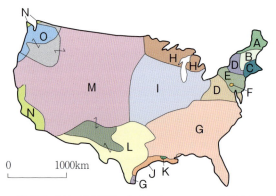

図 1.5 住民の地域認識に基づくゼリンスキーの地域区分
A：大西洋 Atlantic, B：北東部 Northeast, C：ニューイングランド New England, D：地域的帰属意識なし, E：東部 East, F：中部大西洋 Middle Atlantic, G：南部 South, H：北部 North, I：中西部 Midwest, J：メキシコ湾 Gulf, K：アカディア Acadia, L：南西部 Southwest, M：西部 West, N：大西洋 Pacific, O：北西部 Northwest. Zelinsky (1980) による.

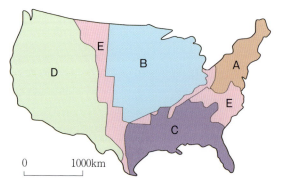

図 1.6 住民の地域認識に基づくショートリッジの地域区分
A：東部, B：中西部, C：南部, D：西部, E：移行地帯. Shortridge (1987) による.

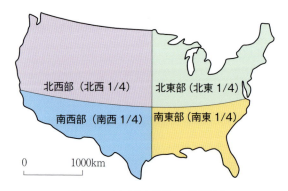

図 1.7 アメリカ合衆国の 4 地域区分
矢ケ﨑 (2006) による.

称の範囲が特定され，それらを重ね合わせることによって地域区分図が作成された（図 1.5）．

文化地域の設定は，従来，あいまいな方法でなされてきたが，ゼリンスキーの試みは，資料に基づいて，一定の分析手続きを踏んで地域区分を行ったという点で画期的である（矢ケ﨑，2006）．

一方，地理学者のショートリッジは，東部，南部，中西部，西部など，一般的に使用されてきた地域呼称に着目し，住民の地域認識を明らかにすることによって，地域区分の境界を確定しようと試みた (Shortridge, 1987)．

ショートリッジは，シカゴに本社を置く家庭用ラジオの製造企業，コブラ社 (Cobra Communications) の保証書に着目した．保証書には返信カードが付いており，ラジオに関する質問事項とともに，購入者の属性に関する質問事項が記載された．後者には，購入者の居住地を，東部 East, 南部 South, 中西部 Midwest, 西部 West の 4 つの中から選んでチェックする項目が含まれた．ショートリッジは 1979 年と 1980 年の 2 万人の購入者の返信カードを検討し，上記の地域項目に記入のあった 1 万 2689 枚を分析した．購入者の住所を 4 つの地域呼称に分けて分布図を作成し，4 地域区分および移行地帯の図を作成した（図 1.6）．移行地帯とは，少数派の地域認識が多数派の地域認識の 3 分の 1 以上の地区とした．移行地帯が，東部と南部との間に，また中西部と西部との間に広域に存在する．ここでは地域認識の混在がみられるわけである．

1.4.3 アメリカ合衆国の 4 地域区分

アメリカ合衆国の地域性を大雑把に把握するために有効なのは，北緯 37 度線と西経 95 度線によって単純に区分した 4 地域区分（図 1.7）である．北東部（北東 4 分の 1），南東部（南東 4 分の 1），北西部（北西 4 分の 1），南西部（南西 4 分の 1）の特徴は，表 1.1 に示した．これらから，アメリカ合衆国の全体像をイメージすることができる．

1.5 分裂しない多民族国家

アメリカ合衆国では，地域差を克服して，等質性に富んだ国家を作り上げることが理想であり，それが国の発展を意味した．フロンティア開発にエネルギーが注がれた 19 世紀は，まさにそうした進歩の時代であった．しかし，20 世紀に入って社会や経済が変化するとともに，アメリカ人は

表1.1 アメリカ合衆国の4地域区分

比較項目	北東4分の1	南東4分の1	北西4分の1	南西4分の1
気候	湿潤　冷涼	湿潤　温暖	乾燥　冷涼	乾燥　温暖
地形	アパラチア山脈 海岸平野	アパラチア山脈 海岸平野	高原 山岳	高原
植生	森林	森林	森林	草原　砂漠
先住民	農耕	農耕	狩猟採集	狩猟採集
人口密度	高い	高い	低い	低い
人口増減	停滞	増加	微増	増加
人種民族構成	ヨーロッパ系 多様な移民	アフリカ系	ヨーロッパ系	ヒスパニック アジア系
農業	小規模家族農場 混合農業	プランテーションの伝統	コムギ 灌漑	園芸 灌漑
工業	経済発展原動力 ラストベルト	サンベルト現象	―	サンベルト現象
政治	リベラル	保守	保守　リベラル	保守　リベラル
地域イメージ・文化	保守的　衰退	保守的	革新的	革新的
ヨーロッパ文化の影響	イギリス	イギリス　フランス	イギリス	スペイン
歴史地理	北西ヨーロッパ系 小農経済文化地域	プランテーション 経済文化地域	―	イベリア系 牧畜経済文化地域

矢ケ﨑（2006）による．

地域へのこだわりを増大させた．その結果，地域性は依然として消滅せずに存続している．

スタイナーによると，アメリカ合衆国では1930年代の大不況時に地域主義に関心が高まったという．芸術家，学者，役人などが地域主義を活発に議論したし，ウォルター・ウェッブ（Webb, W. P.）著『大平原』，ハワード・オーダム＆ハリー・ムーア（Odum, H. W. and Moore, H. E.）著『アメリカの地域主義』，フレデリック・ターナー（Turner, F. J.）著『アメリカ史における地方の意義』が刊行されて広く読まれた．アメリカ人はそれまでの時代と比べて移動しなくなり，地方的なもの，共同体的なもの，そして古いものに地域的秩序や確実性・安全性を求めた．場所のアイデンティティと歴史的な伝統に根ざしていることに高い評価が与えられることになった（Steiner, 1983）．

今日，野球，アメリカンフットボール，バスケットボール，アイスホッケーなどのプロスポーツでは，アメリカ人は地元チームを熱狂的に応援する．大学対抗のアメリカンフットボールの試合でも，町が一体となって地元大学を応援する．このような生活文化をみると，アメリカ人はローカルな世界に生きていると実感する．

ラジオを聴きながらアメリカ合衆国を長距離ドライブしてみれば，ラジオ局の多様な現実と地域性を垣間見ることができる．ラジオ放送はそれぞれの地域のローカル事業であり，ディスクジョッキーの英語と語り口や音楽には地域性がみられる．例えば，南西部のヒスパニック地域では，英語にスペイン語が混じった独特のスパングリッシュ，そしてメキシコ音楽が主流である．ここから東に向かうにつれて，南部訛りとカントリーウエスタンの世界となる．しかも，行く先々の町

写真1.2　カリフォルニアのローカル新聞
（2011年3月，筆者撮影）

で手にする新聞は,「USA TODAY」を除いて,いずれも地方紙である（写真1.2）．この国には,読売新聞や朝日新聞のような全国紙は存在しない．

このような地域主義の存在は,アメリカ合衆国の分裂を誘発するものではない．それは,多様性を引き起こす要因と等質性を引き起こす要因が縦糸と横糸のように絡み合いながら,アメリカ合衆国という国家が発展してきたからである．ヨーロッパにみられる地域主義とは根本的に異なる.

1960年代の公民権運動を契機として,少数派の人々の権利が認められ,多民族多文化の共生が唱えられるようになった．こうした動向について,歴史家のシュレージンガーは,行き過ぎた多文化主義はアメリカの分裂を引き起こしかねないと警告した（Schlesinger, 1991）．しかし,この見解は現実的な解釈ではなかった．将来もアメリカ合衆国は人種民族問題によって分裂することはないだろう．この国は,かつてのソビエト連邦,そして中国やカナダとは異なる地域構造を持っている．

アメリカ合衆国の人口は増加を続けている．アメリカ合衆国には多数の少数派集団が存在するが,移民の多くは自分の意思でアメリカ入国を希望した人々であり,彼らはアメリカ人になる予備軍である．この国は世界中から移民を引き付ける力を維持しており,時代によって移民の出身地は異なるものの,新たに入国した人々は新しい文化の要素を持ち込む．それらは新しいアメリカ合衆国を構成する要素ともなる．

アメリカ社会の分断はしばしば話題となる．しかし,この国は分裂することはないだろう．国家としてのまとまりを実現するために,アメリカ化のメカニズムが有効に作用してきた．アメリカ人としての認識は依然として共有される．一方,前述のように,地域主義のメカニズムが作用してきた．さらに,新たな移民はアメリカ的な価値や文化を尊重するとともに,出身国の伝統を維持しながら生活を営むみ,エスニック意識が維持される．このように,アメリカ化,地域主義,エスニック意識はアメリカ合衆国を特徴づけている．

それでは,次章からは,アメリカ合衆国の多様な側面に光を当てることにより,ダイナミックな地域の姿を考えることにしよう．

［矢ケ﨑典隆・二村太郎］

●●●●●●●●●●●●●● 課 題 学 習 ●●●●●●●●●●●●●●

❶ アメリカ地誌はどのような課題に取り組むのだろうか．
❷ アメリカ合衆国はなぜ多様性に富むとともに等質性を有するのだろうか．
❸ アメリカ合衆国はなぜ分裂することがないのだろうか．

文 献

Denevan, W. (1992): *The Native Population of the Americas in 1492*, 384p, University of Wisconsin Press.

Schlesinger, A. M., Jr. (1991): *The Disuniting of America: Reflections on a Multicultural Society*, 208p, Whittle Books ［都留重人 訳（1992）：アメリカの分裂—多元文化社会についての所見—, 189p, 岩波書店］．

Shortridge, J. R. (1987): Changing usage of four American regional labels. *Annals of the Association of American Geographers*, **77**: 325-336.

Steiner, M. C. (1983): Regionalism in the Great Depression. *Geographical Review*, **73**: 430-446.

White, C. L., et al. (1985): *Regional Geography of Anglo-America*, 576p, Prentice-Hall, Inc.

矢ケ﨑典隆（2006）：アメリカ合衆国の地域性と地域区分．新地理，**54**(3)：15-32．

矢ケ﨑典隆（2008）：南北アメリカ研究と文化地理学—3つの経済文化地域の設定と地域変化に関する試論—．地理空間，**1**(1)：1-31．

矢ケ﨑典隆ほか 編（2020）：地誌学概論 第2版，174p, 朝倉書店．

Zelinsky, W. (1980): North American vernacular regions. *Annals of the Association of American Geographers*, **70**: 1-16.

2 自然環境・自然災害・環境保護

太平洋と大西洋の間に位置する広大な北アメリカ大陸は，地形や気候が多様である．こうした豊かな自然が，アメリカ合衆国の発展と繁栄を可能にした．一方で，自然が猛威をふるって，さまざまな災害に見舞われてきた歴史がある．自然の多様さゆえ，災害もまた異なる様相を呈する．本章では，アメリカ合衆国の地形と気候の特徴を概観したうえで，近年，アメリカ合衆国を襲った災害の影響や復興過程，社会環境に着目して，災害リスクや環境問題について解説する．

1894年に運用が開始されたヘセタ岬灯台（オレゴン州）（2007年8月，筆者撮影）

● 2.1 地形の多様性と地域

北米大陸の地形を，ヨーロッパ人による入植が始まった東から西へとたどっていくと，大西洋岸の海岸平野に始まり，古期造山帯のアパラチア山脈がその西に連なる（図2.1）．その先に，ミシシッピ川流域の中央平原，グレートプレーンズが続き，3000～4000m級のロッキー山脈，グレー

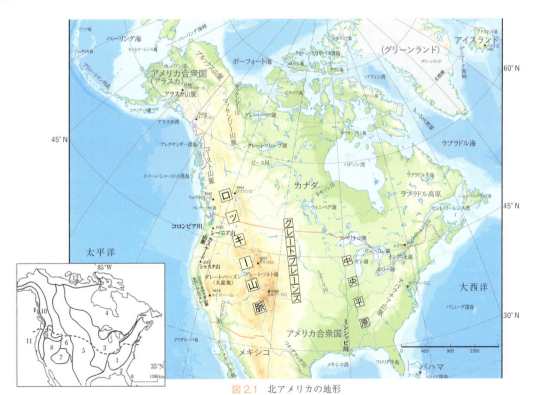

図2.1 北アメリカの地形
ROOTS / Copyright@Heibonsha. C.P.C.
（左下）地形区分（Graf, 1987をもとに加筆修正）．破線は大陸氷床の南限．1：アパラチア山脈・高原，2：海岸平野，3：中央低地，4：カナダ盾状地，5：グレートプレーンズ，6：ロッキー山脈，7：コロラド高原，8：ベイスンアンドレンジ，9：コロンビア高原，10：内陸山脈・高原，11：海岸山脈，12：北極低地．

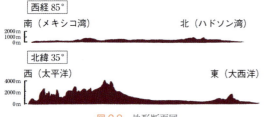

図2.2 地形断面図
西経85°と北緯35°に沿った地形断面.

トベースン，海岸山脈，シエラネヴァダ山脈などを超えて太平洋岸へと至る．西経105°付近から新期造山帯の標高が高い地形群が連なり，環太平洋造山帯の一部を成す．これを「太平洋の火の環」(Pacific Ring of Fire) と呼ぶ．さらに海を越えて西にあるハワイ諸島は，地下数kmにある「ホットスポット」と呼ばれるマグマ溜まりから噴出した溶岩によって形成された．

図2.2は，西経85°と北緯35°の地形をそれぞれ断面で示したものである．東西断面は，西側はロッキー山脈まで起伏が大きい一方，アパラチア山脈が高いだけで東側は平坦なことがわかる．南北断面では，内陸に向って高くなっているが，楯状地が広がり起伏の小さい地形になっている．

アパラチア山脈の標高は高くないものの，複数の稜線が続いている．そのため，鉄道や蒸気船などの交通網の整備以前は，この山脈を越えるためにいくつもの谷や尾根を経る必要があり，開拓者にとって障壁となった．その後，カンバーランド・ギャップという渓谷が現在のヴァージニア州，ケンタッキー州，テネシー州の境で発見され，開拓者はここを通じて西進するようになった．

アパラチア山脈は古生代からの造山運動の影響で隆起したが，侵食作用により高度を低くし，全体的に丘陵性の山脈となった．同山脈を源流とする河川の多くは，その東側のピードモント台地を横切って，大西洋へと注ぐ．台地から平野の境界部分の地形に，河川が創り出した滝を結んだ線である滝線 (Fall Line) 沿いには，滝線都市が形成された．水運の時代，船舶は，滝線より上流に通航できないため，近くに荷さばきする河川港がつくられた．また，滝の水位差が水車の動力源とし

写真2.1 鳥趾状三角州
NASA/GSFC/METI/ERSDAC/JAROS, and U.S./Japan ASTER Science Team による．

て利用され，製粉業や製材業が発達し，フィラデルフィア，ボルティモア，リッチモンドなど，都市へと発展した．国道1号線や州間高速道路I-95は，これら滝線に沿うように建設されている．

南に行くと，フロリダ半島を含む大西洋沿岸からメキシコ湾岸までの海岸平野は，丘陵地，台地，沖積平野からなる平坦な地形で，海岸線には沿岸州や三角州が多い．アメリカ最大の流域面積を誇るミシシッピ川の河口には巨大な三角州が拡がる．この三角州の先端部は，川によって運ばれた土砂が河口付近に堆積し，「鳥の足」のように見えることから，鳥趾状三角州と呼ばれる（写真2.1）．

中央平原は，ミシシッピ川の流域を中心に，水源が豊富で土壌が肥沃なため，ヨーロッパ人の入植後，各地で農業が盛んとなった．アパラチア山脈からミシシッピ川の流域までは，家畜の飼育とトウモロコシやダイズなどの作物栽培とを組み合わせた混合農業が行われた．乾燥するミズーリ川より西では，コムギやテンサイが生産される．五大湖周辺から南は，標高500 m以下の低地である．一方，グレートプレーンズからロッキー山脈に向かうと次第に標高が高くなり，標高1500〜1800 mのハイプレーンズとなる．ロッキー山

写真2.2　グランドキャニオン国立公園
出典：EarthScape/Adobe Stock.

写真2.3　クレーター湖（2007年9月，筆者撮影）

写真2.4　シャスタ山（2007年9月，筆者撮影）

脈の麓にあるコロラド州デンバーは，標高1マイル，すなわち約1600mの高さに位置していることから「マイルハイ・シティ」と呼ばれる．

西部の太平洋岸からロッキー山脈の東端まではコルディエラ山系（アメリカ山系）と呼ばれる新期造山帯の地域である．日本列島など太平洋の西側から続き，ここを通って，南アメリカのアンデス山脈にかけて，環太平洋造山帯（火山帯）を成す．海洋プレートが大陸プレートの下に沈み込んでいる．

ロッキー山脈は，アラスカ州からニューメキシコ州付近まで続き，3000〜4000m級の山々が連なる．急峻な地形は，西部開拓の進行の妨げとなった．アリゾナ州北部にある峡谷のグランドキャニオンは，コロラド高原が長年のコロラド川による侵食作用で削り出されて形成された（写真2.2）．肉眼で地層が観察でき，その雄大な景観は一大観光地となっており，グランドキャニオン国立公園として保護され，1979年には世界遺産に登録されている．

アメリカ南西部からメキシコ北西部にかけて拡がるベイスン・アンド・レンジ（Basin and Range）は，その名の通り盆地（basin）と山岳（range）からなる地形であり，南北方向に細長く伸びる乾燥した谷と山脈が交互に入り組んでいる．そのうち，デスヴァレーの標高は海面下86mで，北アメリカの最低地点にある．降水量が少ないため，水源の近くに街が点在している．

コロンビア高原は，ワシントン州，オレゴン州，そしてアイダホ州にかけて拡がる玄武岩の溶岩台地である．コロンビア川は，カスケード渓谷を横断して，コロンビア渓谷を形成する．世界的に有名なスポーツウェアのメーカーの名称は，この川に因んでいる．

また，ワシントン州からカリフォルニア州の北部まで，第四期に活動が活発になった火山山脈であるカスケード山脈が，そしてカリフォルニア州にはシエラネヴァダ山脈が続く．カスケード山脈の火山弧の1つであるマザマ山が6000〜8000年前に噴火したことによってカルデラが作られ，クレーター湖（写真2.3）となった．

シアトル近郊にはレーニア山（4392m）が，カリフォルニア州北部にはシャスタ山（4317m）がある．アメリカ先住民はシャスタ山を聖なる山として崇めてきたため，今も「聖なる山」として知られている（写真2.4）．富士山などとともに，世界七霊山の1つとされている．

太平洋岸に平行して続くのが海岸山脈である．太平洋プレートと北米プレートとの境界部分にある活発な変動帯で，カリフォルニア州メンドシーノ岬からメキシコ国境まで，1000kmもの長さに

2.1　地形の多様性と地域

及ぶ横ずれ断層のサンアンドレアス断層が走る．その付近に多数の活断層があり，後述するように，地震活動が活発なところである．海岸山脈の東には，セントラルヴァレーが拡がっており，農業が盛んである．

2.2 気候と植生の多様性

北米大陸は南北に拡がっており，緯度や標高の高低差などに応じて多様な気候帯が存在する．図2.3は，ケッペンの気候区分にしたがって色分けされた地図である．また，図2.4に，アメリカ合衆国の諸都市と東京の月平均気温と月降水量を示している．

グレートプレーンズと海岸部を除いた北緯40°以北では，亜寒帯湿潤気候（Df）が占めている．

西経100°より東側は温暖湿潤気候（Cfa），西側にステップ（BS），砂漠気候（BW）が拡がり，太平洋岸は地中海性気候（Cs）である．

西海岸のサンフランシスコ，ロサンゼルス，サンディエゴなどの都市は，地中海性気候に属し，年間を通して温暖で乾燥している．春から夏にかけての降雨は稀である．カリフォルニア州サンフランシスコは，「常夏のカリフォルニア」のイメージとは裏腹に，夏でも18℃ほどの最高気温にしか至らず，冷房がある住宅は少ない．トム・ソーヤーの冒険で有名な作家マーク・トウェインをして，「私が経験した最も寒い冬は，夏のサンフランシスコだ」と言わしめた．地中海式の農業が行われ，果樹栽培などが盛んである．ナパやソノマなどには，世界有数のワイン産地が拡がり，

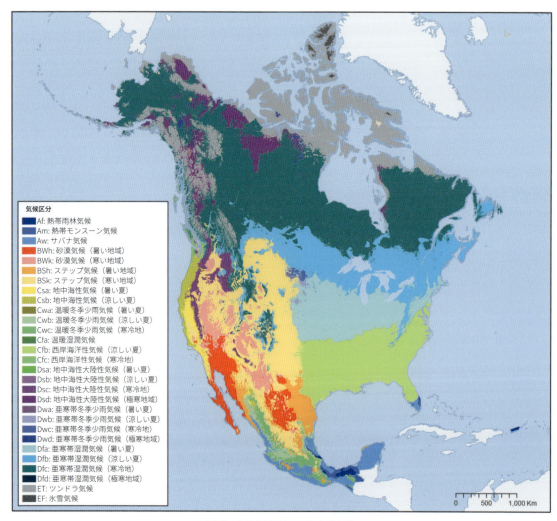

図2.3 北米大陸のケッペン気候区分

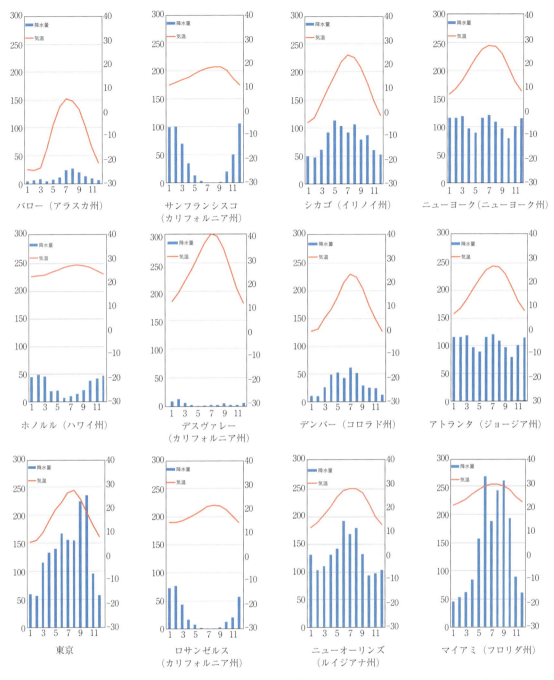

図 2.4 諸都市の月別の気温と降水量（理科年表・アメリカ海洋大気庁（デスヴァレー）による，1991〜2020 年の平均）
左軸は降水量(mm)，右軸は気温（℃）．

この地域の一大産業となっている．

　南部の内陸では，南北にロッキー山脈が連なり湿った空気が入りづらいため，砂漠気候が分布する．グレートプレーンズでは，乾燥した平原で牧畜や灌漑農業が行われている．ここでは，円形圃場にスプリンクラーを1日あたり1回から12回程度周回させることで行われる，センターピボット方式の灌漑農業が特徴的である．

　西経 100° 付近から西側は乾燥地域であり，カナダのアルバータ州やサスカチュワン州からアメリカ合衆国のサウスダコタ州にかけては，春に播種して秋に収穫する春小麦地帯，カンザス州に

2.2　気候と植生の多様性　　15

は，秋に播種して越冬後，初夏に収穫する冬小麦地帯がみられる．

カナダの大部分と五大湖周辺の冷帯では，真冬に氷点下30°Cになることもある．カナダの広大な針葉樹林はタイガと呼ばれる．五大湖周辺では酪農が盛んである．

こうした寒冷地の都市部では，極寒の冬期でも屋外での移動時間を最小化して行動できるように，オフィスビルが「スカイウォーク」と呼ばれるビル間の連結路で結ばれている．大学の寮と校舎が地下道で結ばれているキャンパスもあり，中央制御の暖房が行き届いているため冬でも半袖Tシャツで過ごす学生がいる．1つの屋内で買い物や娯楽が楽しめる，巨大なショッピングモールもつくられている．

一方，東海岸は季節風（モンスーン）の影響で，一年を通して寒暖差があり，降水量も高い．東海岸北部は，夏は暑く，冬は寒いなど四季が明確であり，西海岸と対照的である．

毎年各地で被害をもたらす大気現象に竜巻がある．中西部のミシシッピ河谷から五大湖周辺を中心に多く発生し，竜巻が頻発する地域は「竜巻回廊」（トルネード・アレイ）と呼ばれる．北からの大陸性寒帯気団と南からの海洋性熱帯気団がぶつかる中央平原において，4月から7月に大気の不安定な状態によって生じる．最近の研究では，過去30年ほどで，この竜巻回廊がミシシッピ州，テネシー州，アラバマ州など東側へ移動しながら拡がっているとの指摘もある．

竜巻は発生の予測が難しい．また，水平規模が小さく，一般の風速計から実測値を得ることは困難なため，1971年，シカゴ大学の藤田哲也博士が，竜巻等の突風により発生した被害の状況から風速を大まかに推定する「藤田スケール」（Fスケール）を考案した．現在はその改良版の修正藤田スケールが用いられている．被害が大きいほどF値が大きく，風速が大きかったことを示す．

1996年に公開された映画「ツイスター」は，竜巻多発地域で，竜巻を追跡して観測する「ストームチェイサー」「トルネードハンター」の夫妻を描き，竜巻研究が世界的に注目されるとともに，竜巻そのものの脅威を広く知らしめた．

● 2.3　主な自然災害と社会素因への着眼

人口の多い都市部は災害リスクが高い．人種・エスニシティをはじめ，多様な社会経済的背景を持つ人たちが住まうアメリカ合衆国ならではの災害をめぐる特徴や課題もある．そうした災害の様相を規定する社会素因への着眼の必要性を理解するため，以下に事例をいくつかあげたい．

2.3.1　地震・津波災害

a　都市の地震災害

カリフォルニア州サンフランシスコ市を含むサンフランシスコ・ベイエリアは，サンアンドレアス断層帯に位置している．図2.5に示す通り，同断層帯に沿っていくつもの活断層が確認されており，日本と同様，しばしば体に感じる地震が観測される．1906年4月18日の早朝にはサンフランシスコ大地震（推定M7.8）が，1989年10月17日にはロマ・プリータ地震（M6.9）が発生するなど，過去に大きな地震災害に見舞われた．より近年では，2014年8月24日に，ナパ郡の南部でM6.0の地震が発生し，1人が亡くなり，200人が怪我をし，ワイン産業を中心に，多額の経済

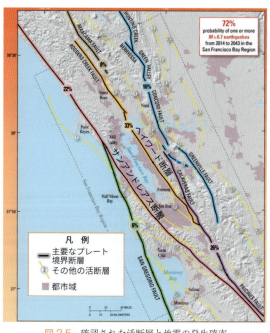

図2.5　確認された活断層と地震の発生確率
USGSによる．

的損失をもたらした.

ベイエリアの中心都市サンフランシスコは, 1906年の地震から復興を遂げたが, 人口が集中し老朽化した住宅も多いことから, 特に地震災害への備えに力を入れてきた. こうしたなか, 2000年代から隆盛したIT企業が集積するシリコンバレーが位置するサウスベイ地域からも地続きで通勤が可能な距離であることから, 世界的に有名なグローバルIT企業の本社で働く高学歴・高所得の若手専門職が, 都会暮らしを求めてサンフランシスコに移り住むようになった. その結果, 住宅価格の高騰が続いており, 全米で最も平均家賃の高い地域となっている. 中低所得者層は市内から転出せざるを得ないほど, 都市の高級化が進んでいる.

2011年4月23日付の地元紙サンフランシスコ・クロニクルが,『ほとんどのサンフランシスコ市の消防士と警察官が市内に住んでいない』という記事を掲載した. 極端にジェントリフィケーションが進展し, サンフランシスコ市で働く消防士が同市内に居住する割合はわずか3分の1だという,「職住ミスマッチ」の問題を報じた. さらに, そのなかの16％が南部サンマテオ郡, 11％がゴールデンゲートブリッジを渡った先にあるマリン郡よりも北に位置するソノマ郡, 8％がベイブリッジの先, オークランド市があるアラメダ郡に居住し, 残りの7％はベイエリア以外の地域から通勤している.

同市で働く警察官の25％は市内居住であるが, 周辺のサンマテオ郡には30％, コントラコスタ郡には17.5％, そして, ベイエリア外の地域に分散して居住しており, やはり市外居住者の割合は高い.

公共安全（消防・警察）, 教育（公立学校区の教員）, 交通（公共輸送機関の運転手）など, 主要な行政サービスを支える地方自治体の公務員が, 受けとる給与ではサンフランシスコの高い家賃をまかなえず, 市外居住を余儀なくされている. こうした都市再編による居住地域分化によって, ファーストレスポンダーとして, 捜索救助の担い手となる人々でさえ住めず,「公助」の低下

と災害による被害拡大リスクの増大を市民につきつけている. 半島部のサンフランシスコを結ぶ橋が崩落したら, こうした担い手は市内に駆けつけることができない. 都市の高級化による, 中間層の転出が招いた災害リスクへの対応を行政も認識している. そこで,「自助」「共助」が重要となる. 市民ボランティアによる自主防災の取り組みに力を入れているが, ジェントリフィケーションを引き起こす若年転入者の防災への関心は必ずしも高くないため, 啓発方法の試行錯誤が続いている（小田, 2018a）.

b 海溝型地震の津波災害

一方, 西海岸では海溝で地震が発生すると津波被害の恐れもある（図2.1）. 1700年に発生したカスケード地震（M7.4）で生じた大津波は, 太平洋を渡り8000km離れた日本沿岸にも到達したことが史料に記録されている. 揺れが観測されずに突然襲ってきたこの遠地津波は,「みなしご元禄津波」と呼ばれている. この頃, 西海岸には, 文字を持たない先住民らが暮らしていたが, ヨーロッパ人による地震の記録は残されなかった. より近年になって, 日米の研究者らが, 日本における古文書等による記録と地質調査とを照合しながら, この地震と津波について解明した（Atwater et al., 2015）.

逆に, 2011年の東日本大震災を引き起こした東北地方太平洋沖地震による大津波は, 北米大陸の太平洋沿岸にも及び, 犠牲者や船舶等の被害をもたらした. また, 東北沿岸にあった船舶などが, 北米の沿岸に漂流物として漂着し, その一部

写真2.5　県立高田高校の小型実習船かもめ（2024年11月, 筆者撮影）

は現地で展示されたり，持ち主に返還されるなどされた．例えば，岩手県陸前高田市の県立高田高校の実習船かもめ（写真2.5）は，カリフォルニア州クレセントシティに漂着し，寄付等で輸送費をまかない返還されたことを機に，2018年には，両市が姉妹都市協定を締結し，市民の交流が深まっている．同じ地震・津波のリスクに直面する日米両国の交流にも注目したい．

2.3.2 気象災害―2005年ハリケーン・カトリーナ―

毎年夏になると，熱帯低気圧が発達してハリケーンとなり，大西洋岸南部からフロリダ半島，そしてメキシコ湾岸に上陸する．ハリケーンには毎年アルファベット順に人のファーストネームを付ける名称制度があり，アメリカ海洋大気庁（NOAA）の国立ハリケーンセンターが命名にあたっている．

2005年8月，巨大ハリケーン「カトリーナ」によって壊滅的な被害を受けたのが，南部の都市ルイジアナ州ニューオーリンズである．ここは，フランス領ルイジアナの中心として栄え，市街地のフレンチクォーターでは，ジャズの生演奏が盛んで，フランス植民地時代の建造物が軒を連ねる．ミシシッピ川の水運や，鉄道などの交通アクセスが良好で，ミシシッピ川流域の地域で産出される穀物や綿花などの輸出港，そして工業都市として発展した．しかし，他の都市と同様に，脱産業化以降，経済的な衰退と人口減少を経験した．都心周辺部の経済活動が衰退し，修繕されることのない老朽化した住宅や商業ビルなどが多く，失業者が集中する貧困地区がある．非白人人口が，こうしたインナーシティに集住する傾向があり，郊外に住む比較的富裕な白人との間での人種的なすみわけ「セグリゲーション」が生じている．

ハリケーン・カトリーナによる被害は甚大で，1300人を超える犠牲者をもたらした．最大風速が70m/秒という風が襲い，ポンチャルトレイン湖の堤防が決壊し，市域の約8割が浸水した．この災害は，人種や経済格差など，既存のアメリカ都市の社会経済的問題を露わにした．被災した人々や地区に焦点を当ててみると，非白人の貧困世帯により多くのしわ寄せが生じた．特に，アフリカ系アメリカ人の貧困層は，自動車保有率が低く，避難先のあてもなく，市内にとどまらざるを得なかった．

このようにして，ハリケーン・カトリーナという自然の外力は，ニューオーリンズ都市圏のなかで最も弱い地区の人々を顕著に襲った．特に，最も貧困層が集中していたロウワーナインス地区では，浸水被害が甚大だった．被災前の2000年国勢調査によれば，合衆国全体とロウワーナインス地区の各経済的指標を比較しても，同地区には所得が低い黒人人口が集中しており，また遠方へ避難する手段でもあった自動車を保有していない世帯率が高かった．

インナーシティは中心業務地区（CBD）に近接している．そのため，災害の復興過程で再開発の対象となる．スラム化し衰退した地区への再投資によって地代が上昇し，家賃の高騰や住宅の建て替えが起きる．既存の低所得のマイノリティの住民が，転出や立ち退きを余儀なくされる．こうしたジェントリフィケーションがニューオーリンズの復興過程でもみられた．社会経済的に脆弱な人々は，災害リスクの高い，標高の低い土地に住み，ゆえに浸水の被災も著しく，さらに復興過程でも立ち退きの対象になる弱い立場に置かれていることを如実にあらわしている．

被災した低所得者は，この町での生活再建を断念し，南部地域の州外の街へと離散していった．イスラエルの外に離散したユダヤ人のことを指す言葉である，ディアスポラにちなみ，「カトリーナ・ディアスポラ」などと称される避難民をも生じさせた（小田，2017，2018b）．

2.3.3 山火事と干ばつ

アメリカ合衆国では山火事が深刻な災害の1つとなっている．拡散する煙によって，大気汚染も引き起こされて，健康や交通などに影響を及ぼす．原因は自然発火か人為的発火のいずれかであるが，多くは落雷によるものである．

2023年8月，ハワイ州のマウイ島で大規模な山火事が発生し，97人が犠牲，31人が行方不明となり，2200棟以上の建物が消失した．同島の

観光地ラハイナは大部分が壊滅状態となった．

2025年1月には，カリフォルニア州ロサンゼルス周辺で，過去最大規模の山火事が発生し，多数の犠牲者が発生し，高級住宅地などで1万2000棟以上の建物が消失した．この地域に吹き下ろす，乾燥した「サンタアナ風」が勢いの拡大につながった．地球温暖化が，こうした山火事の被害拡大に寄与しているとの指摘もある．

また，近年，農業地帯では，干ばつにより，トウモロコシやダイズの生産に多大な被害をもたらしている．水力発電への水供給の問題など，電力の安定供給にも影響を与えている．南西部7州にまたがるコロラド川水系は，4000万人に飲料水を供給し，農業用水としても利用されているが，干ばつと需要増加で，流量は以前の3分の1にまで減少したという．ミシシッピ川でも干ばつによる水位の低下が深刻で，干上がった河川からは，19世紀に沈没した交易船や人骨が発見されている．また船舶が座礁し，航行が不能になるなどの経済的被害も出ている．

2.4 環境問題と環境保護

2.4.1 経済成長と環境問題

戦後の高度経済成長と工業化の進展により，アメリカ国内では，工場からの廃液による河川や湖水への汚染や大気汚染などの公害が深刻となり，1960年代以降，その認識が高まった．なかでも，レイチェル・カーソンによる『沈黙の春』は，農薬や化学物質による自然環境の破壊に警鐘を鳴らし，その後の環境保護運動に大きな影響を与えた．リチャード・ニクソン政権の下，1969年には「国家環境政策法」が改正されたほか，1970年に「大気浄化法」，1972年に「水質浄化法」が改正され，1970年に環境保護庁（EPA）が発足した．1978年には，ニューヨーク州ナイアガラフォールズ市において，化学品メーカーが有害物質を垂れ流していた運河の埋め立て地に建設された小学校や住宅の関係者に，健康被害が出る「ラブキャナル事件」が起きた．明るみになった子供たちの健康被害の救済活動が展開し，環境保護庁が，汚染した企業に費用を負担させて除染を行うことを定めた「スーパーファンド法」が成立した．

1980年代になると，社会的公正・正義に注目した環境運動が隆盛していく．危険に曝される人々は，社会経済的に周縁化された脆弱な立場の人々である，という関係性を明らかにする研究が蓄積された．環境問題や自然災害に対するリスクや実害が，人種，エスニシティ，ジェンダー，階級などの視座から論じられ，「ハザードスケープ」という語も用いられるようになった．

アメリカ合衆国は，民主党と共和党の2大政党制が国政の特徴である．両党それぞれの環境保護と規制をめぐるスタンスは異なっている．そのため，政権交代のたびに環境政策は大きく変化する．

1990年代のクリントン政権下では，気候変動への関心が高まり，地球温暖化対策などの取組が推進された．先進国に対して温室効果ガスの排出削減を法的に拘束する目標を課した1997年の京都議定書の採択には参加したが，議会からの反対で批准には至らなかった．

次いで就任したブッシュ大統領は，規制緩和による経済成長を優先し，京都議定書からの離脱を行った．大統領の地元テキサス州は，アメリカ最大の石油・天然ガスの生産地であり，石油企業やエネルギー関連産業が地域の経済を支えている．ブッシュ大統領自身も石油ビジネスに関わっていたこともあり，業界からの資金援助も多かった．そこで，エネルギー自給の強化も目標として，化石燃料への依存を継続する政策を打ち出した．

この間，世界では2002年の持続可能な開発に関する世界首脳会議（ヨハネスブルグ・サミット）において，持続可能な開発の重要性がさらに認識されて，各国での取組が進められた．こうした中，2009年に就任した民主党のオバマ大統領は，気候変動対策と再生可能エネルギーの推進を行った．いわゆる「リーマン・ショック」と言われる金融危機の直後に就任した大統領は，経済回復の刺激策として，「グリーン・ニューディール政策」を発表し，関連分野への集中投資を通じて，大規模な雇用拡大をねらった．

2期8年続いたオバマ政権下では、さまざまな自然エネルギーの導入や「スマートグリッド」と呼ばれる次世代電力網が普及したが、その後就任した共和党トランプ大統領は、前政権時代の規制を相次いで撤廃し、大規模な規制緩和策を行った。各国が温室効果ガスの削減目標を自主的に設定し、気候変動の影響を抑制する国際的な枠組であるパリ協定からの脱退も決定し、連邦政府機関の環境保護庁の予算も削減した。気候変動自体に「懐疑的」な立場のトランプ大統領は、演説でしばしば気候変動を「でっちあげ」（hoax）と表現し、規制を政府による過度な干渉とみなした。こうした政策は、自由な経済のもと自国第一主義で国を強くする「アメリカ・ファースト」の一環として、一定の支持を得た。

4年後に民主党バイデン政権が発足すると、就任当日にパリ協定に復帰し、その後、グリーンインフラへの投資を促進して、経済と環境保護の両立を図る政策を推し進めた。

しかし、2025年に再び大統領に返り咲いたトランプ氏は、就任日当日、直ちにパリ協定からの再離脱を命じる大統領令に署名した。バイデン政権において積極的にすすめられた再生可能エネルギーや電気自動車（EV）の推進策等を全面的に否定し、国連気候変動枠組条約にもとづく温暖化対策への国際協調の先行きが懸念されている。

2.4.2 国立公園と環境保護

広大な自然を誇るアメリカ合衆国は、その壮大な景観や多様な生態系が、観光資源として重要な役割を果たしている。しかし、ヨーロッパからの入植者たちにとって、それは単なる美しさの象徴としてだけでなく、克服すべき対象でもあった。環境の保護と開発を巡る緊張は、国立公園の設立とそのあり方に顕著にあらわれている。この緊張は、先住民の生活や土地権の問題とも深く結びついている。

ヨーロッパ人が入植する前の北アメリカ大陸では、先住民が自然と共生して暮らしを営んでいたが、入植地の自然は克服の対象となり、ヨーロッパ式の農耕が導入されて、森林が伐採されるなどした。こうした状況を危惧し、森林保護の必要性を訴える文化人が出現した。その代表格の一人がジョン・ミューアである。ミューアらは、現存する環境NGOのシエラクラブを創設し、手つかずの原生自然を保護する運動を展開した。1872年には、イエローストーン公園法が制定され、世界で初めて国立公園の指定を行った。1916年には国立公園実施法を発足させ、その後、連邦政府の機関である内務省国立公園局（National Park Service）が、国立公園を管理するようになった。

国立公園局が管理するのは、国立公園だけでなく、国立歴史公園、国立軍事公園、国立戦場跡なども含む。例えば、日系アメリカ人が強制収容されたカリフォルニア州マンザナー収容所跡地（写真2.6）も、同局が管理する。各公園内には、連邦司法警察員でもある公園保護官が拳銃を携行して駐在し、観光客への案内だけでなく、環境の保護や治安の維持にあたっている。

公園保護官らは、自然科学だけでなく歴史文化について大学院で研究経験がある者などからも任用され、管轄地域の自然や歴史に豊富な知見を有している。各国立公園にはビジターセンターが置かれ、訪問客に対して定期的に解説やツアーを行っている。環境の保護と開発の両立のため、国立公園ではゾーニングという手法が採られ、立入を禁止する原生自然保護地域と、訪問者が徒歩や自転車でのみ立ち入れる自然環境保全地域と、観光開発地域に分けられている。

国立公園は、白人の知識人たちが憧れていた「手つかず」の西部の原生自然を乱開発から守るという大義のもとに、設立が進められ現在に至る

写真2.6 マンザナー強制収容所跡地の慰霊塔（1943年8月建立）（2006年11月、筆者撮影）

が，同時にそれは，かつてその中で住んでいた先住民を追いやることを意味していた．先住民からすれば，先祖が住んでいた土地を追われ，居住権や自治権を奪われ，入場料を払わなければ元の土地に帰れないという，巨大な壁がそびえ立ったことを意味する（鎌田, 2009）.

本来，豊かな自然の私物化を防ぎ，万人に開かれた場所にしていこうとする民主主義的な思想を背景に作られた国立公園であるが，先住民の生活圏を含む土地の国有化は，植民地主義のジレンマを突きつけた．当初，黒人は入園が認められず，今日に至るまで訪れる観光客や職員の大半は白人だという．そのような国立公園が設立100周年を迎えた2016年には，LGBTの人たちによる社会運動の象徴となったかつてのゲイバーを，国立公園局は国定史跡に指定した．国立公園局が保護する対象を，多様な人種・エスニシティ，階級，ジェンダー，セクシャリティを有する人々にとって受け入れられる公共空間とするための方向転換が求められている（石山, 2018）.

アメリカ合衆国の多様で広大な自然は，その豊かさと力強さの象徴として多くの人々を魅了し，自然の恵みを享受する場として重要な役割を果たしてきた．しかし，自然は時として猛威を振るい，多くの人々の命を奪う災害となり，苦悩をもたらしている．これまで見てきたように，自然環境や災害の影響は，人種・エスニシティをはじめさまざまな社会経済的な背景，さらには政治的要因によって不平等な結果をもたらしてきた．自然環境の保護に関する政策においても，時の政権の社会経済的スタンスが大きく影響している.

近年，国際社会においては，環境正義の視点から，インクルーシブな環境政策の重要性が強調されている．他方，格差の増大や分断の激化が目立っており，経済や環境をめぐる考え方でも対立が著しくなっている．多様な背景を持つ人々が集まるアメリカ社会が，今後どのようにこれらの多様で豊かな自然と向き合っていくのか，一層注目していく必要があろう．

[小田隆史]

課題学習

❶ アメリカ合衆国の地形や気候は，地域ごとに，どんな違いや特徴があり，それを生かして，どんな産業が盛んになっているのだろうか.

❷ 住民の社会経済的背景の差によって，災害の被害の有無や大小に違いが生じるのはなぜだろうか.

❸ 2大政党制という政治体制のもと，なぜ，アメリカの環境政策は政権交代のたびに，大きく変化するのだろうか.

文　献

石山徳子（2018）：国立公園．アメリカ文化事典（アメリカ学会 編），pp.32-33，丸善出版．

石山徳子（2020）：「犠牲区域」のアメリカ 核開発と先住民族．298p，岩波書店．

イーツ，ロバート・S. 著，太田陽子・吾妻 崇訳（2009）：多発する地震と社会安全—カリフォルニアにみる予防と対策．410p，古今書院．

小田隆史（2017）：ハリケーン・カトリーナ災害—アメリカの都市社会地理．グローバル災害復興論（藤本典嗣ほか 編），pp.220-233，中央経済社．

小田隆史（2018a）：消防士が住めない街サンフランシスコ—住宅価格が高騰する都市の災害リスク．歴史と地理（地理の研究198），第713号，pp.46-57．

小田隆史（2018b）：自然と人間の関わりから考える防災・減災．〈地誌トピックス3〉サステイナビリティ—地球と人類の課題—（矢ケ﨑典隆ほか 編），pp.124-138，朝倉書店．

鎌田　遵（2009）：ネイティブ・アメリカン：先住民社会の現在．254p，岩波書店．

辰己　勝・辰己眞知子（2016）：図説 世界の地誌．204p，古今書院．

原　芳生（2011）：自然環境・環境利用・環境問題．〈世界地誌シリーズ4〉アメリカ（矢ケ﨑典隆 編），pp.9-25，朝倉書店．

Atwater, B.F., et al. (2015): *The orphan tsunami of 1700—Japanese clues to a parent earthquake in North America, 2nd ed.*, 135p, Seattle, University of Washington Press, U.S. Geological Survey Professional Paper 1707.

Graf, W.L. (1987): Regional Geomorphology of North America. Geomorphic Systems of North America (Centennial special volume 2, Graf, W.L. ed.), pp.1-4, The Geological Society of America.

Hardwick, S.W., et al. (2012): *The Geography of North America: Environment, Culture, Economy, 2nd edition*, 428p, Pearson.

3 大陸国家の形成と国土の開発

アメリカ合衆国は日本の国土面積の26倍の面積を持つ大陸規模の国家である．この地域にはもともと先住民が住み，環境に適合した生活を営んだ．コロンブス以降，どのような過程を経てヨーロッパ人が植民し，アメリカ合衆国という国家が形成されたのだろうか．新しい国家はどのようにして大陸規模の国家に拡大したのだろうか．距離を克服するために，交通網はどのように整備されたのだろうか．モビリティが高いといわれる人々は，どのように移動し，国土の開発と経済発展が実現されたのだろうか．本章ではこのような課題について考える．

ワイオミング州グランドティートン国立公園．開拓者は西部を目指した．（2019年8月，筆者撮影）

3.1 国土の拡大

3.1.1 大西洋岸の植民

ヨーロッパ人が到来する以前の南北アメリカには，多様な文化を持つ先住民が暮らした．緯度，高度，気候，地形，植生など，ローカルな自然環境を巧みに利用することにより，先住民は地域ごとに多様な生活様式と生業形態を作り上げた．

アメリカ合衆国の建国と発展の出発点となったのは，ヨーロッパからの移民によって形成された大西洋岸の植民地であった．これらのイギリス植民地は，北からニューイングランド植民地，中部植民地，南部植民地に大きく分類された．ニューイングランド植民地では，イングランドの都市の出身者が宗教共同体のタウンを建設して入植した．中部植民地では，ヨーロッパから農民が流入して混合農業を導入すると同時に，多様な人々が都市に流入して多民族社会が形成された．南部植民地には，タバコ，ワタ，イネなど，ヨーロッパ市場向けの商品作物がプランテーションで大規模に栽培された．一方，ヨーロッパから持ち込まれた病気が流行して，先住民人口は減少した．生き残った人々は，西方への移動を余儀なくされた．

図3.1に描かれるように，独立直前の1750年には，イギリス植民地は大西洋岸に沿って南北に存在した．一方，ルイジアナと呼ばれたフランス植民地は内陸部に位置し，広大な面積を占めた．

それは，フランス人がセントローレンス川，五大湖，ミシシッピ川という水域に沿って進出した結果であった．また，フロリダ半島，そしてメキシコ湾岸西部から太平洋岸にかけて，スペイン植民地が広がった．それはキューバやメキシコを起点として，スペインの植民活動が北方へ進行した結果であった．ただし，スペイン植民地にしてもフランス植民地にしても，恒久的な集落は限定された地域にとどまった．

アメリカ合衆国の拡大は，大西洋岸に形成された13の植民地から始まった．これらのうちで7つの植民地は植民地の境界を越えて，内陸に土地請求権を所有した．アメリカ合衆国が建国されると，その土地は連邦政府の土地（公有地）に組み込まれた．図3.1の1800年の図をみると，スペインが領有したフロリダ半島とメキシコ湾岸沿いの地域を除いて，ミシシッピ川の東側の土地はアメリカ領であり，それは州（ステート）と準州（テリトリー）によって構成された．

ミシシッピ川の西からロッキー山脈に至る広大な土地は，フランスによって領有された．スペインはメキシコ湾岸から太平洋岸に至る土地を領有した．また，太平洋岸北部のオレゴンカントリーと呼ばれた土地は，アメリカ合衆国だけでなく，スペイン，イギリス，フランス，ロシアも領有権を主張した，未確定の土地であった．

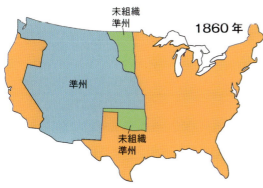

図 3.1 国土の拡大過程（1750 年，1800 年，1860 年）
Garrett (1988) による．

3.1.2 中央平原への進出

アメリカ合衆国は，領土の獲得という点においてたいへん幸運であった．最初の大規模な土地購入は，1803 年のルイジアナ購入であり，フランスからミシシッピ川以西の広大な土地を獲得した．トーマス・ジェファソン大統領にとって，ミシシッピ川の航行権の取得は魅力的であり，ナポレオンとの交渉が行われた．当時，フランスはヨーロッパでの戦争で消耗しており，ジェファソン大統領の申し出が受諾された．購入のための総支出額は 2700 万ドルに及んだが，1 エーカー（0.4 ha）あたり 5 セントという安値であった．こうして，アメリカ合衆国の国土は倍増し，旧フランス領の土地には 13 の州が創設された．ルイジアナ購入の結果，フランスは西半球から締め出されることになった (Clawson, 1968)．

フロリダはスペインが領有したが，開発はあまり成功しなかった．アメリカ合衆国は 1819 年にフロリダを購入した．メキシコから 1836 年に独立したテキサスは，1845 年に連邦に加入した．テキサス内の土地は，私有地を除いて，州政府に帰属するという点で他の州とは異なった．なお，テキサスの領土のうち，境界が不明瞭だった北西部の土地を連邦政府が購入した (Clawson, 1968)．

3.1.3 太平洋岸への拡大

太平洋岸北西部（オレゴンカントリー）については，1818 年から 1844 年まで，アメリカ合衆国とイギリスが共同管理に関する取り決めを締結した．しかし，アメリカ合衆国からの入植者が増加した結果，イギリスと交渉が行われ，1846 年にアメリカ領として併合された (Clawson, 1968)．

カリフォルニアを含む広大なスペイン領については，メキシコ独立革命の結果，1821 年からメキシコが領有するようになった．しかし，米墨戦争（1846～1848 年）にアメリカ合衆国が勝利し，メキシコ領の土地の多くがアメリカ領となった．土地にはルイジアナ購入の際と同様の単価で代価が支払われた．また，1853 年には，アリゾナとニューメキシコの南部の帯状の地域をメキシコから取得し，これはガズデン購入と呼ばれた (Clawson, 1968)．

このように領土が拡張し，19 世紀半ばまでには，アメリカ合衆国は大陸規模の国家となった．

3.1.4 アラスカとハワイ

ロシア人は毛皮を獲得するために，北アメリカ大陸の北西部に進出した．そしてアラスカから太平洋岸を南下し，カリフォルニア沿岸部にまで到達した．19 世紀前半には，サンフランシスコの北方に位置するフォートロスにロシア人の集落があった．ここは今では観光地として有名である．毛皮を取るための動物が枯渇すると，ロシアはアラスカの売却に関心を持った．結局，国務長官の

ウイリアム・スワードが交渉に当たり，1867年にアメリカ合衆国はアラスカを購入した．これは当時，ばかげた購入だと非難され，「スワードの愚行」とも言われた．しかしその後，アラスカでは金や油田が発見され，経済的な価値が増大するとともに，東西冷戦時には軍事的にも重要な存在となった．

ハワイはもともと独立国であったが，ハワイ王国からハワイ共和国を経て，1898年にアメリカ合衆国に併合された．ハワイにはアメリカ資本が投下され，サトウキビ糖産業はアメリカ市場に大きく依存した．サトウキビプランテーションの労働者として，日本人を含めて多様な人々が流入し，本土とは異なる多民族社会が形成された．

3.2 交通網の整備

3.2.1 水運

水運は北アメリカ大陸の内陸部へ進出するための有効な手段であり，大量の物資を運搬するために重要な役割を演じた．セントローレンス川，五大湖，ミシシッピ川，オハイオ川，ミズーリ川など，内陸部の開発と経済発展を促した（図3.2）．人の移動に加えて，穀物，鉄鉱石などの運搬に果たした役割は大きい．水運に便利な場所では，原材料の入手や製品の輸送における好立地を生かして，工業が発展した．

河川や湖沼に加えて，運河が建設された．図3.2から明らかなように，運河は東部の大西洋岸と五大湖南岸に集中した．アメリカ東部の開発が進んだ19世紀前半まで，水運が最も重要な交通手段であった．このような運河によって河川を結びつける発想は，西ヨーロッパから北アメリカに導入された．

大西洋と五大湖との間の舟運を可能にしたのはエリー運河であった．これは，ニューヨーク州のハドソン川の上流に位置するオルバニーから，モホーク河谷とオナイダ湖を経由してエリー湖に至る，全長600 km近くに及ぶ運河で，1825年に完成した．これによって，ニューヨークから五大湖を経由してシカゴまで船で移動できるようになり，東部と中西部の間の東西方向の物流が促進された．

南北方向の河川交通の動脈になったのはミシシッピ川で，1810年代には蒸気船の航行が盛んになった．ミシシッピ川とその支流のオハイオ川は運河によって五大湖とつながった．内陸で生産されたさまざまな農産物（小麦粉，綿花，木材など），毛皮や皮革，またウイスキーが東部市場へ

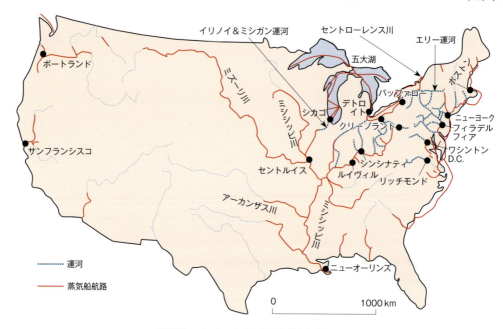

図3.2　1860年における運河と蒸気船航路
Garrett（1988）による．

運ばれた．水運の発展に伴って，ピッツバーグ，ルイヴィル，シンシナティ，ニューオーリンズなどの港町が栄えた．また，河川交通はミシシッピ川以西への進出を加速した．ミズーリ川，アーカンザス川には蒸気船が就航し，国内市場ばかりでなく，国外市場との結びつきが活発化した．

ミシシッピ川はイリノイ＆ミシガン運河によって五大湖とつながった．アメリカ中西部の発展と大都市シカゴの形成の要因として，この運河の建設が重要であった．イリノイ＆ミシガン運河は，イリノイ川の上流部と，ミシガン湖に流れ込むシカゴ川を運河で結び，ミシシッピ川から五大湖に至る水運の動脈を建設する事業であった．1848年に完成するまで，ヨーロッパから多くの移民が流入して建設労働に従事した．そして彼らはシカゴに定住して都市の発展に寄与した．この運河の建設によって，北アメリカの内陸部を，東西方向と南北方向に結ぶ舟運が可能になった．

鉄道交通が発達すると，イリノイ＆ミシガン運河は利用されなくなった（写真3.1）．そのルートは，今日，イリノイ＆ミシガン運河州立トレイルとして，地元の人々に活用されている．

3.2.2 鉄道交通

19世紀半ばには鉄道交通の時代が始まった．広大な国土に鉄道網を配備する事業が進行し，1870年までには東半分の地域の主要都市が鉄道によって結ばれた（図3.3）．また，1862年には太平洋鉄道法が施行され，大陸横断鉄道の建設が進行した．これはミシシッピ川から太平洋岸に至る西部に，鉄道および電信線の建設を促進することを目指した．

ユニオンパシフィック鉄道会社はネブラスカ州オマハを起点として鉄道線路を敷設した．この会社には，ネヴァダの西側の境界まで線路を敷設する権限が与えられた．一方，カリフォルニアのセントラルパシフィック鉄道会社には，太平洋岸からカリフォルニアの東の境界まで鉄道を建設する権限が与えられた．またこの会社には，カリフォルニアとネヴァダの州境を越えて，ユニオンパシフィック鉄道会社の線路と連結する地点まで鉄道建設を継続することが認められた．ユニオンパシフィック鉄道はアイルランド人を主な労働力として路線を伸ばした．一方，セントラルパシフィック鉄道会社が労働力としたのは，中国南部の広東地方からリクルートされた人々であった．大陸横断鉄道の完成によって大西洋岸と太平洋岸が鉄道で結ばれ，西部の開発と経済発展が促進された．

両鉄道会社には，路線に沿って，鉄道敷設用地が賦与された．また，線路の両側の奇数番号のセクションが，40マイルの範囲内において賦与された．こうして鉄道会社はアメリカ西部に広大な土地を所有することになった．

最初の大陸横断鉄道の開通を記録するのが，ユタ州北部のプロモントリーにある，ゴールデンスパイク国立歴史地区である．グレートソルトレーク湖に近い荒涼とした風景の中を，毎朝，まるで儀式のように，東からは赤い機関車が，西からは青い機関車がゆっくりと動いてきて，向き合うように整列する（写真3.2）．ここは，1869年5月10日に最初の大陸横断鉄道がプロモントリーサミット（図3.3参照）で完成したことを記念する史跡である．

1869年に最初の大陸横断鉄道が開通した後，サンタフェ鉄道（1880年），サザンパシフィック鉄道（1883年），ノーザンパシフィック鉄道（1883年），グレートノーザン鉄道（1893年）が開通した．これらは太平洋岸地域の経済発展を促した．

鉄道による旅客輸送は20世紀はじめにピークを迎えたが，その後，自動車交通や航空交通

写真3.1 イリノイ＆ミシガン運河の現在（2013年9月，筆者撮影）

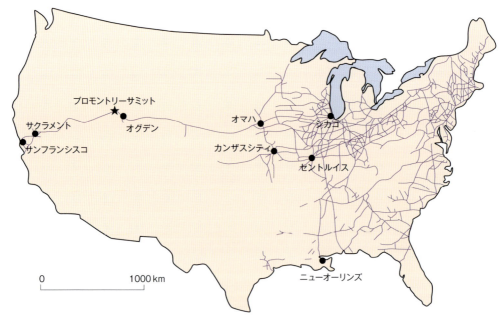

図3.3 1870年における鉄道路線
Garrett (1988) による.

写真3.2 ゴールデンスパイク国立歴史地区で向き合う2両の蒸気機関車 (2018年9月，筆者撮影)

と競合した結果，衰退を余儀なくされた．ただし，旅客輸送が完全に消滅することはなかった．1971年に連邦政府が出資して組織された全米鉄道旅客輸送公社 (National Railroad Passenger Corporation)，通称アムトラック (Amtrack, America + Track) が，22社の鉄道会社の事業を継続している．今日，旅客輸送ルートは30以上あり，46州の500以上の都市を結んでいる (図3.4)．貨物輸送については，穀物や鉱石など，長距離の物流を担う存在である．

3.2.3 道路交通

鉄道交通を脅かしたのは，19世紀末から20世紀初頭に始まった自動車の普及であった．自動車王として知られるヘンリー・フォード (Ford, H.) は，自動車を大量生産するシステムを構築したことで有名である．彼が設立したフォードモーター社では，流れ作業による組立ラインを確立することによって，それまで高価だった自動車を大量生産することに成功した．組立作業を行う労働者は定位置にとどまって，分担する作業を専門的に行い，自動車が移動しながら製造工程が進行するという方式である．大量生産されることによって値段の下がったフォードT型モデル (1907年) は庶民にも急速に普及し，モータリゼーションを促進することになった．組立ラインは自動車産業に革命的な影響を及ぼした．

それでは，自動車工場の組立ライン方式はどのように着想されたのであろうか．実は，流れ作業方式を最初に導入したのは，シカゴの食肉工場であった．コンベヤーに載せられた枝肉がゆっくり移動し，労働者は定位置にとどまって，同じナイフで同じ部位の解体作業を繰り返した．そして，解体ラインの終着点で牛の解体作業は完了した．すなわち，食肉工場では解体作業を細分化し，それぞれの作業を役割分担することにより，単純化

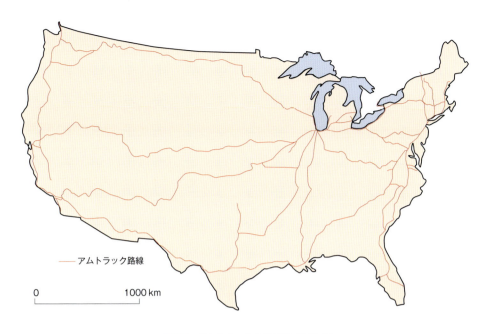

図 3.4　アムトラックの路線図（2018 年）
Amtrac Routes and Destinations による．

と能率化が図られたのである．フォードは食肉工場の解体ラインから，自動車工場の組立ラインを発想したといわれている．

　自動車交通の普及によって，道路が整備された．第二次世界大戦前には，ドイツの自動車専用道路（アウトバーン）を参考にして，州を単位として自動車専用道路が建設された．第二次世界大戦後，アメリカ合衆国でも自動車専用道路の建設が進んだ．1953 年にアイゼンハワーが大統領に就任すると，1956 年連邦補助高速道路法（Federal-Aid Highway Act of 1956）が施行された．連邦政府が出資して高速道路網の建設を主導し，州間高速道路網（インターステートハイウェイシステム）を建設した．その正式名称は大統領の名を冠している（The Dwight David Eisenhower National System of Interstate and Defense Highways）．この名称が示唆するように，軍隊や兵器の移動など，軍事利用も想定した．当初の建設事業は 1992 年に完了したが，その後も整備が続けられている．大西洋岸と太平洋岸が，そしてカナダ国境とメキシコ国境やメキシコ湾岸が，東西南北に走るインターステートハイウェイによって結ばれている．

3.2.4　航空交通

　アメリカ合衆国は国土面積が広大で，人々の所得が高いため，航空交通への依存度が高い．特に長距離の旅客輸送において航空交通が果たす役割は大きい．

　航空交通網はハブ空港と地方空港から構成され，各航空会社は複数のハブ空港を設定する．アトランタに本社を持つデルタ航空はアトランタを主要ハブとするほか，ニューヨークのジョン・F・ケネディとラガーディア，ロサンゼルス，ボストン，ソルトレークシティ，デトロイト，シアトル（タコマ）などをハブとする．アメリカン航空は，本社のあるダラスフォートワースのほか，シカゴ（オヘア），ロサンゼルス，ジョン・F・ケネディ，マイアミなどをハブとする．ユナイテッド航空は本社のあるシカゴを主要ハブ（オヘア空港）とするほか，デンバー，ロサンゼルス，ヒューストン，ニューアーク，ワシントンダレス，サンフランシスコなどをハブとする．各航空会社のホームページに掲載された航空ルートマップをみると，ハブとスポークの関係を理解することができる．

　表 3.1 は 10 の主要空港について利用客数をみ

たものである．これらの空港は，主要な航空会社がハブ空港として設定しており，また，国際路線を持つ国際空港である．

表3.2は主要航空会社の乗客数と営業収益をみたものである．アメリカン航空，デルタ航空，ユナイテッド航空は大手航空会社であり，国内路線ばかりでなく，外国路線にも就航する．いずれも1920年代に創業した長い歴史を持つ．また，大手航空会社の再編が進行した．ユナイテッド航空はコンチネンタル航空と合併した．アメリカン航空はテキサス州フォートワースに本社を持つが，USエアウェイズ航空と合併した．デルタ航空はウエスタン航空やノースウエスト航空と合併した．

一方，近年格安航空会社（low-cost carrier, LCC）の存在感は増している．1970年代後半に格安航空会社が参入し始め，航空規制緩和の時代を経て，航空会社間の競争は激化した．乗客数で第1位のサウスウエスト航空は，テキサス州ダラスに本社を持ち，1967年に設立された．1971年に3機のボーイング737型機で運航を開始した．飛行機の機種を統一し，小規模空港を利用するなど，独自の経営戦略で業績を拡大した．

航空交通の発達は企業の立地にも影響を及ぼすようになった．空港の近くには，航空輸送に依存する物流センターや工業団地，またビジネス客に対応するホテルやオフィスパークなどが立地し，郊外の発展を象徴する存在となっている．

3.3 荒野の開拓と人口移動

3.3.1 フロンティアへの移動

アメリカ人はモビリティ，すなわち移動性に富むといわれてきた．もともと移民としてこの国にやってきたのは，故郷を離れて長距離の移動を経験した人々であった．また，アメリカ人は仕事や豊かな暮らしを求めて移動し，住宅を盛んに住み替えながら，自分にあった生活スタイルを作り上げてきた．モビリティはアメリカ人の国民性を表す用語として理解されている．このような人々の移動は，大きく分けると，大陸スケールにおける長距離の国内移動と，都市圏における都心部から郊外への移動に分類できる．

長距離の国内移動は，アメリカ人やヨーロッパ系移民にとって，未開拓の荒野と未開発の資源の存在，富と成功を求める人々の気質，そして政府による緩やかな規制によって促進された．開拓民はアパラチア山脈を越えて西側へと進んだ．森林地域を開拓すると，さらに西側の草原の開拓にも取り組んだ．アメリカ領となって間もないカリフォルニアで金が発見されると，1849年にゴールドラッシュが始まり，多くの人々が一獲千金を夢見て金山地域を目指した．また，カリフォルニ

表3.1 アメリカ合衆国の主要空港の利用乗客数（2022年）

順位	空港	州	乗客数 (100万人)
1	アトランタ（ハーツフィールド‐ジャクソン）	ジョージア	45.4
2	ダラス／フォートワース	テキサス	35.3
3	デンバー	コロラド	33.8
4	シカゴ（オヘア）	イリノイ	33.1
5	ロサンゼルス	カリフォルニア	32.3
6	ニューヨーク（ジョン・F・ケネディ）	ニューヨーク	26.9
7	ラスベガス（ハリー・リイド）	ネバダ	25.3
8	オーランド	フロリダ	24.4
9	マイアミ	フロリダ	23.7
10	シャーロット（シャーロット・ダグラス）	ノースカロライナ	23.1

Bureau of Transportation Statistics, Annual Airport Rankings, Airport Ranking 2022 による．

表3.2 アメリカ合衆国の主要航空会社（2020年）

順位	航空会社	乗客数 (1000人)	比率 (%)	営業収益 (100万ドル)	比率 (%)
1	サウスウエスト	67,785	18.4	9,048	11.8
2	アメリカン	65,746	17.8	17,335	22.5
3	デルタ	55,053	14.9	17,118	22.2
4	ユナイテッド	37,853	10.3	15,355	19.9
5	スカイウエスト	20,316	5.5	2,087	2.7
6	スピリット	18,311	5	1,810	2.4
7	ジェットブルー	14,299	3.9	2,957	3.8
8	アラスカ	12,181	3.3	3,563	4.6
9	フロンティア	11,203	3	1,250	1.6
10	リパブリック	8,774	2.4	986	1.3
	全航空会社総計	369,167	100%	76,976	100%

Bureau of Transportation Statistics, Annual Airline Rankings, Airline Rankings 2020, Passengers by Airline Jan-Dec 2020, Operating Revenue by Airline 2020 により作成．

アばかりでなく，西部各地で金や他の鉱物資源が発見された．東部から西部への人口の移動は西漸運動と呼ばれ，人口の分布に変化が生じた．連邦政府は公有地をさまざまな方法で州政府や民間に払い下げ，西漸運動の継続を支援した．

連邦政府の定義によると，未開拓地とは人口密度1平方マイルあたり2人（1 km² あたり0.78人）未満の地域であり，未開拓の荒野と開拓地との境界がフロンティアライン（開拓前線）であった．フロンティアはしだいに西へと移動し，フロンティアの存在とフロンティア精神は，アメリカ人の性格を特徴づけるものと解釈された．歴史家のフレデリック・ジャクソン・ターナー（Turner, F. J.）が唱えたフロンティア学説（1893年）は，当時の人々の支持を集めた．

ただ，こうした西漸運動の結果，先住民は西方への移動を強いられた．西部各地にはインディアン居留区が設けられ，内務省インディアン局によって管理が行われた．一方，アメリカ南部の開発に伴って，アフリカから奴隷として移住を強いられた人々もいた．彼らはプランテーションの労働力として，南部の農業発展に寄与した．今日，アフリカ系人口の分布から，アフリカからの強制移住の影響を読み取ることができる．

3.3.2　人口重心の西方への移動

西部開拓に伴う人口の移動は，人口重心の移動としてあらわれた．図3.5は，最初の国勢調査（センサス）が実施された1790年から2020年まで，10年ごとの人口重心の位置を示したものである．なお，アメリカ合衆国では10年ごとに国勢調査が実施される．

この図には，人口重心の西方への移動が明瞭に示される．1790年の人口重心はチェサピーク湾の湾奥部のメリーランド州に位置した．人口重心は1850年までに直線距離で450 km移動してウエストヴァージニア州西部に，1900年までには400 km近く移動してインディアナ州南東部に認められた．フロンティアは19世紀末に消滅したと理解されたが，人口重心の西方への移動は継続した．1900年から50年間の人口重心の移動は直線距離で230 kmと短かったが，これは経済不況と第二次世界大戦の影響があったものと推察される．1950年から2000年までは，イリノイ州からミズーリ州にかけて330 km移動し，2020年にはミズーリ州ライト郡に認められた．

3.3.3　都市圏における人口移動

都市スケールでみると，交通の発達に伴って，人々は都心部から郊外へと移動してきた．19世紀末から第二次世界大戦まで，市街電車が郊外化を促進した．ニューヨーク，シカゴ，ロサンゼルスなどの大都市では，市街電車や郊外電車網が発達した．「路面電車の郊外」（streetcar suburbs）のように表現される郊外住宅地が形成された．そこには，都心部のオフィス街に通勤する裕福なホワイトカラー労働者が，庭付き一戸建て住宅に暮らした．このような住宅は，豊かなアメリカ人の生活を象徴する存在となった．一方，20世紀はじめに自動車が普及し始めると，郊外への移動が加速した．

アメリカ合衆国の都市は，中心部から郊外に向かって成長した．それを支えたのが電車であり自動車であった．移民は都市の中心部に近い，家賃の安い住宅で生活を始め，近隣で肉体労働の職を得た．都心部にはリトルイタリーなど，リトル○○と呼ばれる移民街がいくつも形成された．収入が増えると，古くて生活環境の悪い都心の住宅地を離れ，外縁に位置する少し条件の良い地区の住宅に引っ越した．収入の上昇に応じて，このような都市内部での移動が繰り返された．都心部の古い住宅地には，新たな移民が流入して移民街を形成した．このように都市で起きた人口移動は，都心部から郊外に向かっての移動であった（矢ケ﨑・高橋，2016）．

住宅を住み替えるという人口移動は，アメリカ人の生活様式と都市の動態を理解するためのキーワードである．人々は自分の状況，すなわち家族の構成や規模，収入に応じて，住宅と住宅地を選択して住み替える．家族が増えると，住んでいた住宅を増改築するのではなく，家族規模に適合した住宅に引っ越す．昇進や転職，あるいはビジネスが成功して収入が増えると，自分の所得階層にふさわしい住宅地に住み替える．居住地選択と

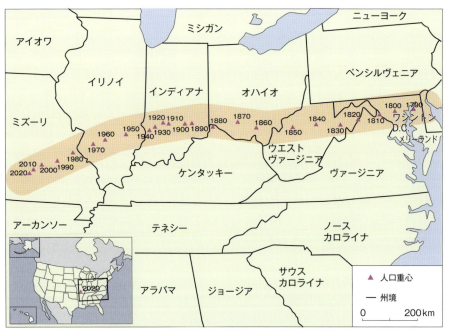

図3.5 人口重心の移動（1790〜2020年）
United States Census Bureau による.

住み替えが繰り返されると，ある住宅地は類似した属性を持つ居住者によって構成されるようになる．また，住宅と住宅地はそれが建設された時代と同じ形状を維持することになる．住宅はフィルターであり，そこを住民が入れ替わりながら移動するわけである．年月が経過しても，住宅地の景観は等質性を維持する．

日本の場合，居住者は同じ住宅地に住み続け，その属性に適合するように住宅が増改築される．その結果，新旧の住宅が混在し，新築や増改築が常に進行するという都市景観が一般的にみられる．また，日本では都市化は都市域に隣接する農地を蚕食しながら進行してきた．一方，アメリカ合衆国の場合は，都市の周りには未利用地あるいは低利用地が存在し，そこに都市が拡大して人口移動が起きるというのが一般的である．

3.4 交通と経済発展

3.4.1 現代に生きる水運

内陸の農業地帯と港とを結ぶルートとして，今日でも水運の果たす役割は依然として大きい．ミシシッピ川は穀物輸送の大動脈である．内陸部の穀倉地帯で収穫された穀物は，トラックで産地の穀物倉庫（カントリーエレベーター）に運搬され一時保存される．そこから鉄道の穀物運搬専用貨車に載せられ，ミシシッピ川とその支流に設けられた河港の穀物基地（ターミナルエレベーター）に送られる．そこで穀物運搬専用のバージ船（はしけ）に積み替えられ，ミシシッピ川を下る．

ニューオーリンズの上流部の左岸には，カーギル社（Cargill, Inc.），エイディーエム社（ADM, Archer-Daniels-Midland Company），ゼンノーグレイン（Zen-Noh Grain Corporation）社などの巨大な輸出用穀物倉庫が立ち並ぶ．日本の全国農業組合連合会はゼンノーグレイン社を設立し，1979年にルイジアナ州コンヴェントに近接した川岸に近代的な輸出用エレベーターを建設した（写真3.3）．ここから食用穀物やトウモロコシ，マイロ，ダイズなどの飼料用穀物が日本に出荷される．ミシシッピ川の水運は，日本に暮らす私たちの食生活を担う存在なのである．

3.4.2 高速道路と自動車産業

アメリカ合衆国ではオートアレー（auto alley）と呼ばれる地域に，自動車組立工場が集積する．これは五大湖からメキシコ湾の間に全長1000kmにわたって南北にのびる地域で，その中核をなす

写真 3.3　ミシシッピ川下流部のゼンノーグレイン社の穀物倉庫（2019 年 2 月，筆者撮影）

のが 2 本のインターステートハイウェイ，I-65 と I-75 である．そして，これらを連結するのが，東西に走る I-70，I-64，I-40，I-20 である．

アメリカ合衆国では 1890 年代後半に自動車の商業生産が始まったが，当時，多くの自動車会社はニューヨークを含む大西洋岸に立地した．しかし，20 世紀初頭には，デトロイトのフォード自動車会社の成功によって，ミシガン州南東部が自動車生産の中心地に発展した．デトロイトではすでにガソリンエンジンの製造が盛んであり，新しい産業を支援する資本も十分にあった．部品を製造する企業は，五大湖の南岸に東西に広がる伝統的工業地域に集積した．全国で自動車への需要が高まるにつれて，完成車の輸送コストを考慮し，部品を運搬することにより，新しい組立工場は消費市場に近接して，全米に分散して立地するようになった（Klier and Rubenstein, 2013）．

しかし，20 世紀後半になると，自動車組立工場の立地が変化した．車種が多様化するにつれて，それぞれの組立工場が地方市場向けの自動車を生産するのではなく，全国市場向けの特定車種の自動車を生産するようになった．そのため，組立工場の立地として，国土の中央部がより重要になった．アメリカ合衆国の大手自動車会社は，主にミシガン，インディアナ，オハイオに組立工場を集積させる．一方，外国の自動車会社はこの国の中央部に工場を立地させる戦略を採用した．これらの自動車会社は，伝統的な自動車生産中心地の南側に組立工場を設立した．部品メーカーは，納品の利便性を考慮して，組立工場に近接した場所を選んで立地した．こうして I-65 と I-75 を軸にしたオートアレーに，自動車組立工場の集積が進んだ（Klier and Rubenstein, 2013）．

I-75 はミシガン北部とフロリダ南部とを結ぶ．I-65 はシカゴの南側からアラバマ州モービルまで延びる（図 3.6）．中西部の伝統的な自動車生産地域では，労働組合の力が強いが，南部諸州では労働組合の組織率は高くない．南部では，伝統的な自動車生産中心地への近接性に優れるほか，自動車工場が生み出す雇用は大きいので，地元が誘致に積極的である．トヨタ自動車が採用して普及したカンバン方式の生産管理は，ジャストインタイム（Just-in-time）生産方式と呼ばれる．指定された日時に指定された部品を納入するために，自動車組立工場の周辺に，部品製造会社が立地する．こうして，オートアレーには自動車組立工場と部品製造工場が集積するようになった．特に日本系自動車会社の集積が顕著である．

3.4.3　環状道路と都市構造

インターステートハイウェイと高速道路（フ

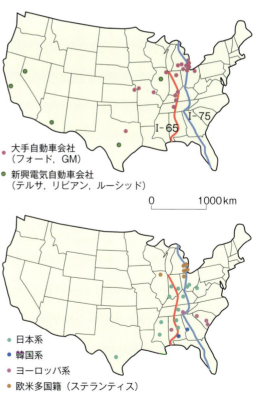

図 3.6　アメリカ合衆国の自動車組立工場（2023 年）
上図：アメリカ系，下図：外国系．各自動車会社のホームページにより作成．

3.4　交通と経済発展　　31

リーウェイ)は,都市の形態を規定してきた.大都市の場合,都心部に自動車専用道路が集中することが交通渋滞を引き起こしたが,自動車専用の環状道路はこうした課題の緩和に役立つ.

図3.7はアトランタ,カンザスシティ,ヒューストン,ワシントンD.C.を取り上げ,その主要高速道路を示したものである.いずれの都市でも,高速道路が集中する都心部を取り巻くように環状道路が整備されている.また,国際空港は環状道路に近接して立地する.ただし,ワシントンD.C.の場合は,環状道路の西側(図幅の外)にダレス国際空港が立地する.

環状道路が整備されると,混雑した都心部を避けて,都市機能が郊外に移転した.ビジネス機能は郊外のオフィスパークに,商業機能はショッピングモールに,工業機能は工業団地に移転した.こうした施設は,環状道路と主要高速道路に近接して立地する.もちろん空港も郊外に立地する.こうした都市機能の郊外化に伴って,郊外住宅地の開発も進んでいる(図3.8).

以上のように,18世紀後半に誕生したアメリカ合衆国は,広大な国土を手に入れ,それを少ない人口で開発することによって,豊かな社会が実現された.その過程で,新しい資源が発見され,

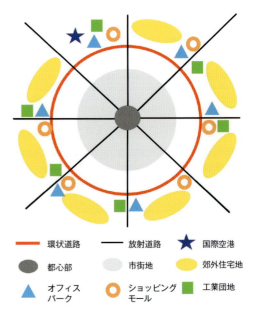

図3.8 都市機能の郊外化と環状道路のモデル

新しい社会のしくみが誕生し,技術革新が起こった.交通手段として,水運,鉄道,自動車,航空機が発達し,距離が克服されるとともに,新しい生活様式,産業,都市構造が生まれた.

[矢ケ﨑典隆]

•••••••••••• 課題学習 ••••••••••••
❶ アメリカ合衆国はなぜ国土を大陸規模にまで拡大できたのだろうか.
❷ アメリカ合衆国の人口重心はなぜ西に向かって移動してきたのだろうか.
❸ なぜ自動車組立工場はオートアレーと呼ばれる地域に集中するのだろうか.

文 献

Clawson, M. (1968): *The Land System of the United States*, 156p, University of Nebraska Press [小沢健二 訳(1981):アメリカの土地制度, 186p, 大明堂].

Garrett, W. E. ed. (1988): *Historical Atlas of the United States*, 289p, National Geographic Society.

Klier, T. and Rubenstein, J. M. (2013): The evolving geography of the US motor vehicle industry. *Handbook of Industry Studies and Economic Geography* (Giarratani, F., et al. eds), pp.38-66, Edward Elger.

矢ケ﨑典隆・高橋昂輝 (2016):バージェス時代の多民族都市シカゴを記憶する移民博物館. 歴史地理学, 58(4): 1-22.

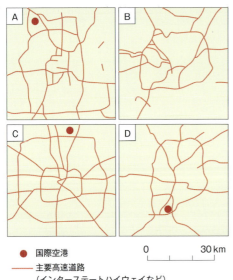

図3.7 大都市圏の環状道路
A:カンザスシティ, B:ワシントンD.C., C:ヒューストン, D:アトランタ. Rand McNally The 2013 Road Atlas より作成.

4 移民と多民族社会

アメリカ合衆国はしばしば多文化・多民族社会の典型として取り上げられる．しかし，移民の出身地は時代により異なり，その居住分布にも特徴がみられる．農村地域では，長い居住の歴史を持ち，土地との結びつきの強い集団が存在するホームランドや，中西部を中心に移民が形成した民族島がみられ，特徴的な建築物などは集団のアイデンティティや文化変容の指標となってきた．一方，都市では移民が形成するエスニックタウンにエスニックビジネスや文化施設が集積する．本章ではアメリカ合衆国の多民族社会を地域に着目して考えてみよう．

ニューヨークのエリス島移民博物館（2012年2月，筆者撮影）．移民が検疫のためにしばらく滞在しながら入国の準備をした施設が，現在博物館となっている．

4.1 移民の流入とアメリカ社会

4.1.1 多民族社会の形成

アメリカ合衆国は移民の国，さらには多文化・多民族社会の典型としてしばしば取り上げられてきた．アメリカ合衆国が世界各地からの移民とその末裔によって構成される多民族社会であることはまぎれもない事実であるが，その形成過程は決して一様ではなく，時代や地域により，複雑な過程を経て形成されてきたものである．なお，本章において移民とは原則として自身がアメリカ合衆国に移住してきた人（移民第1世代，日本人移民では一世という）をさす．それに対して，エスニック集団とは移民第1世代を含め，アメリカ合衆国において主流とは異なる民族的特性をもち，かつそのアイデンティティを共有する人々の集団をさす．ただし，文脈によっては移民とエスニック集団がほぼ同じ意味で使われる場合もある．

ここではまず，McKee（2000）にしたがって，アメリカ合衆国の移民史と移民政策の変遷を概観しておこう．アメリカ合衆国への移民の流入は，先住民を別にすれば，1492年のコロンブスによるアメリカ大陸の「発見」の後，1607年のジェームズタウン建設に始まる．独立革命以前にアメリカ大陸にやってきた人々の多くはイングランドとウェールズの出身であった．また，黒人（アフリカ系アメリカ人）の到来もほぼ同じころで，一般には1619年にオランダ船によりジェームズタウンに送られてきたと考えられている．独立戦争の終結後，1790年に実施された最初のセンサス（国勢調査）によれば，アメリカ合衆国の人口は約393万人であり，その75％以上が英国系，8％がドイツ系，そしてその他に，オランダ，フランス，スペインなどの出身者がいた．黒人の人口は約76万人であり，そのうち約70万が奴隷であった．1790年代には帰化や市民権に関する法律が制定され，紆余曲折を経て，5年間居住することが帰化の要件とされた．

独立戦争に加え，ヨーロッパにおいてもナポレオン戦争がおこるなど，大西洋の両岸で混乱した状況がしばらく続いたため，アメリカ合衆国の建国以降は移民の流入が少なくなっていたが，1820年代に入ると増加に転じる．その多くは北西ヨーロッパからで，特に1840年代にはアイルランドにおけるジャガイモ飢饉や中央ヨーロッパ地域の政情不安定などにより，約171万人が入国した．1820年代と1830年代とを合わせても入国者は約74万人だったので，急激な増加ぶりがよくわかる．移民の出身地に関しては，1820年代から1840年代まではアイルランドが中心であったが，1850年代から1870年代にかけてドイツが中心となっていく．アジアからの入国者は25万人弱に

過ぎず，そのほとんどが中国人であった．また，1808年に奴隷貿易が停止されたことを反映して，アフリカからの入国者は1000人足らずであった．

1881年から1920年は「殺到の時代（the Great Deluge）」と呼ばれている．この時期には，アメリカ合衆国において産業革命が進展する一方，ヨーロッパでは産業構造の変化が農村地域の疲弊をもたらしており，特に南・東ヨーロッパからの移民が急増した．1881年から1930年にかけてアメリカ合衆国に入国したのは2757万2583人であり，ピークとなった1907年にはこの年だけで128万5349人が入国している．出身地をみると，イタリアやオーストリア・ハンガリー帝国などの南・東ヨーロッパが49％，北西ヨーロッパが35％などとなっている．また，カナダからの移民も多く，北アメリカからの入国者が8％を占めている．これは，かつてはカナダを経由して最終的にアメリカ合衆国への入国を希望する移民が多かったことが一因である（のちに，第三国を経由したアメリカ合衆国への移住は禁止される）．それに加え，人口圧の高かったケベック州の農村から多くの人々が隣接するニューイングランドの繊維産業都市へと向かったことも大きく影響した．

南・東ヨーロッパ出身者を中心とするこの時期の移民の多くは，言語や宗教などの点で大きく異なる特徴をもっていた．例えば，イタリアやポーランドからの移民はカトリックを信仰し，また，東ヨーロッパからの移民にはユダヤ人も多かった．ケベック州から流入したフランス系カナダ人も敬虔なカトリック教徒であった．しかし，人口規模の点ではあまり大きくないにもかかわらず，最も激しい排斥の対象となったのは，言語や宗教だけでなく，肌の色や生活習慣が大きく異なるアジア系であった．中国人は苦力としてカリフォルニア州での鉄道建設に貢献したが，1882年に制定された中国人排斥法によりアメリカ合衆国への入国が禁じられた．その後，中国人労働者の穴を埋めた日本人移民もやはり差別と偏見の対象となった．

このような移民をめぐるさまざまな問題は，1920年代になって国別割り当て制度の導入によって解決が図られるようになる．1921年に制定された緊急割り当て法では，ある国からの入国者数を，1910年のセンサスによる当該国生まれ人口を基準にその3％を上限とした．さらに，1924年にはその基準が改められ，ある国からの入国者数を1890年のセンサスによる当該国生まれ人口の2％を上限とした．1890年までさかのぼることにしたのは，1890年の時点では南・東ヨーロッパ出身者やアジア出身者がまだ少なかったため，望ましくない移民の流入がより効果的に抑制されるからである．この1924年移民法（ジョンソン・リード法）は帰化不能外国人（白人およびアフリカ系とその子孫以外の者）の入国も禁止したことから，割り当ての厳しさとともに日本人を主なターゲットにしているとされ，しばしば排日移民法といわれている．なお，西半球諸国には上限が設けられなかったので，メキシコ出身者の増加が目立つようになった．また，南・東ヨーロッパからの移民が減少したことで北部の諸都市に生じた労働力不足を補ったのは，南部から移住したアフリカ系であった．1900年にはアフリカ系の89.7％が南部に居住していたが，その割合は1940年に77％，さらに1960年には60％にまで低下した．

戦争花嫁や難民の受け入れなどを別にすれば，こうした移民政策が転換されるのは1950年代になってからである．1952年のマッカラン・ウォルター法では帰化不能外国人の入国を禁止する条項が撤廃され，1965年移民法では，国別の割り当て制度が撤廃された．その結果，1960年代以降になるとラテンアメリカ諸国やアジア諸国からの移民が中心となり，特に1960年代には全体の12.9に過ぎなかったアジア諸国からの移民は，1970年代には34.2％を占めるに至った．ラテンアメリカ諸国とアジア諸国からの移民が多数を占める傾向は，今後も続くことが見込まれている（Jordan-Bychkov et al., 2014）．

4.1.2　同化論からサラダボウル論へ

アメリカ社会は植民地時代から多様な人々から成り立っていたが，基本的には最初期に入植したイギリス人が形成した社会を基礎としてお

り，19世紀半ばまでにはこうした共通の理解が確立した．主流となったのはアングロサクソン系白人のプロテスタント（White Anglo-Saxon Protestant）であり，ワスプ（WASP）と呼ばれるようになる．こうした社会において，移民はイギリス的要素の強いアメリカ社会に順応することが求められた．これがアングロ・コンフォーミティ論であり，より一般的な表現をするなら同化論といえる．アメリカ合衆国においてイギリス的伝統と移民の持ち込んだ文化は相互に作用しており，19世紀，特に南・東ヨーロッパからの移民が流入してからも変化した．しかし，このアングロ・コンフォーミティ論は，南・東ヨーロッパやアジアから移民が流入するようになった19世紀末から20世紀にかけて，不寛容なイデオロギーの代名詞のようになってしまった（明石・飯野，2011）．

そのころに登場したのがメルティング・ポット（人種のるつぼ）論である．メルティング・ポットとは，ユダヤ系作家イスラエル・ザングウィルの戯曲（1908年初演）に由来しており，アメリカ合衆国では，さまざまな人種や民族が溶け合って混ざり合い，最終的にはアメリカ人というまったく新しい民族になるというものである．この戯曲は，ともにヨーロッパから移住してきたユダヤ教徒とキリスト教徒との結婚を題材としたもので，当時はともかく，異なるエスニック集団間，あるいは異なる宗教間での婚姻が増加している現在では，まったくのまとはずれとは言いがたい状況になっているかもしれない．しかし，異なるエスニック集団が融合して1つのまったく新しい民族が創出されているとまではいえないのが現実であろう．

現在では異なるエスニック集団が同じ器のなかに溶け合わずに混在しているという意味で，サラダボウル論が支配的となっている．すなわち，アメリカ合衆国はさまざまな文化をもつ集団からなる多様な社会ということである．近年では，1960年代の公民権運動以来，アフリカ系のみならず，これまでアメリカ合衆国の発展に貢献してきたさまざまなエスニック集団の歴史や文化の見直しが進められ，各地に移民博物館が設立されたり，また多くのエスニックフェスティバルが開催されたりしている（矢ケ﨑，2018）．

しかし，程度の差こそあれ，移民がアメリカ社会への同化を期待されることに変わりはない．例えば，社会的地位の上昇には英語の習得や高い教育レベルが不可欠であり，実際，歴史的にはその過程で多くのエスニック集団のアメリカ社会への同化が進んでいる．また，20世紀にアメリカ合衆国はいくつかの戦争にかかわっており，敵国からの移民は厳しい立場に立たされることになった．すなわち，第一次世界大戦の際には，移民の歴史が古く，規模も大きかったドイツ系の同化が急速に進んだ．また，第二次世界大戦に際しては，西海岸に居住していた日系人は強制立ち退きを迫られ，内陸部の収容所に送られた．そして，戦後は再び差別や偏見の対象となることを恐れて，戦前のように集住せず，子弟への日本語の教育も十分に行わなかった．その結果，戦後に生まれた三世には日本語を話せない人が多くなり，日系人以外との婚姻も急増するなど，同化が急速に進行した．

4.2 人種民族構成の地域性

4.2.1 全国的な居住分布

アメリカ合衆国の開拓が東から西へと進められたことと，時期により移民の出身地に違いがみられることは，人種民族構成の地域性に反映されている．すなわち，最も早く入植がすすんだ東部や南部は英国系を中心とする比較的均質な社会であり，少し遅れて19世紀半ば以降に入植したドイツ系やスカンジナビア系などは主に中西部に農村社会を形成した．1880年代以降に増加する南・東ヨーロッパからの移民の多くは，産業革命の進行に伴って急成長する東部や北部の諸都市に流入し，下層の労働力を提供した．日本や中国からの移民のほとんどは西海岸諸州に居住し，差別や偏見，戦争，日系人の強制収容などを経た現在でもその傾向は変わっていない．ただし，ローカルなスケールでは，産業構造の変化に伴う労働力需要の高まりに対応して，従来は白人中心の社会だっ

た地域にも移民が増加する傾向にある．

アメリカ合衆国の各地域において多数を占める集団を示した図4.1にしたがって，より詳細にみてみよう．まず，ニューイングランドの大部分とニューヨーク州，ヴァージニア州からオクラホマ州およびテキサス州内陸部にかけて，そしてユタ州からオレゴン州およびカリフォルニア州北部にかけて，イングランド系が多い．ニューイングランド，特にメーン州やヴァーモント州，ニューハンプシャー州のカナダ国境付近ではフランス系が多い．メーン州北部のセントジョン川上流地方に居住するフランス系住民は，カナダのケベック州およびニューブランズウィック州のフランス系住民とルーツを共有している．しかしこの地域は，1842年にカナダとの国境が確定したことによって，アメリカ合衆国に含まれてしまった．また，マサチューセッツ州にもフランス系が多い．これは，上述のように19世紀後半から20世紀前半にかけて，ケベック州などからフランス系カナダ人がニューイングランドの繊維産業都市に労働者として流入したからである．

ペンシルヴェニア州から中西部一帯，さらに西部を経てワシントン州に至るまでの広い範囲に多いのがドイツ系である．また，ウィスコンシン州の北西端，さらにミネソタ州からノースダコタ州のカナダ国境沿いではスカンジナビア系が多い．ミシガン州半島部のスペリオル湖沿岸にはフィンランド系が多い．中西部ではこれらの人々が，多くの場合，母国の自然環境と類似した地域を選んで入植し，開拓に従事した．

南部に目を転じてみると，ヴァージニア州から南北カロライナ州の沿岸部，さらにはジョージア

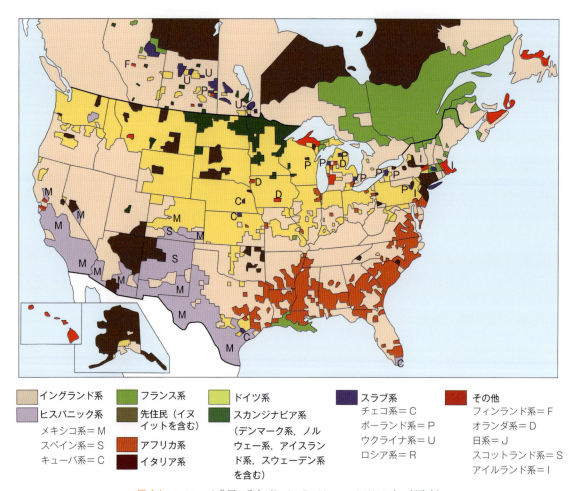

図4.1　エスニック集団の分布（Jordan-Bychkov et al. (2014) を一部改変）
イングランド系は厳密な定義にしたがえばエスニック集団ではないが，便宜的に含めてある．

州からルイジアナ州にかけて黒人が多い．いわゆるブラック・ベルトであり，1970年代以降は，大恐慌時代から第二次世界大戦前後にかけて北部の諸都市に流出した黒人の南部への回帰が観察されている．また，ルイジアナ州南部にはケイジャン（Cajun）と呼ばれるフランス系が集中する地域がある．さらに，メキシコとの国境地帯にはヒスパニックが多く居住していることがわかる．ヒスパニックとは一般に中南米にルーツをもつスペイン語話者を指すが，白人と黒人の双方が含まれるうえに出身地も多様な集団である．その多くはメキシコ系，キューバ系，プエルトリコ系であり，メキシコに隣接する南西部の諸州のほか，キューバに近いフロリダ州（特にマイアミ），大都市を抱えるニューヨーク州やイリノイ州に多く居住している．南西部にはほかに，ニューメキシコ，アリゾナ，コロラド，ユタの各州が接する，いわゆるフォーコーナーズ付近に先住民が多く居住している．ハワイ州では，かつて日本からサトウキビ農園の労働者などとして移住した人々の子孫である日系人が最大の集団となっている．

4.2.2 ホームランド

広域的な視点でエスニック集団の分布を検討する場合，ホームランド（homeland）という概念が有効である（Nostrand and Estaville, 2001）．ホームランドとは，単に文化特性を共有する集団の分布を意味するのではなく，当該集団と土地との結びつきを重視する概念であり，時間，すなわち地域の発展プロセスも考慮に入れられている．図4.2には，北アメリカにおけるホームランドの分布が示されている．これによると，ニューメキシコ州を中心とするヒスパノホームランド（メキシコ系）や，ルイジアナ州南部のアカディアナ（Acadiana）ないしケイジャンホームランド，南西部のフォーコーナーズ付近のナヴァホホームランド（先住民）などが代表的なホームランドといえる．ここではアカディアナを例に，Noble（1992）やNostrand and Estaville（2001）に基づいて，具体的に紹介しておこう．

北アメリカ大陸は当初，イギリス人によって大西洋沿岸の東部と南部から，フランス人によってミシシッピ川の水系に沿って北部から，さらにはスペイン人によって南西部から探検や入植が進められた．その痕跡は，地名のみならず住民の構成にも残っており，それらが豊富にみられる地域の1つがルイジアナ州である．例えば，アメリカ合衆国では郡のことを一般にカウンティ（county）というのに対して，ルイジアナ州ではカトリック教会の小教区を指すパリッシュ（parish）が使われているなど，独自色が強く残っている．歴史的にみると，ルイジアナ南部のメキシコ湾岸は17世紀以降，カリブ海の覇権を狙うフランスの最前線という位置にあり，1718年にニューオーリンズが建設されるなど，18世紀に入ってフランス人の入植が進んだ．この地域は生態学的見地からすると北アメリカというよりもカリブ的であり，このころにはすでに，言語や生活習慣の面でカリブ海沿岸地域の先住民やヨーロッパ人が持ち込んださまざまな文化が混交し合う，クレオール的状況となっていたようである．その後，ニューオーリンズとミシシッピ川西岸は1763年から1801年までスペインの支配下に入り，再びフランス領になってまもなく，1803年にアメリカ合衆国に売却される（ルイジアナ買収，第3章参照）．それ以来，アメリカ合衆国の主流文化が流入し，フランスやスペインが形成した社会や文化は変容を迫られることになる．

ルイジアナ州に暮らすフランス系の多くはケイジャンと呼ばれる人々であり，現在のカナダ・ノヴァスコシア州のファンディ湾沿岸に入植したフランス系住民であるアカディアン（Acadians）を祖先としている．北アメリカにおける英仏植民地抗争末期の1755年，アカディアンは英国への忠誠を疑われて入植地を追放され，現在ではノヴァスコシア州の北に隣接するニューブランズウィック州に多く居住しているが，追放された人々の一部がルイジアナにやってきたのである．そこで彼らは，以前の入植地とまったく異なる，亜熱帯性の気候，スワンプ（swamp）という湿地とバイユー（bayou）という小川に特徴づけられるルイジアナ南部の自然環境に直面する．そこでは衣食住のすべてをカナダとは異なるものにせ

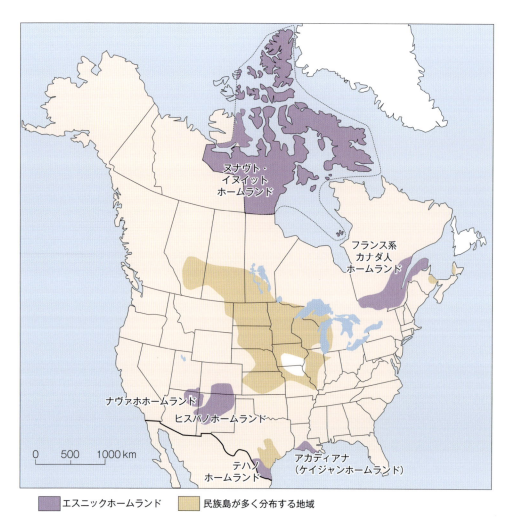

図 4.2　北アメリカにおける主要なエスニックホームランドと民族島（Jordan-Bychkov et al. (2014) を一部改変）

ざるをえなかった．例えば，ケイジャンハウスといわれる典型的な住宅は，正面しかペンキで塗られておらず，風雨にさらされたどんよりした灰色をしているが，床を高くし，ギャラリーと呼ばれる正面のベランダや大きな扉，急傾斜の切妻造りの屋根に特徴がある（写真4.1）．これらは通気性をよくしたり，熱の発散を促進したりする工夫である．また，ジャンバラヤやガンボなどで知られるケイジャン料理とは本来，ザリガニのように地元でとれる食材と，カリブ海地域から来たフランス系クレオールやアフリカ系の調理法，なかでも西アフリカからの奴隷が持ち込んだ赤いソースなどがもとになって形成されてきたものである．

しかし，アメリカ合衆国の主流文化が浸透し，政治や経済の主導権を握られると，フランス語の使用が制限され始め，近代化がすすむにつれてスワンプを小舟で縦横に動き回る生活も廃れていった．20世紀に入るとメキシコ湾岸の油田が開発され，多くのケイジャンが石油産業に従事するようになった．このようにして，ケイジャンはアメリカ合衆国の主流文化に飲み込まれていき，現在では農村地域でもケイジャンハウスを目にする機会はほとんどなくなった．

ところが，最近になってアメリカ合衆国において多文化主義的価値観が浸透し，逆に各地におけるエスニック文化への関心が高まっている．ルイジアナ州でもフランス語の復活が試みられ，ニューオーリンズのマルディ・グラなどのフェスティバルが全国的な注目を集めるようになっている．また，「本家」ともいえるカナダのアカディ

写真4.1 ケイジャンハウス（ルイジアナ州ラファイエット，2005年5月，筆者撮影）
野外博物館アカディアンビレッジに移築されたもの．

写真4.2 世界アカディアン会議のイベントにケイジャンの旗を持って参加する人々（メーン州マダワスカ，2014年8月，筆者撮影）
1965年に考案されたケイジャンの旗は，1974年にルイジアナ州議会で22の郡から構成されるアカディアナ地方の公式な旗に制定された．

アンが2004年に入植400周年を迎えるにあたって，1994年にニューブランズウィック州南東部で第1回世界アカディアン会議を開催し，ケイジャンを含む，世界に散らばったアカディアンの子孫が集結した．その後も5年に1度開催される世界アカディアン会議を通じて，本家のアカディアンとの交流が近年になって急速に拡大している．ルイジアナ州ではもはやフランス語が母語として継承されることは期待できないとはいえ，カナダのアカディアンとの交流はケイジャン文化の継承やアイデンティティ維持を促進する要因になっている（写真4.2）．

4.2.3 ローカルホスト社会と移民の適応

これまでみてきたように，アメリカ合衆国への移民は局地的に集中する傾向にある．そこで，アメリカ社会全体をホスト社会とする見方に加えて，特定の地域において移民と日常的に接するホスト社会をローカルホスト社会として，ローカルホスト社会の対応と移民の適応とを地域的枠組みのなかで考えることの必要性が指摘されてきた（矢ケ崎，2022）．ここでは，第二次世界大戦前の日本人移民の事例を紹介したい．

第二次世界大戦前の日本人移民はほとんどが西海岸に居住し，なかでもカリフォルニア州に多く居住していた．当時のカリフォルニア州ではアジア系移民に対する差別や偏見が厳しく，日米両政府の交渉により，日本政府は労働を目的とする者に旅券を発行しないことになった（1907年の日米紳士協約）．ただ，労働目的以外の移民は認められたため，日本から家族を呼び寄せることは可能であった．そこで，写真結婚による女性の入国が増加し（このような女性を写真花嫁という），もともとは出稼ぎの意識が強かった日本人移民の定着を促進することになった．

しかし，写真結婚は西海岸のアメリカ人の目には奇異な風習とうつり，偏見を助長した．制度的にも，1913年にカリフォルニア州で外国人土地法が制定されたように，事実上日本人をターゲットにした法規制がすすめられる状況であった．ただし，これも帰化不能外国人であった一世のみが対象であり，国籍の出生地主義によりアメリカ合衆国で生まれた二世は国籍の上ではアメリカ人であったため（在外公館に出生届を提出していれば血統主義に基づき日本国籍も取得できる），二世の名義で土地を取得ないし貸借することが可能であった．その結果，日本人移民への差別や偏見がおさまることはなく，1924年の排日移民法の制定につながっていく．このように，とりわけカリフォルニア州というローカルホスト社会からの強い圧力の下で，当時の日本人移民は都市近郊における野菜栽培や庭師などに経済的なニッチを見いだしたり，さまざまな組合を組織することにより，自らの利益を守ったりした（矢ケ崎，1993）．

4.3 農村地域のエスニック景観

移民は出身地からそれぞれの文化をアメリカ合

衆国に持ち込んでくる。そして，多くの場合，それは景観に反映される。エスニック景観は北アメリカの文化地理学においてポピュラーな研究課題であり，集団のアイデンティティや文化変容，同化などの状態を示す優れた指標として，北アメリカ各地にみられる特徴的な家屋やフェンス，納屋（バーン）などがさかんに研究されてきた。また，タウンシップ制が導入される以前の測量に基づく地割りも，その後の農業・農村景観に影響を与えている。例えば，フランス人が入植した地域では，ロングロットという，川から細長くのびる長方形の地割りがみられる。フランス人による探検と入植活動が行われた18世紀ごろは水運が重要な交通手段であったため，川へのアクセスが重視されたのである。ロングロットはカナダ・ケベック州のセントローレンス川沿岸には現在でもふつうにみられるし，アメリカ合衆国においてもミシシッピ川下流部の沿岸などに名残がみられる。

　農村地域におけるエスニック集団の小規模な集住地域は民族島（ethnic island）といわれてきた。それらの多くは，19世紀前半から半ばにかけて北西ヨーロッパからの移民が流入した中西部に分布している（図4.2）。この時期の移民は都市における非熟練労働者ではなく，農業移民として流入する場合が多かった。そして彼らが形成した集落は空間的に孤立している場合が多く，結果として他の移民集団との交流の機会が少なかったために，自らの文化的伝統を最近まで維持しつづけてきた。

　ここで興味深いのは，これらの移民集団に入植地の自然環境との親和性がみられることである。すなわち，19世紀半ばまでに流入したドイツ系やスカンジナビア系など北西ヨーロッパからの移民の多くは，母国の自然環境と類似した地域に入植することで北アメリカにおける生活基盤を確立したのである（Jordan-Bychkov et al., 2014）。一例を示そう。図4.3は中西部ウィスコンシン州における民族島の分布と自然環境との対応を示したものである。北部の針葉樹林地帯にフィンランド系集落が多く分布し，南部の広葉樹林帯にイングランド系集落が多く分布している。また，入

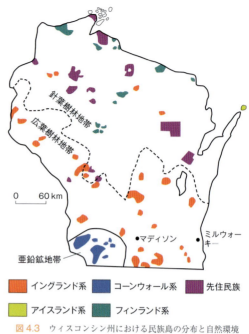

図4.3　ウィスコンシン州における民族島の分布と自然環境
（Jordan-Bychkov et al. 2014 を一部改変）

植時にはすでに鉱山地帯として知られていた英国コーンウォール地方出身者が，南西部の亜鉛鉱地帯に多く入植しているのも興味深い。

　この現象は，生態学から導入した前適応（preadaptation）という概念により説明される。前適応とは人間社会が移住に先だって所有する特性の複合体であり，それが新しい環境のもとで植民活動にあたる際に競争力となるので，前適応の水準が高ければ，北アメリカの環境において成功しやすい。母国の自然環境と類似した地域であれば，ヨーロッパから持ち込んだ文化が定着する可能性は高まるので，結果として移民集団と自然環境との親和性を示す事例が多く残存するということになる。逆に，前適応していない場合には，異なる適応戦略を採用することを余儀なくされる。

　民族島が数多く存在する中西部はエスニック景観の宝庫である。特に農村地域におけるエスニック景観の好例といえるのが，中西部のフィンランド系農家にみられる別棟のサウナである（写真4.3）。1960年代前半の調査によると，ミシガン州やミネソタ州のフィンランド系集落において非常に高い割合でサウナが民家に設置されていたことが明らかにされている。現在では，主流文化の浸透や合理的な建築様式の普及などにより，こう

写真 4.3　フィンランド系農家のサウナ（ウィスコンシン州イーグル，2010 年 9 月，筆者撮影）野外博物館オールドワールドウィスコンシンに移築されたもの．

写真 4.4　馬車で移動するアーミッシュ（ペンシルヴェニア州ランカスター近郊，2013 年 8 月，筆者撮影）と馬車への注意を促す標識（右上）

した独特の景観はあまりみられなくなってしまった．しかし，各地に民家やその付属施設を移築した野外博物館が数多くあり，それらの多くは州や郡の歴史協会によって運営されている．そこでは，当時の衣装を身に着けたスタッフによる説明を受けながら，建築物を観察することができる．

　北アメリカの農村地域で特徴的な存在といえるのがキリスト教再洗礼派に属する集団であり，アメリカ合衆国ではペンシルヴェニア州を中心に居住し，ペンシルヴェニア・ダッチという呼び方もあるアーミッシュ，カナダではオンタリオ州南部に居住するメノナイトがよく知られている．彼らは 18 世紀以降にヨーロッパにおける迫害を逃れて北アメリカに移住してきた．現代文明を拒否する最も戒律の厳しい宗派の人々は，自動車ではなく馬車で移動し，電気も使わない（写真 4.4）．彼らは基本的に農業に従事し，居住地域では家畜を用いて農作業をする姿がみられ，都市近郊地域では自らの農場に直売所を設置している例もあり，地域における優秀な農業生産者としての側面もある．農産物販売を知らせる看板には安息日である日曜日は営業していない旨が示されており，アーミッシュの農場であることを示唆している．信仰上の理由からアーミッシュは子だくさんである一方，都市化の進む地域では十分な農地が得にくくなっており，成人した子供が親の農場の近くで農業を営むことは容易ではなくなりつつある．そこで近年では，伝統的な居住地域だけでなく，例えば北東部メーン州の比較的人口密度の低い地域などに居住地域を拡大している．

4.4　都市のエスニック景観

　エスニック集団の同化プロセスおよびそれと密接にかかわる居住分布の変化には，古くから関心が寄せられてきた．なかでも，都市におけるエスニック集団の集住地域の崩壊と居住の郊外化は，同化のプロセスと結びつけられる形で盛んに研究されてきた．すなわち，19 世紀末以降，アメリカ合衆国に流入した移民の多くは都市に居住するが，英語をあまり話せない非熟練労働者がほとんどであり，経済的に最下層に位置し，その結果，都心周辺のあまり環境のよくない区域に集住することになる．その後，第 2 世代，第 3 世代と代を重ねるにしたがって経済的階梯を上昇し，集住地域をはなれて郊外に居を構えるようになっていく．この過程で集団固有の言語を失ったり，異なる集団間あるいは異なる宗派間での婚姻がみられたりするようになり，ホスト社会への同化が進行する．

　都市においてもエスニック景観はしばしば観察され，その変化はダイナミックである．移民は都市において集住地域を形成し，それらはエスニックタウンと呼ばれる．エスニックタウンはエスニック集団の集住地域であるとともに，経済的にはエスニック集団の需要を満たすエスニックビジネスの集積地であり，また文化的には学校や宗

写真 4.5 メーン州ルイストンのカトリック教会（2016 年 11 月，筆者撮影）
ルイストンの聖ペテロ・パウロ教会では英語のほか，フランス語だけでなく，ラテン語やスペイン語によるミサが行われている．

写真 4.6 ニューヨークのリトルイタリーにあるイタリア食材店（2012 年 2 月，筆者撮影）

教施設など，エスニック集団の生活様式を維持するための諸施設が集中する地域である（山下，2008）．

ニューイングランドの諸都市では，産業構造の変化に伴って繊維工業が盛んだった時代はすでに過去のものである．例えばフランス系カナダ人が労働者として流入し，集住地域（リトルカナダ）がみられたメーン州ルイストンのリスボン通りを訪れても，フランス系カナダ人が経営する商店や新聞社などが立ち並んでいた面影はまったくない．しかし，周辺には彼らが勤めていた工場跡や運河が残り，近隣のカトリック教会ではフランス語によるミサが行われている（写真 4.5）．現在の高齢者は 20 世紀初めに流入した移民第 1 世代の子ども世代，すなわち移民第 2 世代であり，アメリカ合衆国で育った彼らは学校で英語を身につける一方で，親世代とはその母語であるフランス語で会話していた．すなわち，家庭内言語がフランス語だったので，現在に至るまで彼らの間ではフランス語が用いられており，フランス語のミサが続けられてきた．とはいえ，第 3 世代以降では異なる集団間での婚姻の増加などにより，フランス語の継承は見通せず，フランス語のミサがいつまで続けられるのかは不透明である．

世代交代を経て経済的階梯を上昇し，かつてエスニックタウンを構成した集団が郊外に移動しても，その集団向けのエスニックビジネスは集積し続ける場合も少なくない．例えば，ニューヨーク・マンハッタン島のロワー・イーストサイドはかつて典型的な移民街であり，なかでもイタリア人移民のかつての集住地域（リトルイタリー）にはイタリア料理店が立ち並ぶだけでなく，20 世紀初めに創業したイタリア食材店がいくつもみられ（写真 4.6），かつての銀行を改装した博物館もある．イタリア人移民向けの銀行が立地したのは，故郷への送金などの必要があるからであり，エスニックタウンではしばしば観察される．しかし，近年のリトルイタリーは，隣接するチャイナタウンに侵食されつつある．かつてのアメリカ合衆国の都市では，ある集団が経済的階梯の上昇を果たして郊外に転出すると，そこには新たな移民が流入し，転出した集団が担っていた最下層の労働に従事し，新たなエスニックタウンを形成した．移民の労働力を必要とした工場が都心周辺に立地しなくなった現代では，こうした移民の入れ替わりも過去のものといえるかもしれないが，ロワー・イーストサイドにおけるリトルイタリーとチャイナタウンのせめぎあいは，都市構造の古典的モデルに描かれたかつての様子を彷彿とさせ

る．

　アメリカ合衆国の都市にも多くみられるチャイナタウンはやはり都市中心部に立地してきた．しかし，そうした歴史のあるチャイナタウン（オールド・チャイナタウン）は老朽化が著しく，最近では裕福な中国人移民が居住条件のよい郊外にニュー・チャイナタウンを形成しつつある（山下，2019）．チャイナタウンに限らず，コリアンやベトナム系などアジア系のエスニックタウンにみられる景観は文字に特徴がある（写真4.7）．これらの集団では最近でも移民の流入が続いており，英語の能力が高くない人も多いため，エスニックビジネスが成立しやすく，英語が併記されているか否かによって同化の程度を推測することもできる．ただし，例えばニューヨークに居住するコリアンの場合，永住を目標に1980年代以前に移住した旧期移住者と1990年代以降に移住した高学歴・高所得の新期移住者とでは，居住地選択やコリアタウンとの関係が異なるという（申，2018）．すなわち，グローバル化の進んだ現代では国際移住にも質的変化がみられ，出身地を同じくする者であっても，居住地選択やエスニックタウンとの関係は一様ではなくなりつつある．

　移民は個人のレベルでも集団のレベルでも，新天地の社会や経済に適応していかなければならない．アメリカ合衆国には移民が現在も流入し続けており，移民社会に対するアメリカ社会の態度やそれに対する移民の適応は興味深い研究課題であり続けている．　　　　　　　　　　［大石太郎］

●●●●●●●●●●●● 課題学習 ●●●●●●●●●●●●
❶ なぜアジア系の移民は西海岸に，そしてヒスパニックはメキシコとの国境地帯に，それぞれ多く住んでいるのだろうか．
❷ 農村地域では，なぜ特徴的な建築物などの独特な景観がみられなくなってきたのだろうか．
❸ 都市では，なぜエスニックタウンにエスニックビジネスや文化施設が集積するのだろうか．

文　献

明石紀雄・飯野正子（2011）：エスニック・アメリカ（第3版）―多文化社会における共生の模索―，450p，有斐閣．

申知燕（2018）：ニューヨーク大都市圏における韓人のトランスナショナルな移住―居住地選択およびコリアタウンとの関係を中心に―．地理学評論，91：1-23．

矢ケ﨑典隆（1993）：移民農業―カリフォルニアの日本人移民社会―，319p，古今書院．

矢ケ﨑典隆編（2018）：移民社会アメリカの記憶と継承―移民博物館で読み解く世界の博物館アメリカ―，285p，学文社．

矢ケ﨑典隆（2022）：カリフォルニアの日系移民と灌漑フロンティア―サンホアキンバレーにおける農業地域と多民族社会の形成―，386p，学文社．

山下清海編（2008）：エスニック・ワールド―世界と日本のエスニック社会―，264p，明石書店．

山下清海（2019）：世界のチャイナタウンの形成と変容―フィールドワークから華人社会を探究する―，328p，明石書店．

Jordan-Bychkov, T. G., et al. (2014): *Jordan's Fundamentals of the Human Mosaic: A Thematic Introduction to Cultural Geography*, 2nd ed., 366p, W. H. Freeman and Company.

McKee, J. O. ed. (2000): *Ethnicity in Contemporary America: A Geographical Appraisal*, 2nd ed., 425p, Rowman and Littlefield.

Noble, A. G. ed. (1992): *To Build in a New Land: Ethnic Landscapes in North America*, 455p, The Johns Hopkins University Press.

Nostrand, R. L., and Estaville, L. E. eds. (2001): *Homelands: A Geography of Culture and Place across America*, 318p, The Johns Hopkins University Press.

写真4.7　ニューヨーク中心部の韓国店集中地区（2013年8月，筆者撮影）
マンハッタン島中心部のターミナル駅近くには韓国店が集中し，ハングルの看板が多くみられる．

5 食料生産と農業地域

アメリカ合衆国では，経済活動総人口に占める農業従事者の比率はごくわずかであり，ほとんどの人々は都市に暮らしている．存在感が薄いようにみえる農業は，実はアメリカ地誌を理解するために重要である．この国は18世紀に農業国として誕生し，それ以降，開拓と農業発展の過程を通して，独自の生活文化が形成された．また，農産物の生産と輸出，アグリビジネス企業の活動，農業関連技術の開発を通して，アメリカ合衆国は世界に大きな影響を及ぼす．同時に，この国の農業と農業地域はダイナミックに変化している．

ジャガイモ産地のアイダホ州ブラックフットのジャガイモ博物館（2017年9月，筆者撮影）

5.1 アメリカ型農業様式の誕生

5.1.1 アメリカ先住民の食料生産

南北アメリカで最初に農業を行ったのは，アメリカ先住民（ネイティブアメリカン）であった．メキシコ中部から中央アメリカ北西部にかけての地域（いわゆるメソアメリカ）とアンデス中部に，大きな先住民人口が存在した．アステカやインカが支配したこれらの地域では，稠密な人口を維持できるだけの高度な農耕様式が発達した．アンデス山脈に特徴的にみられるように，山腹斜面に造成された段々畑では灌漑が行われ，多種類のジャガイモやトウモロコシなどが栽培された．また，河川や湖には人工的な盛土畑（メキシコ盆地ではチナンパと呼ばれた）が造成され，生産性の高い農業が行われた．

一方，現在のアメリカ合衆国とカナダの地域には巨大な国家は形成されず，集約的農業が組織的に行われることはなかった．湿潤な東部では森林が広域に存在し，森林資源を活用しながら農耕を営む人々がいた．野生のイチゴは豊富に存在し，木の実は冬季の保存食となった．野生動物は貴重なたんぱく質源であった．また，樹木を立ち枯れさせることにより，森林のなかに小さな畑が作られた．森林の土壌は黒っぽい腐植土で，単純な農具により耕作が可能であった．トウモロコシ，マメ，カボチャを混作する農耕文化は，高度な文明が栄えたメソアメリカから伝播した．一方，乾燥した西部では草原が広がり，野生動物の狩猟や堅果類の採集によって食料が確保された．

しかし，先住民の人口と文化は，ヨーロッパ人との接触を契機として消滅の危機に瀕した．特に，ヨーロッパ人が無意識に持ち込んだ天然痘や麻疹などの病気は，免疫を持たない先住民に壊滅的な打撃を与えた．多くの先住民が病死して人口が激減した結果，ヨーロッパ北西部からの移住者は，農業開拓を行うために都合のよい空白地帯を手に入れたのである．

5.1.2 ヨーロッパ農業の導入

ヨーロッパ系移住者は，土地制度，農耕技術，農機具，作物や家畜を新大陸に導入し，それらはアメリカ型農業様式が形成される基盤となった．

スペイン植民地では，先住民をキリスト教に改宗し教化するための宗教集落（ミッション）で農業が行われた．平坦で水の得やすい場所にミッションは建設され，河川から分流した灌漑水路によって，生活用水と農業用水が確保された．ここではコムギなどの穀物の栽培，野菜などの灌漑農業，ブドウ栽培とワイン醸造，オリーブやオレンジなどの栽培，飼料作物（牧草）の栽培が行われた．コムギとブドウはそれぞれパンと赤ワインの原料として重要であった．また，家畜（ウマ，ウ

シ，ヒツジ）も導入された．

フランス植民地では，セントローレンス川，五大湖，オハイオ川，ミシシッピ川という水域に沿って入植が展開した．河川沿いの土地はロングロットと呼ばれる短冊形の区画に分割され，家族農場では自給的な混合農業が行われた．畑ではコムギのほかにオオムギ，エンバク，マメ類が，家庭菜園では野菜，タバコ，果物が栽培され，牧場ではウシ，ヒツジ，ウマ，ブタ，家禽が飼育された．

イギリス植民地は大西洋岸に建設された．アメリカ東部の森林は北西ヨーロッパの森林に類似し，落葉広葉樹が広域に存在した．ヨーロッパの森林文化が導入され，落葉広葉樹は薪炭や木工の原料として利用され，堅果は食用となった．

ニューイングランド植民地では，入植の単位は宗教共同体としてのタウンで，それは中央部の集落，それを取り囲む農地や未開墾の林地から構成される農業集落であった．家族を単位とした自給農業が行われ，イングランドから導入された穀物や牧草にメソアメリカ原産のトウモロコシが加わり，また畜産に関心が高まった．しかし，入植者の多くはイングランドの都市出身で農業経験に乏しく，この地域の冷涼な気候は農業生産には最適ではなかった．

中部植民地には，入植の当初からヨーロッパの異なる地域から，多様な人々が流入した．農民の流入に伴って，18世紀の西ヨーロッパで展開した新しい農業技術や改良された作物や家畜が導入された．西ヨーロッパと類似した気候のもとで，持ち込まれた作物や家畜がよく成育した．先住民にとって貴重な食料であったトウモロコシは，良質な家畜飼料として高い評価を受け，家畜飼育の生産性が高まった．こうして，トウモロコシにエンバク，コムギ，ライムギ，クローバーなどが組み合わされた飼料作物の輪作と，ブタやウシを中心とする家畜飼育が，家族経営の農場で行われるようになった．この方式が中部植民地における典型的な農業経営として定着した．

南部植民地では，もともと個人に払い下げられた土地が一部の地主に集積して大土地所有者が出現し，プランテーション経済が繁栄した．ヨーロッパ市場向けのタバコに加えて，サトウキビ，イネ，インディゴ，カイトウメン（海島綿），リクチメン（陸地綿）など，熱帯性の作物の栽培が盛んになった．ヨーロッパ市場へ依存した経済，大土地所有制に基づく農業社会，そして明瞭な階層社会が形成された．都市の繁栄は，都市の経済活動によって生み出されたのではなく，プランテーションにおける輸出用作物の栽培に支えられた．

5.1.3 アメリカ型農業様式

アメリカ合衆国の農業様式は，以上のような先住民とヨーロッパの農業様式の伝統を受け継いで，中部植民地で形成された．すなわち，家族を農業経営の単位とする独立した農場である．北西ヨーロッパから持ち込まれた混合農業の伝統および作物と家畜に新大陸原産のトウモロコシが加わり，トウモロコシを中心とした飼料作物の優れた輪作体系が実現された．中部植民地はアメリカ型農業様式の揺籃の地であり，この国の農業発展の起点となった（矢ケ﨑，2010）．

新たな農業様式は，開拓の進行に伴ってアパラチア山脈を越えて西へと伝播した．東部の森林地帯では農業開拓が順調に進行したが，ミシシッピ川を越えて西へ向かうと降水量がしだいに減少して草原が広がり，北に向かうと冷涼な気候に直面した．中部植民地とは異なる環境のもとで開拓と農業発展を実現するために，作物，経営規模，農機具，農業関連施設などについて，各地で微調整が行われた．その結果，地域ごとの環境に適応した農業形態と農業地域が形成された（写真5.1）．

写真5.1　グレートプレーンズの広大なトウモロコシ畑（2009年8月，筆者撮影）

アメリカ型農業様式に基づいた農業発展は，連邦政府によって組織的に促進された．民主主義社会および農業の根幹を成すのは家族農場（ファミリーファーム）であるという認識が，開拓時代から比較的最近まで保持された．家族農場を経営する農業者は自給自足を基本として，自己所有の土地で，自らの労働に基づいて，自らの意思決定によって，自給的農業を営むものであると考えられた．第3代大統領トーマス・ジェファソンはこうした考え方の提唱者であった．

広大な土地を領有した連邦政府は，さまざまな方法で公有地を処分した．土地政策の基盤として，東部や南部の一部を除いて，1785年公有地法に基づいて，タウンシップ・レンジ方式方形測量を実施した．これは土地を平等に分配することを目的とした農業政策の前提であり，ジェファソンの提唱した農民による民主主義の基盤となった．さらに，クォーターセクション（160エーカー，64.7ha）を開拓民に販売あるいは賦与するための先買権法（1841年）やホームステッド法（1862年）は，家族農場の増加を促進した．こうして，西部フロンティアにはタウンシップ・レンジ方式による方形状の農業景観が形成され，家族農場から構成される農業社会が誕生した．

19世紀後半以降，それぞれの地域における農業発展を促進したのは，州立農科大学であった．モリル法の制定により，連邦政府から賦与された土地を財源として，州政府は州立大学を創設し，それらは土地賦与大学（Land grant college）と呼ばれた．今日，○○州立大学（例えばKansas State University）という名称の大学の多くは，土地賦与大学に起源を持つ．これらの州立大学の使命は州内の農業発展を促進することであり，農業試験場を経営して地域の条件に適した作物，機械，農法の開発に取り組んだし，各地に設置された農業改良普及所を通して生産者への指導が行われた．

5.2 農業と農業地域の変化

5.2.1 農業の地域分化

今日の農業地域は，中部植民地で誕生したアメリカ型農業様式を基盤として，自然環境，歴史的過程，農業技術，農業機械，農業政策，経済の動向などの諸要因が複合的に作用した結果である．

表5.1は2022年農業センサスに基づいて，全国および5州の農場規模を示したものである．全国の農場総数は約190万戸，平均農場面積は187haである．規模別にみると，20～72haの農場が28％を占める．ホームステッド法やその他の法律に基づく土地の賦与や売却の単位がクォーターセクションであったことからも，中規模農場が多数であることが示唆される．ただし，地域によって農場規模は大きく異なる．

ペンシルヴェニアは中部植民地を構成した歴史の古い農業州である．平均規模が58ha，農場の79％が72ha未満であることから，小規模農場が

表5.1　農場規模の地域性（2022年）

規模 エーカー（ha）	合衆国 農場数　（％）	カリフォルニア 農場数　（％）	カンザス 農場数　（％）	イリノイ 農場数　（％）	ジョージア 農場数　（％）	ペンシルヴェニア 農場数　（％）
10未満（4未満）	234592　(12.3)	19449　(30.8)	2539　(4.6)	6058　(8.5)	3345　(8.5)	5836　(11.9)
10～50（4～20）	566912　(29.9)	19470　(30.8)	9990　(17.9)	18415　(25.9)	12508　(31.9)	14918　(30.4)
50～180（20～72）	530529　(27.9)	10521　(16.7)	16002　(28.7)	20223　(28.5)	12823　(32.7)	17817　(36.3)
180～500（72～202）	288379　(15.2)	6060　(9.6)	10681　(19.2)	12161　(17.1)	6144　(15.6)	7855　(16.0)
500～1000（202～404）	120456　(6.3)	3001　(4.8)	5642　(10.1)	7429　(10.4)	2212　(5.6)	1803　(3.7)
1000以上（404以上）	159619　(8.4)	4633　(7.3)	10880　(19.5)	6837　(9.6)	2232　(5.7)	824　(1.7)
農場総数	1900487　(100.0)	63134　(100.0)	55734　(100.0)	71123　(100.0)	39264　(100.0)	49053　(100.0)
農場面積（平均，ha）	187	155	325	150	102	58
農場面積（メジアン，ha）	29	10	66	40	28	26
農作物販売額の農場平均（ドル）	285762	934610	430350	371429	337189	209618

USDA: 2022 Census of Agricultureによる．

多数であることが理解できる．ジョージアの場合には，ペンシルヴェニアよりも平均規模は大きいが，72 ha 未満の農場が 73% を占め，プランテーションが繁栄した時代の面影はみられない．コーンベルトに位置するイリノイでは，平均規模は 150 ha で，小規模農場と大規模農場の存在が確認される．穀物地帯に位置するカンザスでは，平均面積は 325 ha に達し，4 ha 未満の小規模農場は 5% と極端に少ない一方，404 ha 以上の大規模農場が 20% に及ぶ．カリフォルニアでは小規模農場が多く，全体の 42% が 20 ha 未満である一方，404 ha 以上の大規模農場は 8% を占める．すなわち，大規模農場と小規模農場への二極分化が進んでいる．さらに，1 農場あたりの農産物販売額は全国平均の 3.3 倍に達する．

農業の地域分化を知るためのもう 1 つの材料は農業地域区分図である．教科書や地図帳に頻繁に登場するこの主題図から，農作物と農業形態の地域差を大まかに把握することができる．しかし，抽象化された農業地域区分図が表現できないことは多くある．例えば，すべての土地がいずれかの農業類型に分類されているので，どこでも農業が行われているという誤解を与える．実際には，乾燥した西部では牧柵の存在から放牧に使用されることは理解できるが，ウシの姿の見えない牧野が広がる．東部では森林が多くの面積を占め，農地を探すのに苦労する．南部で綿花畑を探すのは容易ではない．ミシシッピ川下流部では伝統的なサトウキビ畑が存続する（写真 5.2）．つまり，農業地域区分図から現実の農業景観を想像することはほぼ不可能である．

また，それぞれの農業地域で起きているダイナミックな変化について，農業地域区分図から読み取ることは難しい．例えば，コーンベルトで伝統的に行われたのは，家族農場でトウモロコシを中心とした輪作による飼料作物栽培と家畜飼育を組み合わせた混合農業であった．しかし，農業経営の専門化が進行して，飼料作物農場と畜産農場が分化し，土地利用は単純化した．家畜の世話をしなくてよくなったので，農家は都市に居住するようになり，農業地域には廃屋が目立つ．

写真 5.2　ミシシッピ川下流部のサトウキビ収穫風景（2019 年 10 月，筆者撮影）

また，農業の立地移動についても，農業地域区分図からは読み取ることはできない．後述するように，ウシの肥育や食肉生産の立地は大きく変化した．さらに，農業経営体の変化についても同様である．農業経営の単位としての家族農場は，第二次世界大戦後は継続して減少し，平均農場規模は拡大した．家族農業からビジネス農業への転換が進行しており，農業地域における大資本の影響力が増大している．

5.2.2　農業の工業化と情報化

アメリカ合衆国の農業と農業地域を構成した基本的な経営単位は，前述のように家族農場であった．しかし，20 世紀に入って農業と農業地域のしくみに変化が始まり，それは 20 世紀中頃から加速化した．すなわちそれは，伝統的な家族農場の衰退，農業の工業化，アグリビジネス企業の影響力の増大という変化である．

農場数の推移をみると，19 世紀後半から漸増し，1930 年代にピークの 681 万戸に達した．しかし，その後，減少に転じ，特に第二次世界大戦後は急速な減少を続けた結果，2022 年には 190 万戸となった．一方，平均農場規模は 19 世紀末から 1930 年代まで大きく変化することはなく，長い間 60 ha 程度であった．これはクォーターセクションの面積にかなり近い数値である．その後，農場数の減少に伴って農場規模は著しく増大し，2022 年には 187 ha に達した．すなわち，半世紀あまりの間に，農場数はピーク時の 3 分の 1 に減少し，平均農場規模は 3 倍強に増加したのである．

農業地域では，生活の場としての農場と自給的な農業から，ビジネスとしての農業へという大きな転換が起きた．農業の工業化がこうした変化を促進した．当初から少ない労働力で広大な国土を開発することが中心課題であり，アメリカ型の生産様式や生活様式はこのような課題に取り組む過程で形成された．

市場経済が発達し商業的経営が拡大するにつれて，農業は収入を獲得するための手段となり，市場競争に打ち勝つために，生産性を向上して生産量を増大する努力が必要となる．収入を増やすために，高価格の作物への転換，高収量品種の導入，特定の作物栽培への専門化，機械化と合理化などによって単位面積あたりの収量を高め，経営規模を拡大して生産量を増加させる．家族農場であっても，規模を拡大し，機械化を進め，低賃金労働者を雇用することによって，企業的な農業経営体に転換することが迫られる．そうした転換の難しい農家は離農の道を選んだ．

家族農場が機械化・合理化や規模拡大によって姿を変えると同時に，農産物の流通，加工，そして農業関連のさまざまな資材の供給の分野においても新たな変化が進展した．第二次世界大戦後，農業の工業化はますます加速した．農産物需要の拡大，農業労働力の減少，機械化をはじめとする生産技術の進歩，マーケティングの合理化，水利事業の進展，化学肥料や農薬の投入，新しい種子の開発は，伝統的な農業と農業地域の姿に大きな変化をもたらす．農業はビジネスとなり，農業関連産業には非農業部門に属する企業も進出するようになった．最近では，GISやGPSなどの情報通信技術を駆使した精密農業（Precision Agriculture）も盛んである．

農業地域におけるアグリビジネス企業の影響力は現在ますます増大している．農産物の流通部門，加工部門，さらに種子，肥料，農薬，農機具などの農業関連物資の供給部門を含む農業関連産業では，垂直的統合が進んでいる．すなわち，アグリビジネス企業が複数の部門にまたがって事業を展開する．こうした傾向は，ブロイラー，鶏卵，肉牛肥育の分野で進行し，技術革新や農学研究の進展に伴って農業分野にも拡大した．一般に実際の農産物の生産部門における利益率と比べて，農業関連部門における利益率がはるかに高い．また，生産コストを各部門で負担することによって，競争力を高めることができる．一方，企業の吸収・合併による水平的統合も進みつつある．こうした傾向は，農産物の加工と流通に携わる企業においてもっとも顕著にみられる．

多くの家族農場は，アグリビジネス企業と契約栽培を行うことにより，その影響下に置かれる．特に市場価格の変動が激しい農産物や，長期保存が難しい農産物の生産では，契約栽培の比率が高い．生産者は契約栽培によって自らのリスクを縮小することができる．しかし，これは同時に農業生産者のサラリーマン化とアグリビジネス企業への従属化を促進する結果となる．ただ，アグリビジネス企業の実態については，その経営組織が独立法人や家族法人であったり，家族の共同経営であったりするので，全体像を把握することは容易ではない．

5.3 資本と技術のダイナミズム

5.3.1 コムギとトウモロコシ

食料として最も重要なのは穀物であり，ヨーロッパから導入されたコムギは，パンの原料として，農業の中心となった．日本人が開墾に伴って稲作地域を拡大したように，コムギはアメリカの普遍的な作物となった（写真5.3）．今日，野菜や果物の産地として知られるカリフォルニアは，19世紀末には全米有数のコムギ生産州でもあった．

写真5.3　カンザス州西部におけるコムギの収穫（2000年6月，筆者撮影）

アグリビジネス企業は穀物取引から生まれた．1865年にアイオワ州で穀物会社として設立されたカーギル社もその1つである．同社は，穀物の売買・加工・流通に従事する巨大穀物商社に発展するとともに，食肉産業を含む多角的な食品関連事業を中心として，海外に積極的に投資する多国籍アグリビジネス企業となった．ミネソタ州ミネアポリスの郊外の大邸宅に本拠を構えるカーギル社は，株式非公開会社であるため，その企業活動の全貌は必ずしも明らかではない（Kneen, 1995）．1970年代から1980年代にかけて，カーギル，コンチネンタルグレイン，ルイドレフュス，ブンゲ，アンドレは5大穀物商社と呼ばれ，世界の穀物市場を支配した．1990年代の再編成を経て，現在ではカーギル社とADM社が2大穀物商社として影響力を増大している．

アメリカ原産のトウモロコシは，年による収量の変動の少ない安定した作物であり，開拓民にとって頼りになる存在であった．また，トウモロコシはウシやブタの飼料として優れており，前述のように，混合農業の中心的な作物として重要性を増した．トウモロコシは，ケンタッキーやテネシーで作られるウイスキーの原料でもある．

トウモロコシは年降水量が800mmよりも少ない地域では，天水に依存して栽培することは難しい．トウモロコシ生産を示した表5.2をみると，比較的降水量の多い中西部が主な産地であることがわかる．一方，コムギはトウモロコシよりもはるかに乾燥に強い．西部の乾燥した草原に進出した開拓民は，トウモロコシ栽培には失敗したが，コムギ栽培地域を形成することができた．農業地域区分図では，コーンベルトの西にコムギ地帯が存在するが，これは降水量を反映したものである．

1980年代以降，灌漑技術の革新によって大規模灌漑農業が進展し，新しいトウモロコシ生産地域が形成された．テキサス北部からカンザス西部，ネブラスカにいたるハイプレーンズと呼ばれる乾燥した草原では，地下深くに存在するオガラ帯水層の地下水を揚水し，大規模なセンターピボット灌漑装置を稼動させて，灌漑農業が発展した．その結果，緩やかに起伏した草原は整然とし

写真5.4 センターピボット灌漑装置（2017年8月，筆者撮影）

表5.2 アメリカ合衆国のトウモロコシ生産（1940～2022年）

順位	1940年		1960年		1980年		2007年		2022年	
	州	%	州	%	州	%	州	%	州	%
1	アイオワ	19.3	アイオワ	19.8	アイオワ	22.0	アイオワ	18.0	アイオワ	18.3
2	イリノイ	13.4	イリノイ	17.4	イリノイ	16.0	イリノイ	17.7	イリノイ	15.6
3	ミネソタ	7.0	インディアナ	9.0	ミネソタ	9.2	ネブラスカ	11.2	ミネソタ	10.8
4	インディアナ	5.9	ネブラスカ	8.5	ネブラスカ	9.1	ミネソタ	8.9	ネブラスカ	10.5
5	ミズーリ	5.0	ミネソタ	8.1	インディアナ	9.1	インディアナ	7.5	インディアナ	7.6
6	オハイオ	5.0	オハイオ	5.9	オハイオ	6.6	オハイオ	4.1	サウスダコタ	4.5
7	ネブラスカ	4.3	ミズーリ	5.4	ウィスコンシン	5.2	サウスダコタ	4.1	オハイオ	4.4
8	テネシー	2.8	サウスダコタ	3.1	ミシガン	3.7	カンザス	3.9	ウィスコンシン	3.9
9	ウィスコンシン	1.5	ウィスコンシン	2.8	サウスダコタ	1.8	ミズーリ	3.4	カンザス	3.5
10	テキサス	1.5	ミシガン	2.3	テキサス	1.8	ウィスコンシン	3.4	ミズーリ	3.4
	その他の州	34.3	その他の州	17.7	その他の州	15.5	その他の州	17.8	その他の州	17.5
総計	2461*	100.0	3908*	100.0	6645*	100.0	12739*	100.0	13772*	100.0

*単位は100万ブッシェル．
Statistical Abstract of the United States, 2007 Census of Agriculture, 2022 Census of Agriculture による．

た円形景観によって特徴付けられる集約的農業地域に変化した（矢ケ﨑ほか，2006）．なお，写真5.4は酪農用のアルファルファを栽培するセンターピボット灌漑である．

5.3.2 食肉と乳製品

最初の牛肉生産地域は，植民地時代に大西洋岸に形成された．ウシとともにその飼育と処理の技術はヨーロッパから導入された．冷蔵庫が普及する前は，牛は消費地で解体・処理され，新鮮な牛肉が都市住民に提供された．19世紀を通じて，ニューヨークやシカゴなど大都市には生きたウシが集まり，食肉加工業が繁栄した．ウシの供給地域は，農業地域がアパラチア山脈を越えて西へ拡大するにつれて西へと移動した．

1860年代から1880年代まで，グレートプレーンズがウシの供給地域となった．それは，温暖な気候と草原に恵まれたテキサスで生まれたウシを，東部市場に運搬するビジネスが成立した結果であった．当時，鉄道会社は連邦政府の土地賦与政策の恩恵を受け，路線を西へ延ばした．鉄道の西端にはウシの街（キャトルタウン）が繁栄した．カウボーイによってキャトルタウンに到着したウシは，牧畜業者に売られ，鉄道貨車に積み込まれて，シカゴやニューヨークなどの大都市に運搬された．大都市には必ず大きな家畜置場と食肉工場があり，街のいたるところに肉屋があった．

1880年代以降，開拓民が流入してコムギ農業が発達すると，グレートプレーンズにおける自由放牧の時代は幕を閉じた．一方，コーンベルトでは集約的牧畜が展開した．当初は豊富なトウモロコシを活用して農場で肥育が行われたが，肉牛を狭い囲いの中に閉じ込めて集中的かつ合理的に肥育するフィードロット（肥育場）も出現した．コーンベルトのフィードロットには，グレートプレーンズから素牛が供給されるようになった．

コーンベルトで肥育されたウシは鉄道貨車で出荷され，大都市の食肉工場で解体処理された．ところが，保冷技術と輸送技術が発達すると，解体済みの牛肉を出荷するビジネスが登場した．19世紀末にシカゴに設立されたスウィフトアンドカンパニー社のように，大規模食肉工場が食肉産業のあり方に大きな影響を与えた．すなわち，鉄道交通の要衝であるシカゴでウシを解体し，冷蔵牛肉を鉄道貨車でニューヨークに供給するという形態である．20世紀に入るとシカゴは食肉生産の中心となった．

大規模食肉工場が大都市に立地するという形態は，その後も継続した．しかし，第二次世界大戦後，高速道路網の整備が進んでトラック輸送が物流の主役となり，保冷装置の改良・普及によって，食肉の長距離輸送が可能になった．その結果，食肉工場は消費市場や交通の要衝に近接して立地する必要はなくなった．さらに，グレートプレーンズで大規模灌漑農業が発展し，トウモロコシ生産が拡大すると，肉牛を大規模に肥育する企業的フィードロットが発達した（写真5.5）．すなわち，半乾燥の草原に新しいコーンベルトが誕生したのである．その結果，ウシ肥育地帯はコーンベルトからグレートプレーンズへと移動し，そこに大規模食肉工場が集積して，真空パックの箱詰め冷凍牛肉を出荷するようになった．

このような牛肉産業の立地移動は，州別の肉牛と畜頭数の変化を示した表5.3からも理解できる．1960年にはアイオワをはじめとするコーンベルト諸州においてウシが解体処理された．1980年には状況の変化がみられ，2008年にはネブラスカ，カンザス，テキサス，コロラドというハイプレーンズ諸州が67％を占めた．こうした傾向は2022年においても変化はみられない．

養豚業においても立地移動が進行した．もともと養豚は農家で自給的に行われ，秋に解体・処理

写真5.5　グレートプレーンズの大規模フィードロット（2013年8月，筆者撮影）

表5.3 アメリカ合衆国の商業的肉牛と畜頭数(1960～2022年)

順位	1960年 州	%	1980年 州	%	2008年 州	%	2022年 州	%
1	アイオワ	9.9	テキサス	17.1	ネブラスカ	20.8	ネブラスカ	20.8
2	カリフォルニア	9.8	ネブラスカ	16.6	テキサス	19.7	カンザス	19.9
3	ネブラスカ	8.5	アイオワ	8.9	カンザス	19.0	テキサス	17.8
4	テキサス	5.9	カンザス	8.8	コロラド	7.3	コロラド	6.7
5	イリノイ	5.7	カリフォルニア	5.8	ウイスコンシン	5.0	カリフォルニア	4.8
6	ミネソタ	5.6	コロラド	5.0	カリフォルニア	4.6	ウィスコンシン	4.0
7	オハイオ	4.7	イリノイ	4.0	ワシントン	3.0	ワシントン	3.3
8	カンザス	4.6	ウィスコンシン	3.4	ペンシルヴェニア	2.9	ペンシルヴェニア	3.2
9	ミズーリ	4.4	ミネソタ	2.8	ミネソタ	2.5	ユタ	1.8
10	コロラド	4.1	ペンシルヴェニア	2.1	ユタ	1.9	アイダホ	1.7
	その他の州	36.8	その他の州	25.5	その他の州	13.3	その他の州	19.2
総計	25224*	100.0	33807*	100.0	34264*	100.0	34325*	100.0

* 単位は1000頭．USDA Livestock Slaughter Summaryによる．

写真5.6 グレートプレーンズの企業的養豚場（シーボード社）（2017年8月，筆者撮影）

写真5.7 グレートプレーンズの大規模乳業会社DFA（2017年8月，筆者撮影）

しかし，企業的養豚は難しい課題に直面した．悪臭の問題と糞尿処理の問題である．人口密度の高い東部沿岸地域では，企業的養豚業が引き起こす環境問題が深刻化した．1990年代後半にはグレートプレーンズで企業的養豚業が盛んになった．ここでは人口密度が低く，悪臭などへの苦情が起きにくい．また，オガララ帯水層の豊富な地下水は，水を大量に消費する養豚経営にとって重要な立地要因であった（写真5.6）．

さらに，グレートプレーンズにはメガデアリーと呼ばれる大規模酪農経営が成立した．地下水を利用してアルファルファが栽培され，それを飼料にして乳牛が飼育される．酪農経営は大規模で，酪農場での搾乳規模は数千頭に及ぶ．もともと牛乳は腐りやすいため，酪農地帯は都市に近接して形成され，新鮮な牛乳が都市住民に供給された．しかし，道路の整備と保冷技術の発達によって，牛乳の長距離輸送が可能になった．消費市場から遠く離れたグレートプレーンズは，新しい牛乳生産地として発展を始めている（写真5.7）．

5.3.3 野菜

19世紀後半に野菜や果物の産地として発展を始めたカリフォルニアにおいて，巨大な缶詰会社として誕生したのがデルモンテ社である．19世紀末に，各地の缶詰会社が合併して，カリフォルニアフルートキャナーズアソシエーションが組織された．1916年にはさらに合併が進んで，カリ

された豚肉は樽に入れて塩漬けにされ，長期間保存された．企業的養豚業が始まったのはノースカロライナ州で，タバコ需要の低下に伴って不況に陥ったタバコ栽培地域に養豚が導入された．旧タバコ農家は近代的な豚舎を持つ養豚農家となり，ノースカロライナは最大の養豚州に成長した．

フォルニアパッキング会社（カルパック社）が誕生した．多くの農民と契約を結んで果物や野菜を調達し，缶詰に加工した後，全国に分布する倉庫へ出荷した．その際に用いられたのがデルモンテブランドであった．同社の活動は州境を超えて，さらに国境を越えて活発化してきた（Burback and Flynn, 1980）．

カリフォルニアのレタス生産では企業化が進んでいる（斎藤・矢ケ﨑，2005）．20世紀はじめには，ロサンゼルス郡がカリフォルニアで最大のレタス産地であった．中部沿岸に位置するサリナスバレーでは，1920年代に入るとレタス栽培がブームとなり，出荷組合が鉄道貨車を利用してレタスを東部市場に出荷した．1930年には60の出荷業者が野菜栽培出荷連合会を組織した．サリナスには複数の製氷会社が設立され，鉄道貨車による長距離出荷の冷蔵用氷を製造した．レタス栽培は，当初から，鉄道，出荷業者，製氷会社が結びついたアグリビジネスとして誕生した．

サリナスバレーでは，春，夏，秋にレタスの出荷が可能であった．当初から，出荷業者は冬季の出荷地域を求めて，メキシコ国境に接するインペリアルバレーやユマバレー（アリゾナ州南西部）にも進出した（写真5.8）．1970年代にセントラルバレーの西側を南北に走るカリフォルニア水路が完成し，北カリフォルニアの水が南に向けて供給されると，灌漑水路に近接してレタス産地が形成された．ヒューロン地区では4月と10月にレタスが出荷される．季節に応じてレタス産地が移動することが，カリフォルニアのレタス産業の特徴の1つである．しかも，レタスの出荷に携わるアグリビジネス企業は，管理スタッフ，労働者，装備を含めて，季節的に移動する．

カリフォルニア州は全米最大のレタス産地であり，2022年農業センサスによると，レタスの総収穫面積の75％がカリフォルニアに存在した．1年を通じてカリフォルニアから出荷されるレタスは，アメリカ人の食卓に欠かせない存在である．

5.3.4 ブドウとワイン

農学および関連分野の技術革新はさまざまな分野に活用されており，その1つはブドウ栽培とワイン醸造である．スペイン植民地時代にブドウ栽培とワイン醸造が始まったが，19世紀後半にヨーロッパ系移民が流入し，ワイン醸造用ブドウが導入されて，ワイン産業が発展した．ブドウは広域に栽培され，各地で小規模なワイナリーがワイン産地を形成する．ただ，ビールが工業製品であるのに対して，ブドウ栽培は気候の影響を受けるので，ワインは農産物に近い．気候に恵まれる

写真5.9　カリフォルニア中部沿岸パソロブレスのワイナリー（2017年8月，筆者撮影）

写真5.8　インペリアルバレーにおけるレタスの収穫（2001年12月，筆者撮影）

写真5.10　コロラド州西部パリセイドにあるワイナリーの売店とテースティングルーム（2018年8月，筆者撮影）

カリフォルニアはワイン産業の中心であり，ナパバレーやソノマバレーなど，歴史の古い有名なワイン産地がある．一方，ブドウ栽培とワイン醸造の新しい試みが各地で行われている．カリフォルニアの中部沿岸地域のその1つで，丘陵状の地域に新興ワイナリーが集積する（写真5.9）．

こうしたワイナリーを支えているのが，全米で盛んなワインツーリズムである．ヨーロッパほどではないにしても，ワインはアメリカ人の食生活の一部であり，ツーリズムの目的の1つである．ワイナリーを訪れると，自家製ワインやワイン関連グッズを備えた売店があり，テイスティングをしてお気に入りのワインをみつけることができる（写真5.10）．

5.4 食料生産の持続性

5.4.1 農業労働力

アメリカ農業が持続的に発展するためには，いくつかの課題がある．まず，農業労働力の確保は現代的な課題である．もともと少数の農業生産者が広大な農地を耕作する必要があり，労働力不足を補うために機械化と合理化が進行した．少数の生産者が大型機械を駆使して大規模経営に従事している．コンバインによるコムギの収穫は典型的な例である．しかし，野菜や果物の収穫のように，機械化できない作業は多くある．例えば，トマトやテンサイやオレンジの収穫は機械化されたが，レタスやブロッコリーやイチゴの収穫は依然として手作業で行われる．農業地域を移動しながら低賃金の収穫労働に従事する季節移動労働者の存在は，昔も今も，集約的農業を支える重要な存在である．

19世紀末から園芸農業が発達したカリフォルニアでは，外国人労働力を受け入れることによって農業が成り立った．大陸横断鉄道の建設に従事した中国人が，発展を開始した農業地域の主要な収穫労働力になった．しかし，中国人排斥法（1882年）が施行されると，19世紀末から20世紀初頭にかけて，中国人にかわってカリフォルニアの農業を支えたのは日本人であった．しかし，日本人は1924年移民法によって入国できなくなった．こうして，フィリピン人やメキシコ人が農業労働を担った．第二次世界大戦中から20年余りにわたって，アメリカ合衆国とメキシコの政府間協定（ブラセロプログラム）によって，メキシコ人の農業労働者が組織的にアメリカに送り込まれた．最近では，国境を越えて入国する不法就労者も集約的農業を支える存在である．

5.4.2 土地利用の持続性

農業の機械化，合理化，大規模化の結果として，土地利用が単純化した．これは農業の持続性に関する議論を引き起こす．19世紀までの家族農場では，農場をいくつかの区画に分けて輪作が行われた．家畜が飼育され，刈り跡放牧も一般的であった．農場単位において土地利用は多様であり，これが農地の持続的な利用を可能にした．

しかし，20世紀に農業の工業化が進行した結果，特定の作物への専門化が進み，伝統的な混合農業は崩壊した．農場単位でみた場合，土地利用は単純化し，家畜は姿を消した．少数の作物を大規模に栽培する農家では，殺虫剤や除草剤，そして化学肥料への依存度がますます高まっている．しかも，農場での生活をやめて地方都市に転居し，そこから農地へ通って農業経営を行う事例も多い．

大規模灌漑農業地帯は水の問題に直面している．ハイプレーンズは，オガララ帯水層から揚水し，センターピボット灌漑装置を稼動することにより，新しいトウモロコシ地帯となった．これが企業的フィードロットと大規模食肉工場の集積を招き，新しい牛肉生産地域が形成された．また，企業的養豚業や大規模酪農業の集積も，オガララ帯水層の水資源に基盤を置いている．しかし，この地下水資源は数千年の時間を経て貯留された化石水であり，涵養をほとんど受けないため，有限な水資源である．揚水すれば地下水位は低下する．1980年代から1990年代にかけて，揚水に伴う地下水位の低下が大きな問題となった．

このため，オガララ帯水層地域では，いずれ地下水資源は枯渇するという前提のもとで，限られた水資源を有効に利用するための対策が行われている．各地に地下水管理組合が組織されて，地下

水の管理や，新たな井戸の掘削を制限するなど，地下水利用の規制に取り組んでいる．各農場では節水型の灌漑機器の導入が進んでいる．いつまで有限な地下水が利用できるかは，生産者にとって重要な関心事である（矢ケ﨑ほか，2006）．

もっとも，地下水資源が枯渇しなくても，大規模灌漑農業は維持できなくなるかもしれない．というのは，揚水の経費は地下水位が低下するにつれて上昇する．安価な天然ガスが利用できるが，作物の販売価格が低いと，灌漑農業は経済的に成り立たなくなる．すなわち，作物の販売価格とエネルギー経費は重要な要素となる．大規模灌漑による農業経営が維持できなければ，天水に依存する農業に戻るか，農地が放棄されることになる．放棄地の管理に失敗すれば砂漠化を招くかもしれない．実は，オガララ帯水層の地域は，1930年代のダストボウル時代に，干ばつによって深刻な農業の衰退と人口流出を経験したことで知られる．歴史は繰り返されるのだろうか．

5.4.3 アグリビジネス企業の影響力

農業生産者がアグリビジネス企業との契約栽培によって，大資本の支配下に置かれることについてはすでに述べたが，種子についても重要である．もともと農業生産者は収穫物のなかから翌年の栽培のための種子をとっておいた．しかし，交配種トウモロコシのように，ハイブリッド種の栽培が盛んになると，生産者は種子会社から種子を購入し続けることが必要になった．さらに，バイオテクノロジーの発達によって，遺伝子組み換え作物が普及し，農業生産にとっては有利ではあっても，さまざまな問題が指摘される．食の安全性の問題，原種の確保の問題に加えて，種子会社への農業生産者の従属が強まることも問題である．

連邦政府の農業政策の下で，農業の工業化が進行し，アグリビジネス企業の農業関連産業における活動が活発化した結果，国内消費量を上回る余剰穀物が生産される．これは，一部にはフィードロットや食肉工場を経由して食肉に転換される．また，余剰穀物は連邦政府によって発展途上国への戦略的な食料援助に活用される．一方，発展途上国では，伝統的農業によって自給的な食料生産が行われてきた．しかし，食料不足に陥ると食料援助を受け入れざるを得ない．援助物資が何らかの理由で市場に出回ると，伝統的農業によって生産された農作物は高度に改良された低価格の援助穀物との競争に敗れ，その結果，発展途上国では伝統的農業が衰退する．これは大都市への人口流出を引き起こす．また，大地主が，アグリビジネス企業の支援を受けて，農業経営を機械化・大規模化し，農薬・化学肥料を投入して商品作物の企業的経営に乗り出すと，伝統的農業との土地利用の競合が生じ，さらなる伝統的農業の衰退を招く．

以上のように，アメリカ合衆国の食料生産と農業地域を理解するためには，この国が世界に与える影響について検討することが必要であり，グローバルな枠組みにおける地誌学的な考察が重要性を増している．

［矢ケ﨑典隆］

課題学習

❶ アメリカ合衆国の農業発展において，トウモロコシはなぜ重要な役割を演じたのだろうか．
❷ 農業の地域性はなぜ形成されたのだろうか．
❸ アメリカ合衆国の食料生産はどのような課題に直面しているのだろうか．

文献

Burback, R. and Flynn, P. (1980): *Agribusiness in the Americas*, 256p, Monthly Review Press［中野一新・村田 武訳（1987）：アグリビジネス―アメリカの食糧戦略と多国籍企業―，261p, 大月書店］．

Kneen, B. (1995): *Invisible Giant: Cargil and its Transnational Strategies*, 250p, Pluto Publishing［中野一新 訳（1997）：カーギル―アグリビジネスの世界戦略―．大月書店］．

斎藤 功・矢ケ﨑典隆（2005）：サリナスバレーにおける野菜栽培とサラダ加工会社の広域的展開，350p，地学雑誌，114：525-548．

矢ケ﨑典隆ほか 編（2006）：アメリカ大平原―食糧基地の形成を持続性―増補版．日本地理学会海外地域研究叢書 3，225p，古今書院．

矢ケ﨑典隆（2010）：食と農のアメリカ地誌，158p，東京学芸大学出版会．

産業構造の変化と多国籍企業

　世界的にみて，アメリカ合衆国は産業構造の変化を先導してきた．世界の超大国としてのアメリカ合衆国は，「国際政治の主導国」であるとともに，「農業の大国」でありかつ「工業の大国」であった．「アメリカ経済は，物理的な製品つくることを中心とする産業構造から，イノベーションと知識を生み出すことを中心とする産業構造へ転換してきた」（モレッティ，2014, p.14）．産業構造の変化と地域の盛衰との関わりについて，製造業ベルトやシリコンヴァレーなど代表的な地域の事例を通して考えてみたい．

アップル社の製品に刻印されていた "Designed by Apple in California Assembled in China".

● 6.1　豊かな資源と工業発展

　豊富な天然資源と広大な土地は，豊かなアメリカの基盤となってきた．2024年時点で利用可能なデータによると，アメリカ合衆国は世界において原油が第1位，天然ガスが第1位，石炭が第4位の産出国となっている（矢野恒太記念会，2023）．豊かな資源と結びついた産業地域の生成と繁栄をみていこう．

6.1.1　製造業ベルトの出現

　製造業ベルト（manufacturing belt）は，19世紀中葉から1960年代まで製造業が集中した，ボストンからボルティモアへと大都市圏がつながる北東部から，オハイオ州やインディアナ州という中西部の東側にかけての地域のことを指す．さらに国境を越えて，隣国カナダのオンタリオ州やケベック州の南部を含める場合もある．

　1920年における工業の分布を示した図6.1からは，製造業ベルトが重工業と組立工業を基盤として繁栄していたことが伺える．製造業の中でも付加価値の高い活動がこの地域に集中し，ベルトから離れた地域においては，木材や石油・天然ガスなど天然資源依存型工業や織物産業が主であった（菅野，2011）．

　製造業ベルトも，天然資源との関わりは大きい．図6.2に示すように，製鉄に必要となる鉄鉱石と石炭が結びつき，重化学工業地域の出現を支えた．とはいえ，製造業ベルトの隆盛を理解するためには，工業生産における規模の経済を理解しなければならない．空間経済学（新しい経済地理学）の研究を先導しノーベル経済学賞を受賞したクルーグマンは，マイヤによる歴史地理研究に基づいて製造業ベルトの発生と展開を以下のように述べている（Meyer, 1983；クルーグマン，1992）．

　「初期の米国では農業人口が大多数を占め，製造業に規模の経済はほとんどみられず，輸送には膨大な費用がかかったため，大規模な地理的集中は起こりえない状態だった．しかし産業構造が変化していくにつれて，農業人口が集中している南部以外の地域に製造業が起こるようになった．南部は，その独特な奴隷制度やそれに伴う社会制度のために，製造業には向いていなかったのである．しかし，19世紀後半になって，製造業の規模の経済性は増加し，輸送費が下落し，非農業従事者の人口比率が増加した．その結果，製造業地帯が形成される運びとなった．西部に新しい土地が開発され，新しい資源がみつかっても，あるいは南部で奴隷制度がなくなっても，いったん形成された製造業地帯は，約75年間にわたって製造業の中心地であり続けることほど確固としたものであった」（クルーグマン，1994, pp.31-32）．

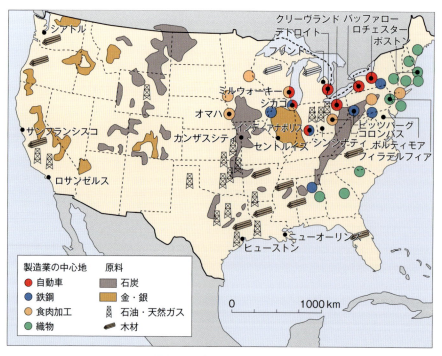

図6.1 工業の分布（1920年）
Tanner, H.H.(1995) による．

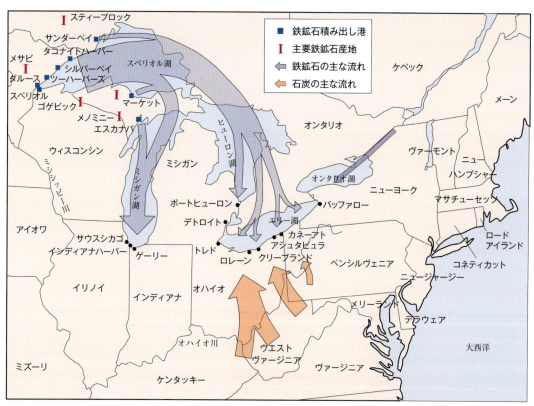

図6.2 五大湖沿岸の石炭と鉄鉱石の流れ
Birdsall et al. (2005) による．

生産および輸送において規模の経済性が働き，他の製造業者の近くにいることの有利さが，アメリカ合衆国における工業立地の地理的集中を導いた．

　製造業ベルトの内部においては，産業に特化した地理的集中が形成された．アパラチア山脈の石炭産地に近いピッツバーグでは製鉄業，デトロイトを中心にカナダを含む五大湖周辺に集積していた自動車産業，農業関連取引の核となるシカゴでは食肉加工産業，港湾機能と結びついたボルティモアの缶詰産業，大消費地のニューヨークに集積するファッション産業などが代表的事例である．

　製造業ベルトは，大量生産と大量消費を基盤として，第二次世界大戦後から石油危機に至るまで先進諸国の経済成長を導いたフォーディズム（Fordism）誕生の地となった．フォード社は，1920年代にT型フォード車の生産においてベルトコンベアーを活用した流れ作業による組立ラインを確立した．生産の標準化を前提に，部品の規格化と作業の分割が進められて，労働者の非熟練化を伴いつつ労働生産性が向上した．生産性の向上は，生産コストの低下による安価な製品の投入と労働者への賃金上昇を可能とし，消費市場の拡大のもと順調な資本蓄積と社会運営を導いた．

6.1.2　サンベルトの勃興

　大規模な工業生産の地理的集中は，1960年代あたりから新しい地理的パターンへと変化してきた．アメリカ合衆国の北部ではなく南へと成長拠点が移り，サンベルトの成長が顕著となった．サンベルトの地理的範囲については諸説あり完全に一致するわけではないが，概ね北緯37度以南に当たるカリフォルニア州南部からノースカロライナ州を結ぶ線以南の地域の呼称をさす（図6.3）．サンベルトという表現は，もともと1960年代末に共和党の台頭という政治現象をとらえるために使われた用語である（井出，1992）．1970年代から1980年代にかけての当該地域における人口や産業の興隆とあいまって，サンベルトという表現はマスメディアをはじめ広く用いられるようになった．サンベルトとは太陽が光り輝く地域の帯を意味し，アメリカ社会の中心として北部をみ

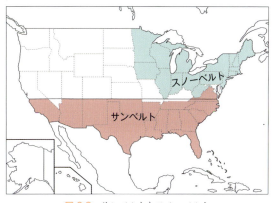

図6.3　サンベルトとスノーベルト
井出（1992）を一部改変した長尾（2024）．

てきた捉え方について転機をもたらした．南部へ向けられていた視線は人種差別が激しく低開発な「異端的なアメリカ」であったが，経済と政治にとって重要な地域として勃興してきた．

　サンベルトの成長は，さまざまな要素が複合的に働いたと考えられる．温暖な気候と広大で安価な土地は人，とりわけリタイアした高齢者をひきつけた．海外からの移民はニューヨークをはじめ北部への流入が顕著であったが，カリブ海諸国やメキシコからの移民は南部を目的地とする人も多い．労働力，地価，エネルギーの安さに加えて労働組合の低い組織率は工場立地を促進した．軍事支出，インフラストラクチャー整備，税制度など，連邦政府と州政府の政策の影響も大きい．経済成長と人口増加は，サービス業就業者の成長にもむすびついた（長尾，2024）．

　アメリカ合衆国の経済地域構造の特徴は，資本や人口の流動性と分散指向である（山本，2024）．連邦政府の政策として分散指向の地域政策を展開しているわけではない．基本的には市場メカニズムに基づきながらも，軍事・先端産業拠点の開発や交通・情報系のインフラストラクチャーの整備を重視する政策が，産業地理に大きな役割を果たしてきた．拠点整備が進むと，製造業においては技術的および組織的変化も生じ，製造業ベルトに本拠を置く分工場の多くが南方へ立地した．サンベルトのいくつかの拠点では，低賃金労働力を強く指向した分工場経済に止まらず，自律的な産業成長過程が生じ，産業地図は塗り替えられていった．

ロサンゼルスやヒューストンをはじめ，冷戦時代，とりわけレーガン政権による国防支出に支えられた航空宇宙産業など先端産業の集積地域が多く，そうした特性ゆえにガンベルトと称されることもある．ガンベルトは地理的にサンベルトに限るものではなく，東海岸と西海岸の両岸地域も含めて称される（山縣，2019）．連邦政府による国防支出とインフラストラクチャーの整備は，開発拠点や技術者の集積と都市形成の基盤づくりをはたした．

経済成長の恩恵は，いくつかの大都市圏を中心に地理的偏りが大きい．地域を細分化してみた場合に，地域格差がより大きめである傾向が続いている（山本，2024）．こうした状況ゆえに，サンベルトについて，ベルトという表現は避けて，サンスポットと称することもある．

6.2 脱工業化社会と経済サービス化

第一次世界大戦後にアメリカ合衆国は「工業の大国」となった．石油危機あたりから先進諸国の経済成長が鈍化したことや，国際競争の激化の影響を受け，製造業の比率が減少しサービス業の比重が増す，産業構造の変化が顕著になった．

6.2.1 斜陽化する工業地域

成長が著しいサンベルトと対比して，経済的に停滞した北東部や中西部のことをスノーベルトやフロストベルトと称することがある．スノーベルトは雪が多いこと，フロストベルトは霜が降ることから，いずれも太陽の恵みがあるサンベルトに比べて暮らしにくい環境を表現した用語である．

ラストベルト（赤錆地帯）は，工場や設備が錆びついている様相から名づけられた（写真6.1）．アメリカ合衆国の中西部や北東部は，（前節で述べたように）製造業ベルトといわれ，重化学工業を基盤に繁栄し大規模な都市が形成された．石炭や鉄鉱石をはじめとする資源と水運や鉄道の整備のもと，製造業が発展し，多くの労働者をひきつけアメリカ経済を牽引した．しかし，1960年代からの国際競争の激化のもと，単純な大量生産方式は生産性が低下して産業活動は停滞し，古くからの施設は赤錆が目立つようになったのである

写真6.1 斜陽化する工業地域の景観
（2003年10月，筆者撮影）

（長尾，2024）．

ラストベルトの地理的範囲としては，広域に製造業ベルトに対応する中西部と北東部とする場合や，ニューヨークやシカゴという大都市圏を除き狭く限定した地域としてとらえる場合がある（山縣，2020）．図6.4は，州別に1955年における製造業雇用者数を円の大きさで，色の違いは1955年から2023年にかけての雇用者数の増減を比率（％）で示している．この地図から「工業の大国」の中心であった製造業ベルトの斜陽化を確認できる．

労働生産性を高めかつ標準化された大量生産は，多様化する需要と商品開発には必ずしも適合しない．また，旧来からの工業地域では，労働組合が強く労働編成の変更が容易ではなく，柔軟な生産体制を組むことが難しかった．大規模な工場は，製造業ベルトに比べて賃金が安くて労働組合が弱い南部でのグリーンフィールド（工場のないところへの新規）立地指向が強まり，古い設備は閉鎖へと追い込まれることも多くなった．

トランプ（Trump, D.J.）が2016年大統領選挙に勝利した背景の1つとしては，苦悩するラストベルトの人々が「アメリカ・ファースト」や「メキシコとの壁」を唱える彼に期待したことがある．トランプに期待したラストベルトの製造業労働者たちであったが，工場閉鎖や経営主体の交代による賃下げなど，期待通りにはいかない現実に直面した（金成，2019）．

2024年の大統領選挙においては，インフレに

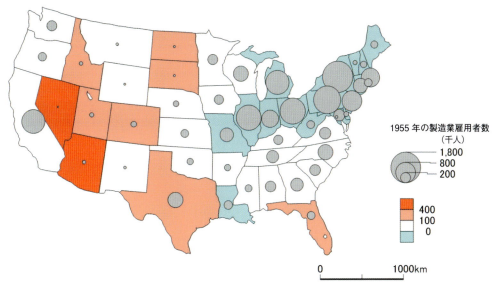

図 6.4 州別にみた 1955 年の製造業雇用者数と 2023 年にかけての増減（1955 年の雇用者数 = 100）
U.S. Bureau of Labor Statistics のデータをもとに作成．アラスカ州とハワイ州を除いている．

不満をもつ層に経済政策をアピールしたトランプ候補がペンシルヴェニア州・ミシガン州・ウィスコンシン州というラストベルトの激戦州で勝利した．

6.2.2 サービス化の光と影

製造業の地位が低下する一方で，さまざまなサービス産業が成長してきた．表 6.1 には，経年変化を捉えることが可能な経済分析局（BEA: Bureau of Economic Analysis）による 1997 年から 2022 年までの GDP の産業別シェアを示している．

GDP に占める製造業のシェアは，1997 年の 16.1 % から 2022 年の 10.3 % へと大きく低下しており，「脱工業化」の一側面を確認できる．第二次世界大戦後から 1960 年代後半まで，製造業は 25 % 程度のシェアを維持していた（吉弘，2019）．

第三次産業を古くから代表する卸売業や小売業のシェアは拡大していないが，表 6.1 の下部にある情報通信業，金融・保険・不動産・賃貸業，専門・対事業所サービス業，教育・保険・社会扶助業，芸術・娯楽・宿泊・飲食業という広義のサービス業に分類されるサービス業種では，GDP に占めるシェアの拡大を確認できる．

「脱工業化社会」への移行というのは，単に「工業の大国」を担った製造業の相対的地位低下だけでなく，各種のサービスが拡充し生産と消費に変化が生じ，働き方や消費をはじめ生活様式に大きな変化がみられることである．情報通信業，金融・保険・不動産・賃貸業，専門・対事業所サービス業の成長は，経済活動と社会構造に大きな変化をもたらしている．

金融・保険・不動産・賃貸業は付加価値を生む産業として成長しているが，それに比べて雇用は多く創出しない傾向がある．「工業の大国」の時代には製造業という「経済の屋台骨が雇用の屋台骨でもあった」が，金融系の拡大により「経済の屋台骨と雇用の屋台骨が一致しなくなった」（吉弘，2019，p.281）のである．

第三次産業のなかでも，小売業，教育・保健・社会扶助業，芸術・娯楽・宿泊・飲食業は，雇用吸収力という面では大きな存在である．一方で，これらの業種は多くの働き口を提供するものの，賃金が低い傾向がみられる（山縣，2020；吉弘，2019）．もちろんこれらの業種それぞれの中においての差異はあるが，保健，保守，飲食，清掃に関わるサービス業務は熟練を必要とせず，低賃金かつ不安定な就労形態のものが多い．

表 6.1　アメリカ合衆国における GDP の産業別シェア（％）

産業	1997	2002	2007	2012	2017	2022
農林漁業	1.3	0.9	1.0	1.1	0.9	1.1
建設業	4.0	4.5	4.9	3.4	4.3	4.2
製造業	16.1	13.4	12.8	11.8	10.8	10.3
卸売業	6.2	5.6	5.9	6.1	6.0	6.0
小売業	6.8	6.7	6.0	5.7	6.0	6.3
輸送・倉庫業	3.0	2.8	2.9	2.9	3.2	3.6
情報通信	4.6	5.0	4.9	4.7	5.1	5.4
金融業・保険・不動産・賃貸業	18.8	20.2	19.8	20.2	20.6	20.7
専門・対事業所サービス業	9.8	10.9	11.5	12.1	12.4	12.9
教育・保険・社会扶助業	6.9	7.4	7.5	8.7	8.8	8.4
芸術・娯楽・宿泊・飲食業	3.5	3.8	3.7	3.8	4.2	4.2
政府	13.4	13.5	13.0	13.3	12.5	11.4

U.S. Bureau of Economic Analysis のデータをもとに作成

低賃金のサービス職の増加は，新たなサービス下層（new service underclass）の出現と捉えられる（Scott, 2012, p.43）．これらの職の賃金が低いからというだけではなく，高所得層の生活と業務に関わるサービスを提供する役割を担っているという社会構造に注目する必要がある．業務に関するサービスは国境を越えて外注される場合もあるが，生活に関わるサービスはサービスを提供する場所での対面接触や近接性を必要とする．

グローバルな管理拠点となるグローバル・シティ（Global City）（世界都市）は，経営管理層や専門・対事業所サービス業の高所得者が集中するとともに，新たなサービス下層を必要とするため，経済活動と社会構造は分極化（polarization）の傾向を示しやすい．大都市には光とともに影も色濃くみられる．

グローバルな規模での統括を行う多国籍企業，金融機関，国際機関とともに，それらの活動を支える専門・対事業所サービス業が特定の都市に集積することによって，グローバリゼーションは進展する．専門・対事業所サービス業は，「サービス経済化」や「知識経済化」を顕著に示す産業であり，技能を有する人材への依存度と知識を活かす人や組織のつながりが重要なことから，大都市指向性が極めて強い．グローバル・シティとして当初は金融業が突出するニューヨークのみが想定されがちであったが（サッセン，2018），製造や交通の拠点となるシカゴ，さまざまな文化産業が重なり合うロサンゼルスなど，東京やソウルのように一都市に極端に集中していないことも特徴である．

新型コロナウイルス感染症の拡大は，グローバル・シティ成立の根拠となる広域的な活動を揺るがした．その影響のもとでも，ニューヨークをはじめ特定の大都市の優位性は大きく変化する兆候はみられなかった．大都市圏のスケールでみた場合は，経営管理層をはじめとする上層の人たちは，大都市圏の周辺部や域外でのリモートワークを積極的に活用して一定の分散傾向を示しつつ生活を送った一方で，新たなサービス下層の人たちは，対面接触や近接性を前提とした仕事が多いために，職場に近接したところで暮らしていかざるをえない傾向がみられた（Florida, et al., 2023）．パンデミックという状況下での人々の選択肢という点からも，アメリカ合衆国，とりわけ大都市圏における格差が顕著になったのである．

6.3　情報化社会と地理的分散・集中

「工業の大国」としてのアメリカ合衆国は姿を変えつつあるが，スマートフォンをはじめさまざまな分野の先端技術において開発をリードしている．情報化社会を牽引する先端的な活動は，リモートワークを活用した分散傾向も観察され，「地理の終焉」と語られることもあるが，現実にはシリコンヴァレーに代表されるように特定の地域に集中する傾向が強い．

6.3.1 先端技術開発を牽引する地域

スマートフォン，タブレット，PC（パソコン）などを通じて馴染みのある企業であるアップル社，インテル社，AMD社，アドビ社，ヤフー社，グーグル社などの先端技術産業は，いずれもシリコンヴァレーに主要な拠点を置いている（図6.5）．これら著名なICT（情報通信技術）関連企業は，シリコンヴァレーで生まれ育ち，中学校や高等学校の地理教科書にもこうした有名企業の写真が掲載されている．

シリコンヴァレーは，地図上にある実際の地名ではない．半導体生産に用いられるシリコン（ケイ素）と渓谷を組み合わせて名づけられたものであり，アメリカ合衆国西海岸のサンフランシスコから車で1時間ほど南に下ったサンタクララ郡周辺のことを指す．コンピュータのハードウェア，ソフトウェア，インターネット，スマートフォンなど，ICT関連のイノベーションはこの地域から創出されてきた．元々は比較的温暖な地中海性気候のもと果樹園が広がっていた地域であるが，現在は世界で最も注目される産業地域となっている．

シリコンヴァレーは，「ベンチャー・ビジネスの聖地」であるが，それはスタートアップを支えるベンチャー・キャピタル，人材を輩出するスタンフォード大学，先端技術に関わる軍事関連の支出と研究，先端技術開発に取り組む多国籍企業など，多様な主体と活動に関わっている．

シリコンヴァレーは，インテル社に代表されるように半導体を用いた集積回路（IC: integrated circuit）の生産の中心地であった．その後，集積回路の生産は必ずしもこの地域の中核的活動ではなくなった．現在はシリコンヴァレーの特徴を示す異なるICが注目されている．それは，インド人（Indian）と中国人（Chinese）である．

シリコンヴァレーでは，外国生まれで，技術に関する知識を有し，母国とアメリカ合衆国との間を行き来する人々が重要な役割を担うようになってきている（サクセニアン，2008）．世界各地から多数の技術者と起業家を引き寄せてきているが，中国系とインド系の人々の存在感が大きい．

「移民」というと，貧しい国々から移動した低賃金で低熟練の人々が想定されるかもしれない．シリコンヴァレーにはそうした「移民」像とは異なる姿があり，アメリカ合衆国の大学・大学院への留学や，母国の技術系大学を卒業後に移動した人たちが活躍している．優秀な人材の移動は，出身地からみれば「頭脳流出」の危険性もある．しかし，シリコンヴァレーにおける移民技術者や移民起業家は，出身地との間で国境を越えた国際的コミュニティを築き，母国に帰住し起業したりビジネスパートナーを開拓するなど，「頭脳還流」を生じさせている．台湾の新竹（Hsinchu）やインドのバンガロール（Bengaluru）など，新興国における集積地域の勃興は，こうした国境を横断したネットワークに支えられている．シリコンヴァレーと国際的コミュニティは，経済発展の図式について，技術や製品の成熟度によって先進国から発展途上国へと生産が移動していく，という中心−周辺的な捉え方の見直しを迫る．各国内のローカルな地理的様相と国際的結びつきを理解することの大切さを教えてくれる．

6.3.2 大都市の復興

情報化の進展は，距離の克服を可能とし場所に

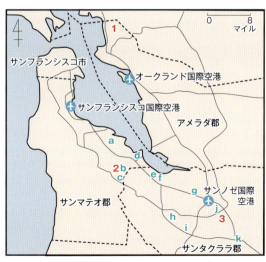

図6.5 シリコンヴァレーにおける代表的企業の立地
1：カリフォルニア大学バークレー校，2：スタンフォード大学，3：サンノゼ州立大学．a：オラクル社，b：ヒューレット・パッカード社，c：ゼロックス社パロアルト研究所，d：メタ社，e：グーグル社，f：ヤフー社，g：インテル社，h：アップル社，i：ネットフリックス社，j：アドビ社，k：ズーム社．長尾（2010）をもとに改変．

よる違いを消滅させ，大都市の存立基盤を揺るがすというのが，「情報化社会論」の1つの通説である．しかしながら，「情報化のパラドックス」ともいうべきかのように，情報化の最先端産業を担う産業の大都市集中傾向がアメリカ合衆国において観察されている．ニューヨークのシリコンアレーやサンフランシスコのマルチメディアガルチが代表例となった．こうした集中傾向が注目されるのは，情報通信技術を積極的に活用し立地自由度が高く，都心に依存しない活動が可能と想定される企業が，古くからの都心部やインナーシティ（都心周辺部）に集中していたからである．

大都市の都心近くに集中するのは，創業して日が浅い若い企業は組織内部にすべての経営資源を有することが困難であり，小さな事業所にとって「外部経済」が決定的に重要であるからである．局地的な外部経済とは，第1に，種々の投入品やサービスに特化したさまざまな生産者の存在であり，それゆえ需要の変化などに柔軟に対応できることである．第2に，取引関係などでの頻繁な生産者間の相互作用によって得られる，技術やノウハウの学習効果である．第3に，集積地での熟練した労働力の存在である．第4に，集積することによって生まれたり深化したりする文化的・制度的な基盤である．こうした外部経済が，サンフランシスコのような大都市には存在しているので，企業は小規模でも事業が行えるし成長を遂げやすいと考えられる（長尾・原，2000）．

フォーディズム的な大量生産‐大量消費を基盤とした社会からの変化のもと，創造性に基づき新しいアイデアと知識を産み活用することの重要性が高まり，都市の創造性があらためて注目されている．「創造」を冠した創造産業，創造階級，創造都市が，地理学や都市・地域政策では流行的な用語となった．創造階級を提起したフロリダは，創造性が経済成長の原動力となり，人に注目する重要性を説く．「人間の立地決定を動機づけるものはなんなのか」（フロリダ，2010, p.22），「経済学者をはじめとする社会科学者は，どのようにして企業が立地場所を選択するのかに多大の注意を払い，どのようにして人間が立地場所を選択するかについては事実上無視してきた」（フロリダ，2010, p.39）系譜を批判している．

創造性をめぐる新しい経済地理的状況を理解するための鍵となるのが，技術（technology），才能（talent），寛容（tolerance）という3つのTである．寛容を分析するために用いているのが同性の非婚パートナーの比率を用いた「ゲイ指数（the Gay Index）」，デザインや芸術関連の職業従事者の比率を用いた「ボヘミアン指数（the Bohemian Index）」，外国生まれの人口比率を用いた「メルティング・ポット指数（the Melting Pot Index）」である．こうした指数について，サンフランシスコ大都市圏はいずれも高い数値を示し，創造性を育み活力ある大都市圏の代表例となっている．

マルチメディアガルチの舞台となったサンフランシスコのソーマ地区（SOMA: the south of Market Street）は，都心部の南に位置し衰退していたところであったが，古い倉庫や繊維工場などを利用しコンテンツ制作企業が展開した（**写真6.2**）．創造ブームのもとでの地価高騰と再開発は，当地区における社会的多様性の低下を招き，創造性の芽を奪う危険性が認識された．それゆえ，土地利用規制などを通しての都市の活力維持について議論となっている（Grodash, 2022）．

6.4 グローバリゼーションと多国籍企業

国際事情についてアメリカ合衆国を代表するジャーナリストであるフリードマンは，グローバ

写真6.2 かつての倉庫を活用したソーマ地区のオフィス（2001年2月，筆者撮影）

ル化の展開を3つの段階に分けている．

グローバリゼーション1.0は，「旧世界と新世界のあいだの貿易が始まった1492年から1800年頃まで」であり，それは国家と物理的な力を用いる腕力の時代であり，「世界のサイズをLからMに縮めた」．グローバリゼーション2.0は，1800年頃から2000年までであり，「世界統一を進める原動力は多国籍企業」となり，世界のサイズをMからSに縮めた．「2000年前後にまったく新たな時代に突入し」，グローバリゼーション3.0となり，「世界をSサイズからさらに縮め，それと同時に競技場を平坦に均した」．ここで，「個人がグローバルに力を合わせ，またグローバルに競争をくりひろげるという」新しい力を得たと言う（フリードマン，2010, pp.19-23）．

国境を越えて活動する多国籍企業は，グローバルゼーション2.0の主役であり，3.0においても重要な役割を担っている．

6.4.1 多国籍企業

飲料のコカ・コーラ社，電気機械から多角化したGE社（General Electric Company），自動車のフォード社，日用消費財のP&G社（The Procter & Gamble Company），ファストフードのマクドナルド社やケンタッキー（KFC）社，エネルギーのエクソン・モービル社をはじめ，アメリカ合衆国発祥の著名な多国籍企業は数多く，世界各地に展開している．

図6.6は，海外において事業活動を行うための投資である海外直接投資の進出と受入のストック金額を国別に示したものである．なお，金融投資は海外間接投資と称される．直接投資について，アメリカ合衆国は進出・受入とも最大額であり，世界経済における存在は極めて大きい．アメリカ合衆国の3億人を上回る人口規模，活発な企業活動と取引，高等教育の充実を通した優秀な人材の輩出は，外国企業にとって重要な進出先となっている．日本は海外進出に比べ国内への受入が小さい．中国は改革開放後に投資の受入が大きく進出が小さかったが，中国企業の成長と海外進出により進出額も大きくなりつつある．

今日における多国籍企業の代表格となったアップル社の製品には，かつて"Designed by Apple in California Assembled in China"と刻印されていた．デザインはアップル社が本拠を置くカリフォルニア州で行われたが，製品の組み立ては中国で行われる．アップル社は，自社で製造設備を持たずに，EMS (electronics manufacturing service)を利用するファブレス企業であり，国内外に生産設備は持たない．生産活動の規模よりも，ビジネスモデルを通した世界市場における支配力が重要となり，多国籍企業の姿も多様化してきた．

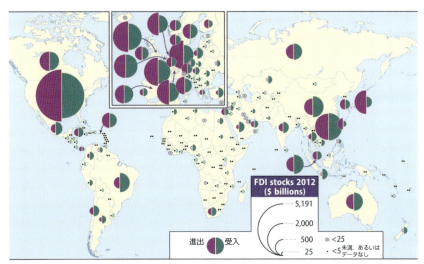

図6.6 海外直接投資の進出と受入（2012年）
Dicken（2015, p.44）による．

6.4.2 自動車産業—貿易摩擦と現地生産

自動車の大量生産はアメリカ合衆国ではじまり，世界の自動車生産を牽引してきた．かつて群雄割拠していた自動車関連企業は，GM社，フォード社，クライスラー社の3社に統合されビッグ3と称され，各社が本拠を置くデトロイトは自動車産業を象徴する都市であった（第7章，p.75）．しかし，1970年代から，アメリカ合衆国の自動車産業は，硬直した大量生産方式や環境問題への対応の遅れから，国際的な競争力が低下した．一方，第二次世界大戦の敗戦国である日本製と旧西ドイツ製の自動車は，品質の信頼性や価格の面から高い評価を受け，アメリカ合衆国をはじめ海外市場へと広まった．

1980年代には自動車輸出の増大から日米貿易摩擦が激化し，日本企業のアメリカ合衆国での現地生産が始まった．1985年のプラザ合意以降の円高傾向は日本企業の海外生産を加速化した．その後，アメリカ合衆国の企業も，日本企業の生産方式を学び，品質確保に問題のあった製造現場を改良してきた．

自動車の巨大市場であるアメリカ合衆国には，日本からは自動車（完成車）組立企業だけでなく，多くの部品製造企業が進出している．日本を母国とする企業だけではなく，ドイツや韓国の企業による生産量も増大した．

自動車産業は，「モーターシティ」デトロイトを核として製造業ベルトの中でもミシガン州とオハイオ州やカナダのオンタリオ州に集中していた．既存の集積地よりも南のインターステートハイウェイであるI-65やI-75沿いの地域には日系の自動車関連工場が進出し，また軍需産業関連の工場も多い（高橋，2011；明石，2019）．

ミシガン州など中西部の古い生産設備を持つ工場の閉鎖が続いており，雇用者数の減少による失業問題が厳しさを増しつつある．一方で，自動車産業はインターステートハイウェイ沿いに南下する傾向を示しており，アジアやヨーロッパの多国籍企業が組立工場をアラバマ州やテキサス州に立地し，部品工場の立地も増加している（第3章，pp.30-31）．

南下する自動車生産であるが，開発を伴わない生産への特化や農村部に立地する傾向が強いことから，アメリカ合衆国という国スケールでは集積とみえるが，高密度な集積を形成しているわけではない（Graves and Campbell, 2022）．

2023年における日系自動車企業による四輪車の海外生産台数は1751万1542台であり，うちアメリカ合衆国での生産が327万1197台である．アメリカ合衆国での四輪車生産台数は1061万1555台であり，日系企業による現地生産が約3割を占めている（日本自動車工業会，2024）．

1990年代に自動車関連工場を見学する機会を持つと，当時のベテラン社員の方々から「若いころは，まさか海外で働くことになるとは思わなかった」ということをしばしば聞いた．グローバリゼーションのもとで，先進国や発展途上国を問わずさまざまな地域で事業は営まれ，そして業務に携わる人々も国境を越えて移動している．

［長尾謙吉］

・・・・・・・・・・ 課題学習 ・・・・・・・・・・

❶ なぜ「工業の大国」の象徴であった製造業ベルトの工業地域がラストベルトと称されるようになったのだろうか．
❷ シリコンヴァレーから先端的な製品やサービスが生まれるのはなぜだろうか．
❸ 産業構造の変化に伴い「大都市の光と影」が生じるのはなぜだろうか．

文 献

明石芳彦（2019）：進化するアメリカ産業と地域の盛衰，205p，御茶ノ水書房．
井出義光（1992）：アメリカの地域構造—その変貌の歴史．〈USA GUIDE 2〉アメリカの地域（井出義光 編），pp.28-74，弘文堂．
金成隆一（2019）：ラストベルト再訪，303p，岩波書店．
菅野峰明（2011）：工業の発展・衰退・立地移動．〈世界地誌シリーズ4〉アメリカ（矢ケ崎典隆 編），pp.40-55，朝倉書店．
クルーグマン，P. 著，北村行伸ほか 訳（1994）：脱「国境」の経済学—産業立地と貿易の新理論—，172p，東洋経済新報社［Krugman, P. (1992) *Geography and trade*, 156p, MIT Press］．

サクセニアン，A. 著，酒井泰介 訳（2008）：最新・経済地理学―グローバル経済と地域の優位性，455p，日経BP社［Saxenian, A. *The new Argonauts: Regional advantage in a global economy*, 432p. Harvard University Press］．

サッセン，S. 著，伊豫谷登士翁 監訳，大井由紀・高橋華生子 訳（2018）：グローバル・シティ：ニューヨーク・ロンドン・東京から世界を読む，768p．，筑摩書［Sassen, S. (1991): *Global city: New York, London, Tokyo*, 397p., Princeton University Press］．

髙橋重雄（2011）：交通の発達と経済発展．〈世界地誌シリーズ4〉アメリカ（矢ケ崎典隆 編），pp.27-38，朝倉書店．

長尾謙吉（2010）：サンフランシスコ・ベイエリアの産業集積．新版 図説 大都市圏（富田和暁・藤井 正 編），pp.100-101，古今書院．

長尾謙吉（2024）：サンベルトとラストベルト．経済地理学事典（経済地理学会 編），pp.446-447，丸善出版．

長尾謙吉・原 真志（2000）：大都市立地マルチメディア企業の存立形態―サンフランシスコ・ソーマ地区の事例，季刊経済研究，**22**(4), 125-135．

日本自動車工業会（2024）：日本の自動車工業 2024．

フリードマン，T.L. 著，伏見威蕃 訳（2010）：フラット化する世界―経済の大転換と人間の未来 普及版（上）（中）（下），日本経済新聞出版社［Friedman, T.L. (2007): *The world is flat: A brief history of the twenty-first century, third edition*, 672p., Picador］．

フロリダ，R. 著，小長谷一之 訳（2010）：クリエイティブ都市経済論―地域活性化の条件，250p．，日本評論社［Florida, R. (2004): *Cities and creative class*, 208p., Routledge］．

モレッティ，E. 著，安田洋祐 解説・池村千秋 訳（2014）：年収は「住むところ」で決まる―雇用とイノベーションの都市経済学，335p，プレジデント社［Moretti, E. (2013): *The new geography of jobs*, 294p. Houghton Mifflin Harcourt］．

矢野恒太記念会（2023）：世界国勢図会 2023/24, 480p．

山縣宏之（2019）：サンベルトはどのようにガンベルトに転換したのか？入門アメリカ経済Q&A100（坂出 健ほか 編），pp.102-103，中央経済社．

山縣宏之（2020）：ラストベルトの経済状態分析：産業構造・就業構造分極化・製造業労働者・州産業政策，国際経済，**71**, 97-120．

山本大策（2024）：アメリカの地域構造．経済地理学事典（経済地理学会 編），pp.444-445，丸善出版．

吉弘憲介（2019）：アメリカ経済における産業構造の転換とその背景―雇用・地理・2016年大統領選挙結果を題材に―，東北学院大学経済学論集，**191**, 277-291．

Birdsall, S. S., et al. (2005): *Regional landscapes of the United States and Canada, sixth ed.*, 398p., John Wiley and Sons.

Dicken, P. (2015): *Global shifts: Mapping the changing contours of the world economy, seventh edition*, 618p., The Guiford Press.

Florida, R., et al. (2023). Critical Commentary: Cities in a post-COVID world. *Urban Studies*, **60**(8), 1509-1531.

Graves, W. and Campbell, H. S., Jr. (2022): Addressing the evolution of clustering strategies in manufacturing: A policy research agenda. In Bryson, J.R., et al. eds., *A research agenda for manufacturing industries in the global economy*, pp.113-134. Edward Elgar.

Grodach, C. (2022): The institutional dynamics of land use planning: Urban industrial lands in San Francisco, *Journal of the American Planning Association*, **88**(4), 537-549.

Meyer, D.R.(1983): Emergence of the American manufacturing belt: An interpretation. *Journal of Historical Geography*, **9**(2): 145-174.

Scott, A. J. (2012): *A world in emergence: Cities and regions in the 21st century*, 223p., Edward Elgar.

Tanner, H. H. (1995): *The setting of North America*, 208p., Macmillan.

7 都市の構造・景観と都市問題

アメリカ合衆国の都市といえば，ニューヨークやロサンゼルスがすぐに頭に浮かぶであろう．一方，中小規模の都市に関するイメージは，必ずしも明確ではないように思われる．アメリカ合衆国は大国であり，そこにはさまざまな規模の都市が多数分布し，地域的な差異も大きい．本章では，都市間の関係（都市システム），都市の内部構造（モデル），都市景観の特徴，そして都市問題に着目し，アメリカ合衆国の都市の特徴について，時間的・空間的視点を織り交ぜながら考察する．

シカゴの高層ビル群（2017年3月，筆者撮影）

● 7.1 都市システムの形成

都市システムとは，相互に関連をもった都市の集合体を意味する．都市システムは，外部に開かれた開放型のシステムであり，また時間の経過とともに変化する可変的な存在である．アメリカ合衆国は，面積963万 km² に及ぶ広大な国であり，したがって国内の都市システムもその国土を覆うように広範囲に広がっている．そこに暮らす人々は，自由と独立を何よりも大切にする．州や市町村の境界をまたげば，生活を律する法律が異なることもあり，これも自主性の表れといえる．この人々の気風は，都市のあり方，また都市システムにも影響を与えている．

7.1.1 都市の立地と国家的都市システム

現在の国家的都市システムは，政治的側面からみれば，ワシントンD.C.を頂点とし，経済的側面からみれば，ニューヨークを頂点とするといえる．いずれの都市システムも，アメリカ建国以降，領土の西方への広がりとともに拡大し複雑化していった．

都市の立地点を決定する要素は数多くあるが，異種の地形の接触点はその1つである．アメリカ東部アパラチア山脈の東麓地域には，ヨーロッパ人の大陸進出後，滝線都市（fall line city）と呼ばれる多くの都市が建設された．リッチモンド，コロンビア，オーガスタなどがそれに当たり，こ

れらの都市は，アパラチア山脈東麓のピードモント台地と海岸平野との境界地帯に成立した．流水による侵食作用に対する地質の抵抗力の差異から，この地帯には滝が多く，その滝が下流からの河川交通の妨げとなり，そこが陸上交通との荷物積み替え地点となった．その後，滝の水力は動力源となり，先に挙げた都市群は，工業都市へと変容していった．一方，河川の合流点もまた，交通路の結節点となり，ときに都市が成長する場所となった．アレゲニー川とモノガエラ川の合流点にあるピッツバーグ，ミシシッピ川とミズーリ川の合流点付近にあるセントルイスは好例である．

アメリカ北東部には，地理学者のゴットマン（Gottman, J.）がメガロポリスと命名した一群の大都市が存在する．具体的には，南北約730 km，最大幅約160 kmの帯状地帯に，ボストン，ニューヨーク，フィラデルフィア，ボルチモア，ワシントンD.C. といった大都市が連なり，それぞれの影響圏（大都市圏）が互いに機能を補完しあって，1つの巨大な都市域を形成している．

アメリカ最大の都市ニューヨークは，この国の都市システムの頂点にあるだけでなく，ロンドンや東京とともに，世界的な都市システムの中心的な結節点としての役割も果たしている（**写真7.1**）．都市階層は，企業の立地パターンをある程度反映している．プレッドは，アメリカ西部の主要7大都市圏に本社がある企業の支店の地域的

写真 7.1　ニューヨークマンハッタン（1994 年 8 月，筆者撮影）
注：中央の世界貿易センタービルは 2001 年 9 月の同時多発テロ事件で破壊された．

写真 7.2　シカゴ中心部　（1991 年 8 月，筆者撮影）

配置に基づいて，アメリカ合衆国の都市システムの特徴を説明している（Pred, 1977）．本社のある大都市圏以外に立地する支店の従業員数の合計は 70 万人以上に達し，全従業員数に占める割合は，企業によって 55％から 93％を占め，企業組織の空間配置が都市間ネットワークの形成にかなりの影響を与えていることがわかる．プレッドは 4 階層からなる都市間結合のモデルを提示しているが，富田（1985）がいうように，第 1 階層の都市をニューヨーク，第 2 階層の都市をロサンゼルス，シカゴ（写真 7.2）など，第 3 階層の都市をシアトル，サンディエゴなど，そして第 4 階層の都市をサクラメントなどとすると理解しやすい．

1984 年におけるアメリカ企業の本社所在地をみると，ニューヨークのその数は 96 に達し，2 位のシカゴ（30 社）を大きく引き離している．この状況は，その後も大きな変化はない．2000 年 4 月のフォーチュン（Fortune）誌によると，売上高上位 500 社のうち，ニューヨークに本社をおく企業が最も多く 40 社であった．しかし，その数は比率にすると 8％に過ぎず，日本ほどの最大都市への一極集中はみられない．むしろ，主要な大都市以外に本社をもつ主要企業が多いことが

アメリカ企業の特徴である．人口規模でアメリカ第 2 の大都市ロサンゼルスに本拠をおく企業は，上位 500 社のうちわずか 5 社に過ぎない．第 3 位のシカゴも 11 社にとどまる．逆に，これら 3 大都市の存在するニューヨーク州，カリフォルニア州，イリノイ州以外の州に本社をおく企業は，500 社のうち 71％を占める．つまり，アメリカ合衆国の主要企業の本社所在地は，国内に分散しているということがわかる．

21 世紀に入って，産業の中心は，IT・情報通信関係や巨大物流業に移った．GAFAM と称される，アメリカ合衆国のみならずグローバル企業の代表的企業がその象徴である．これら企業の本社は，サンベルトの西海岸に集中している一方，概して大都市にはない．グーグルはカリフォルニア州マウンテンビューに，アップルはカリフォルニア州クパチーノに，フェイスブック（現メタ）はカリフォルニア州メンローパークに，アマゾンはワシントン州シアトルに，そしてマイクロソフトはワシントン州シアトル近郊のレッドモントに本社を置く．2022 年の売上高でみると，首位は 5727 億ドル（74.5 兆円）を売り上げた小売業のウォルマート（本社アーカンソー州ベントンヴィル）であるが，2 位はアマゾン（4698 億ドル，

表 7.1　アメリカの売上高上位 3 位企業（2022 年）

順位	企業名	本社所在地	売上高（億ドル）
1	ウォルマート	ベントンヴィル（アーカンソー州）	5727
2	アマゾン	シアトル（ワシントン州）	4698
3	アップル	クパチーノ（カリフォルニア州）	3658

Fortune Global 500 により作成．

7.1　都市システムの形成　　67

61.8兆円），3位はアップル（3658億ドル，47.6兆円）であった（表7.1）．

7.1.2 地域的都市システム

都市システムは，国内の地域レベルにおいても存在する．全国を地域区分する場合，北東部，中西部，南部，西部の4地域に区分することが多い．北東部は，ボストン，ニューヨーク，フィラデルフィアといった都市を，中西部は，シカゴ，デトロイト，セントルイスといった都市を，南部は，アトランタ，ニューオーリンズ，マイアミ，ヒューストンといった都市を，そして西部は，ロサンゼルス，サンフランシスコ，ラスヴェガスといった都市を含み，それぞれの都市が重要な地域的結節点としての役割を果たしている．

都市システムの態様は，外資系企業の立地パターンからも捉えることができる．そして，その立地パターンもアメリカ合衆国の産業構造の変容を反映している．図7.1は，1998年における日系企業の分布を示したものである．同年，日系企業は，上記の国内4地域のなかで，西部に最も多い1710社が立地し，つづいて北東部に1178社が，そして中西部に886社が立地していた．州ごとにみると，カリフォルニア州に最も多い1274社が立地し，以下ニューヨーク州（723社），イリノイ州（354社）の順に多かった．しかし，2022年になると，州別の上位3位には変動はないが，上記4地域の中で，西部が1402社で最多を維持したものの，以下順位が変わり，順に南部（1099社），中西部（956社），北東部（765社）となった．日系企業の立地もサンベルトに重心が移りつつあるといえる．

図7.1 アメリカ合衆国における日系企業の分布（1998年）
平（2005）による．

太平洋岸のカリフォルニア州に最も多くの日系企業が立地している理由は，日本との近接性にあり，これは国境効果と呼ばれる．逆に，欧州系の企業は，ニューヨーク州をはじめとする北東部の立地が多い．しかし，総体的にみれば，外資系企業の立地パターンも国内企業の立地パターンと類似しており，都市システムの階層性とその地域的な特徴を生み出す1つの原動力となっている．

7.1.3 都市システムの変容

都市システムは，前述したように時代の変化とともに変わる．18世紀前半に東部地域の13の自治植民地によって国家形成の動きがはじまり，イギリスとの独立戦争を経て，1783年にアメリカ合衆国が誕生した．その後，メキシコとの戦争などによって領土を拡大し，19世紀のなかばには大西洋と太平洋をまたぐ大国となった．アメリカ合衆国の都市システムは，このような国土拡大と連動して変容していった．

都市システムにおいて，交通ネットワークは，都市と都市とを結ぶ動脈をなす．国家レベルの都市間交通をまず担ったのは鉄道であった．鉄道網は，北東部から整備が進み，路線網は中西部と南部へ拡大していった．広大で肥沃，さらに安価な土地の存在に目をつけたイギリス資本家による巨額な投資もあり，1840年にはすでにヨーロッパ（1800マイル）を上回る3千マイル（約4800km）の鉄道が敷設されていた．海港都市としてその基礎が築かれたボストン，ニューヨークは北東部の，五大湖の水運の要として成長を始めたシカゴは中西部の，それぞれ重要な鉄道の結節点としてさらに発展した．ニューヨークのグランド・セントラル駅とペンシルヴェニア駅は，当該都市を代表する2つの鉄道駅で，今日なお1日当たりそれぞれ50万人から60万人の利用客がいる．

その後，実業家たちによる西部開拓を目途とした鉄道敷設競争が起こり，1860年までにミシシッピ川以東地域に3万マイルに及ぶ鉄道網が敷設され，時を経ずして大陸横断鉄道が開通し，大西洋と太平洋とを結ぶ大動脈が完成した．その1つのセントラルパシフィック鉄道は，1869年，ユニオンパシフィック鉄道とユタで結合した．こ

の工事には1万人の労働者が従事し，その9割が中国人であったという．これらの鉄道によって国内市場の一体化が完成し，水運を中心にした交通網により南部と緊密な関係にあった西部が，商工業の中心である北東部と直接結ばれ，南部に対する北部の優位性は決定的なものとなった．その優位性の中心がニューヨーク（金融業）であり，シカゴ（農産物取引）であった．

しかし，鉄道の時代は長くは続かなかった．20世紀に入ると自動車が交通の主役となり，道路ネットワークが都市間システムに大きな影響を与えるようになった．フォード社による量産が開始されると自動車の一般社会への普及が進み，道路網の整備が図られた．第二次世界大戦後は，高速道路（インターステートハイウェイ）の建設が急ピッチで進められ，道路交通は都市間移動の役割を鉄道から奪うことになった．1947年に開始された高速道路網の建設は，アメリカ最大の公共事業であった．自動車登録台数も，1945年は2580万台であったが，1970年にはその3.5倍となった．インターチェンジ付近には，宿泊施設や商業施設が建設され，ディズニーランドに代表されるさまざまなレクリエーション施設が登場した．

現在，道路ネットワークとともにアメリカ合衆国の都市間システムを構築しているのは，航空ネットワークである．1980年代には，高速道路の発達により，中距離までは主として自動車が使用され，それ以上では航空機が利用される比率が高かったという．国土が広大なため，ハブと呼ばれる航空網の結節点としての役割を果たす大空港がいくつもある．ニューヨーク，シカゴ，ロサンゼルスの各国際空港はその代表格であり，国内・国際航空網の中心となっている．

7.2 都市の景観と構造

7.2.1 都市景観

都市景観は，都市を構成する建物群や道路網によって形成される．多様な建築群の立地は，地価として利用価値を反映している．利用価値が高いほど集約的な土地利用が行われ，建物の密度と高さが増し，都市景観はより立体的なものとなっていく．

アメリカ都市は，ヨーロッパや日本と比較して，特徴的な景観をもっている．都市景観のイメージは，ある程度の規模の都市であれば，中心部に高層ビル群がそびえ立ち，中低層の建物群がそれを取り巻き，さらに外側を低層の建物が外縁に広がりながら分布するといったものである（写真7.3）．

ニューヨークのような大都市は，特に中心部に立つ高層ビル群が，その都市景観の骨格をなしている．世界に衝撃を与えた2001年9月11日の同時多発テロ事件では，ニューヨークの顔ともいえる，世界貿易センタービルが標的となった．歴史的には，1885年に完成したシカゴの10階建てのビルが，世界最初の高層ビルであるという．

しかし，都市の大多数は中小都市であり，アメリカ合衆国の都市の特徴を知るためには，中小都市を知ることも重要である（写真7.4）．この国の中小都市の景観は，20世紀半ばには，すでに均質化傾向を示している．デブレとサワーズは，20世紀前半に作成された中西部（カンザス州とネブラスカ州）の都市中心部を描いた絵はがきを時系列的に分析している（DeBres and Sowers, 2009）．それによれば，描かれた中小都市の都市景観は，現実の都市景観の変化に先行する形で，加筆・修正を通して標準化，理想化され，結果として「場所の没個性化（placelessness）」が進行していったという．20世紀初頭，1900年から1911年にかけては，都市のメインストリートの景観が主たるモチーフとして描かれたが，つづく

写真7.3　シアトル（2000年5月，筆者撮影）

写真 7.4 中都市の例．ウィスコンシン州マディソン（2023 年 9 月，筆者撮影）

1929 年までの間では，メインストリートの景観に馬車や路面電車，通行人が配され，都市発展を示す「賑やかさ」が強調された．しかし，その後 1945 年にかけては，絵はがき作成者による加筆・修正の度合いが高まり，それまでの「路上」の「賑やかさ」は丁寧に除去され，近代化が進み，抑制が効いた都市景観が演出されるようになる．

絵はがきのモチーフの変化が示すように，近代は標準化の時代であるともいえる．アメリカ社会の近代化は，どこに行っても同じような景観が現れる「没場所化」状況を作り出していった．20 世紀の後半には，モータリゼーションが国土の広い範囲で進行し，都市の規模にかかわらず「無限」の後背地に広々と展開し発展を続ける郊外と，逆に衰退の傾向をたどる中心部という，明確なコントラストを示す都市構造が出現することになる．

しかし，その郊外地域の景観に関しては，その没場所的特徴のイメージがあまりに強く，これまであまり研究者の注目を集めてこなかった．ドストロフスキーとハリスは，この点に着目して，カナダの主要都市郊外の住宅様式の変化を詳細に分析し，最近の新古典的な様式の普及に先立って，折衷的で歴史的な建築様式の復活があったことを見いだした（Dostrovsky and Harris, 2008）．同様の傾向はアメリカ合衆国においても確認できる．この変化の背景には，より大きな時代思潮の変化がある．

7.2.2 都市構造のモデル

都市構造のモデル化と理論化は，アメリカ合衆国において大いに発展した．国を問わず，都市地理学の教科書には，必ずといってよいほど引用されるいくつかの都市構造モデルは，アメリカ都市がその母体となっていることが多い．

アーネスト・バージェス（Burgess, E.W.）の同心円モデルは，20 世紀前半の中西部の大都市シカゴを事例としたものである．社会学者バージェスは，1925 年に 5 つの地帯からなる同心円モデルを発表した（図 7.2）．第 I 地帯は，ダウンタウン（CBD）に当たり（シカゴではループ（Loop）と呼ばれる），市役所，大企業のオフィス，デパートなど，都市の政治，経済，文化的機能が集積した．第 II 地帯は，第 I 地帯から商業や工業機能が拡大する一方で，住環境の悪化によって住宅機能は低下し，貧困や犯罪といったインナーシティ問題（後述）を抱える漸移地区である．この地区では，都市中心部へのアクセスや安価な住宅の存在により，移民街が形成される場合がよくあり，シカゴではリトルシシリーやチャイナタウンができた．そして都市南部には黒人地区が形成された．当該地区は，時に若い芸術家や起業家が集まって新たな文化を発信する地区ともなった．第 III 地帯は，中産階級の住宅地帯である．第 II 地帯から抜け出した労働者（商工業従業者）層が居住者の中心であった．移民 2 世も多く，低層のアパートが広がった．第 IV 地帯は，戸建て住宅が中心の住宅地区であり，住民は上位中

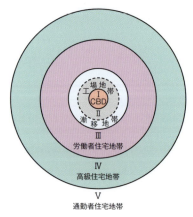

図 7.2 バージェスの都市構造モデル
北川（2004）による．

間層から上層が主であった．各々の家屋は，青々とした芝生の庭で囲まれ，そのような家屋の建ち並ぶ景観は，アメリカンドリームの具体像の1つとなった．最後の第Ⅴ地帯は，通勤者地帯と呼ばれ，広大に広がる農村地帯との境界に位置する．都心まで1時間程度の郊外地帯や衛星都市が相当する．これらの各地帯は，都市の成長とともに，隣接する外帯に進入することによって当該地帯が拡大した．バージェスは生態学の考え方を応用して，この変化を遷移と呼んだ．バージェスを中心とする研究者集団による研究はシカゴ学派と呼ばれ，人間生態学的研究を推し進めた．

一方，経済学者のホーマー・ホイト（Hoyt, H.）は，住宅地の空間構造に着目し，1939年，扇形（セクター）モデルを提示した（図7.3）．ホイトは，142のアメリカ都市の地代分布パターンを，同心円とセクターからなる略図を使って分析し，高地代地区（高級住宅地地区），中地代地区（中級住宅地地区），低地代地区（低級住宅地地区）が都市内でどのように分布する傾向にあるか明らかにした．高地代地区は，都市の片側の1つまたは複数のセクターに位置し，中地代地区は高地代地区を取り巻くか，隣接する傾向がある．低地代地区は，片側ないしは一定のセクター内で中心から周辺に向かって分布する．都市内のあるセクターの特徴が定まれば，その特徴は都市が外縁に拡大しても継承されるとする．

さらに，チャウンシー・ハリス（Harris, C.D.）とエドワード・ウルマン（Ullman, E.C.）は，それまでに提出されたモデルを参考にして，1945年，多核心モデルを世に出した（図7.4）．彼らによれば，都市は単一の中心ではなく，複数の核心の周辺に形成される．そして，それら複数の核と地域的な空間分化は，4つの要因の組み合わせによって説明できるとした．第1に，ある種の活動は専門的な便益を必要とする．例えば，小売業は都市内で近接性の高いところに立地する．第2に，類似した活動は集積の利益を重視して集まってくる．卸売業はその例である．第3に，異種の活動は互いに不利益をもたらす．工業開発と住宅開発は相容れない．第4に，ある種の活動は，最も望ましい地点での地代を負担できない．低級住宅地は，住環境のよい場所の地代を負担できない．そして，大都市になるほど核が増え，かつ専門化が進むという．このモデルは，先の2つのモデルに比べると現実の都市への適応性は高いが，逆にその分一般性に欠けるともいえる．

このように，都市構造に関するモデルはこれまで数多く発表されてきた．しかし，デヴィッド・ハーヴェイ（Harvey, D.）は，一方で都市についての理論の不足を指摘している（Harvey, 2003）．都市の経験は，豊かさをもたらす一方で，さまざまな問題を惹起する．ハーヴェイは，表面的な都市生活に隠されている内奥の意味を明らかにすることが重要であるとする．したがって，そこに展開される社会関係を明らかにするような包括的な

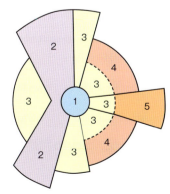

図7.3 ホイトの都市構造モデル
1．CBD，2．卸売・軽工業地区，3．低級住宅地区，4．中級住宅地区，5．高級住宅地区．北川（2004）に加筆．

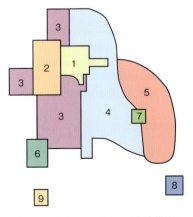

図7.4 ハリス−ウルマンの都市構造モデル
1．CBD，2．卸売・軽工業地区，3．低級住宅地区，4．中級住宅地区，5．高級住宅地区，6．重工業地区，7．周辺商業地区，8．郊外住宅地区，9．郊外工業地区．北川（2004）に加筆．

都市理論の構築が今後の課題の1つとなる．

7.2.3 都市構造の変容と景観の変化

都市の構造的変容と景観の変化は連動している．最初に述べたアメリカ北東部のメガロポリスは，商工業，特に工業の発展によって形成された．しかし，工業従事者数でみれば，アメリカ合衆国は，1960年代にはすでに脱工業化時代に突入していた．高速道路網を中心とした道路網の整備に伴って，また生産規模の拡大による環境破壊や道路渋滞など集積の不利益の増大から，金属工業に代表される工業活動の内陸部への移転が進んだ．そして，モータリゼーションの進行により，住宅地は後背地に向かって拡大を続けた．一方で，産業活動が停滞した都市中心部は，衰退に向かった．その変化は，例えば，修繕が行われないままの建築物や落書きの増加という形で都市景観に反映された．

● 7.3 都市の郊外化

都市は，大まかに都市中心部（CBD），インナーシティ，そして郊外の3地区によって構成される．インナーシティは，都市中心部を取り巻く地区のことである．しかし，都市中心部とインナーシティとの境界は必ずしも明瞭ではない．一般的に都市中心部のことをダウンタウン（downtown）と呼ぶが，インナーシティの一部がその一角を構成する場合もある．インナーシティは，先に示したバージェスのモデルでは，第Ⅱ地帯から第Ⅲ地帯（の一部）に相当し，そこでは人種・民族的少数派や貧困層をはじめとした社会的弱者の集住地区が形成されることが多い．

7.3.1 社会地区分析

都市の内部構造に関する研究は，その後，社会地区分析を経て，因子生態分析へと発展した．社会地区分析は，アメリカ合衆国の社会学者エシュレフ・シェヴキー（Shevky, E.）らによって始められた．彼らは都市を複雑化した現代社会を反映した存在と捉え，都市生活の社会形態は，全体社会の変動を考察することによって理解できるとした．現代産業社会の社会変動は，諸関係の広がりと密度の増加，機能の分化，組織の複雑化の3つの増加尺度によって把握される．産業社会の前提条件は，肉体労働の意義低下と事務・管理労働の意義上昇に象徴される技能分布の変化，都市的産業への移行にみられる生産活動の構造変化，移動の増加による人口構造の変化という3つの傾向として捉えられるという．そして，これらの3つの傾向は，職業構成の変化，生活様式の変化，人口の空間的再配置という形で現れる．シェヴキーらは，ロサンゼルスやサンフランシスコを事例地域として，国勢調査区を基礎にして人口の特性から都市域を類型化し，都市構造の特徴を説明しようとした．職業構成の変化は経済的地位を示す社会階層指標，生活様式の変化は家族的地位を示す都市化指標，人口の空間的再配置は民族的地位を示す隔離指標として地図化した．その後，都市化指標の分布は同心円形パターンを，社会階層指標はセクター形のパターンを示すことが確認された．

7.3.2 シカゴ大都市圏における郊外化

シカゴ大都市圏の中心都市であるシカゴ市は，2020年現在274.6万人の人口を擁し，ニューヨーク（880.48万人），ロサンゼルス（389.9万人）に次ぐ，アメリカ第3の大都市である．シカゴ市は，五大湖の1つであるミシガン湖に面し，19世紀半ばのイリノイ・ミシガン運河とイリノイ・セントラル鉄道の開通が契機となって，アメリカ中西部の結節点として発展した．1848年には，穀物の取引を主体とするシカゴ商品取引所が開設され，そこでの取引は世界的な影響力をもつ．一方，シカゴ市は，他の大都市と同様さまざまな国から移民を受け入れてきた都市であり，内部にエスニックコミュニティを発展させてきた．

シカゴ大都市圏では，1960年代以降，住民および事業所の郊外化が進行した．シカゴ大都市圏全体の人口は，この間継続的に増加し，1990年には737万4000人，2020年には886万5000人に達した．一方，シカゴ市の人口は1960年以降継続して減少し，1960年355万0404人であった人口は，1990年には278万3726人，2020年には274万6388人となった．これは，中心都市の空洞化が徐々に進行し，郊外地域の人口増が都市圏全体の人口増を牽引していることを意味する．

人口の郊外化を追うように，主要産業も本社等の事業所の立地場所を郊外地域に移しつつある．イリノイ州において売上高上位30社のうち，シカゴ市内に本拠地をもつ企業は，1988年時点で半数を下回って14社となった．第三次産業部門では，まず郊外地域へと延びる主要道路沿いにリボン状に商業地区が形成され，続いて大型小売店を核とした大規模なショッピングセンターが各地に建設された．シカゴ市北西郊外のショーンバーグ市に位置して，インターチェンジに近く交通の便のよいウッドフィールズ・ショッピングセンターは，近年インターネットショッピングに押されつつあるものの，全米有数の規模を有し，200を越える専門店数を誇る．一方，シカゴ市中心部の商業地区は，高級専門店が軒を連ねるマグニフィセント・マイルと称されるミシガン通りと，メイシーズ百貨店を中心に，衣服，雑貨，食品等の小売店が並ぶステイト通り一帯がその核心を形成し，ある程度の賑わいをみせている（写真7.5）．

7.4 都市問題と社会運動，再開発

7.4.1 環境的な都市問題

都市の発展は，一方で負の産物ももたらした．都市問題は大きく，環境問題，交通問題，そして社会的問題に区分できる．環境問題は，環境の悪化がその中心である．具体的には，水質汚染，大気汚染，ゴミ問題，騒音問題などがあげられる．産業革命以降の都市化は，主として工業化によって推進された．大規模な工業活動が都市域で行われるようになったため，工場などから排出される有毒物質が大気や河川，湖などの水質を汚染するようになった．さらに，モータリゼーションの進行による自動車数の急増が排気ガスの増加につながり，大気を汚す主要原因の1つとなった．1950年代から1960年代にかけて経済成長が続いたが，一方で都市環境は悪化の一途をたどった．産業活動の拡大と生活の近代化は，大量の廃棄物を発生させ，特に都市域ではその処理が問題となった．

大気汚染問題は，ロサンゼルスで顕著であった．自動車や工場から排出される窒素酸化物や炭化水素が紫外線と作用してオキシダントを出す，光化学スモッグがたびたび発生した．光化学スモッグが発生するとのどや目に影響を与えるが，ロサンゼルスでの出現数が多く，同種の大気汚染は「ロサンゼルス型大気汚染」と呼ばれるほどであった．

都市の気温は，工場やオフィスビル，自動車から排出される熱，道路の舗装化による不透水層の増加，高層建築物の集積による風速減，緑地や植生の減少などの複合的な要因によって，郊外や農山村地域より高温になる傾向がある．これをヒートアイランド現象と呼ぶが，アメリカ合衆国では，都市の発展に伴って都市気温も上昇した．

7.4.2 社会的な都市問題

社会的な都市問題は，人種・民族別の都市居住パターンと密接に関係した．新規の移民は，その多くが十分な資産をもたず，大部分が都市域に流入した．落ち着く先は，インナーシティの安アパート街であり，そこはえてして居住環境が悪かった．しかし，彼らは共助の精神を発揮して独自のエスニックコミュニティを形成し，居住環境の悪さを克服しようと努めた．他方，失業率の高さやそれと関係する家族維持の困難さは，時に麻薬や犯罪の問題を引き起こした．

新規移民集団や黒人の流入は，多くの場合，地域社会を変容させた．地区内の人種・民族的少数派集団の人口比率がある程度の高さに達すると，白人の地区外流出が顕著になるといわれる．その結果として，新たなエスニックコミュニティが形成される．

写真7.5　シカゴ　中心部の商業地区（2023年9月筆者撮影）

19世紀前半以降，主としてアメリカ北東部の都市部に入ったアイルランド系移民は，社会の底辺で，建設労働者や未熟練工場労働者として働いた．彼らの居住環境は劣悪であった．水道は引かれておらず，下水は道路に流れ出た．この不衛生な環境は，伝染病の流行を招いた．例えば，大都市を襲ったコレラの最大の犠牲者を出した地区は，アイルランド系の移民地区であった．彼らは，プロテスタントのアングロサクソン系の先着移民とは異なり，カトリック教徒が大半であった．そのため，ホスト（主流派）社会からあからさまな差別と蔑視を受けた．ボストンでは，アイルランド系の修道院の附属学校が放火される事件もあった．アイルランド系移民に対する排撃行動は，19世紀の半ばにはピークに達した．しかし，アイルランド系移民は英語能力があり，集団としての団結力も強かったため，次第に都市社会における地位を上昇させていった．熟練工も増え，事務職や専門職に就くものも現れた．警察や消防といった公共部門にも広く進出し，1880年代には都市政治に大きな影響力をもつようになった（野村，1992）．

7.4.3 社会運動と再開発

1950年代には，「異議申し立ての時代」を迎える．この頃，北東部，中西部，そして西部の大都市は，主として南部の綿作の機械化によって小作農の職を失い流入した多くの黒人人口を抱えるようになった．例えば，ニューヨークの黒人人口は，1940年には50.4万人であったが，1970年には3.3倍の166.7万人に増加し，シカゴの黒人人口は，同期間に27.8万人から4倍の110.3万人へと増加した（表7.2，図7.5）．これらの黒人たちは，19世紀のアイルランド系と同様に，そのほとんどが都市部のインナーシティの住民となった．シカゴでは，20世紀に入り，都市中心部と隣接するゲーリーへと連なる工業地帯に近い，市南部に多くの黒人が居住するようになり，ブラックベルトが形成された．その後もこれらの都市の黒人人口は増加を続け，2022年には都市圏でみて多い順に，ニューヨーク360万人，アトランタ220万人，シカゴ170万人となった．

この異議申し立ての時代は，都市部の少数派にも光を与えることになった．少数派に職場や学校の一定の割合を割くアファーマティブアクション（積極的差別是正措置）の導入は，それまで社会的上昇を阻まれていた人々の生活改善に寄与した．しかし，その恩恵は高校や大学卒の学歴をもつ人々に限定され，学歴のない者たちの不満は，時に暴動となった．1964年にはニューヨークで，1967年にはデトロイトで大規模な暴動が発生し多数の死者を出す事態となった（野村，1992）．これら一連の人種・民族暴動は，アメリカ社会を大きく動揺させた．デトロイトでは，人種・民族摩擦を嫌って，都市中心部やその周辺から，多くの企業や白人層を中心に中間層以上の住民が郊外へ流出し，中心部は長く荒廃した．

1970年代，日本の追い上げもあって，アメリ

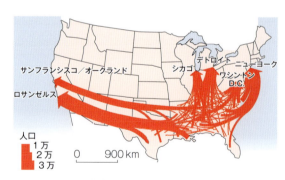

図7.5 アメリカ合衆国における黒人の移動（1965～1970年）
菅野ほか（1987）に加筆．

表7.2 アメリカ主要都市の黒人人口の推移（1940～1970年）

都市	1940年	1970年	都市	1940年	1970年
ニューヨーク	504	1667	デトロイト	149	660
フィラデルフィア	251	654	クリーブランド	85	238
ピッツバーグ	62	105	セントルイス	166	254
ニューアーク	52	207	インディアナポリス	56	134
シカゴ	278	1103	シンシナティ	51	125

単位：千人．McKee (1985) により作成．

カ合衆国は不況に苦しんだ．ニューヨークをはじめとする大都市は，企業や住民の郊外流出による税収不足から，福祉や公共交通への投資縮小を余儀なくされた．一方でインナーシティには，郊外化の波に乗れない高齢者や低所得者が滞留した．アメリカ合衆国の都市社会は，このような状態がさらに衰退を招くという悪循環に陥った．

しかし，その後1980年代から1990年代にかけて，経済の回復とともに大都市の中には，新たな発展をみせるところも出てきた．その鍵は，経済のグローバル化への対応と再開発であった．前者に関しては，世界都市化と関係している．世界都市をめぐる議論は，ジョン・フリードマン(Friedmann, 1986)らが提出した仮説がもとになっている．都市の変化は，その都市が世界経済とどのように結合し，そこでどのような役割を果たしているかと密接に関わっている．その役割とは，企業等の本部機能，国際金融機能などからなる．世界都市はこのような機能をもっており，ニューヨーク，シカゴ，ロサンゼルスが第一次中核都市に，サンフランシスコ，ヒューストン，マイアミが第二次中核都市にあたるとされる．特にニューヨークは，世界を代表する都市として，さらなる発展をつづけた．

世界都市はグローバル経済の発展に寄与した一方で，都市群と当該都市に問題も発生させた．前者に関しては，世界都市化した都市とそれ以外の都市との間の成長格差であり，後者に関しては，世界都市内部での社会の二極化問題である．

世界経済の動きに乗り遅れた都市は，衰退する危険性を高めることになった．デトロイトがその典型である．デトロイトは，地域的には中西部を，産業的には自動車産業を代表する都市である．ビッグスリーと呼ばれる，ゼネラル・モーターズ，フォード，クライスラーの3大メーカーは，すべてデトロイトに本拠をおき，地域経済のみならず，アメリカ経済を長期に渡って牽引してきた（写真7.6）．しかし，上述した人種・民族暴動と，日本メーカーの追い上げによるアメリカ自動車産業の斜陽化により，デトロイトはその輝きを失った．2008年秋のリーマンショックに端を発した世界同時不況は，ゼネラル・モーターズとクライスラーを破綻させるほどの影響力があった．ニューヨークの金融街ウォールストリートに本拠をもつ金融機関も大きな損失を受けたが，その回復は製造業に比べると比較的早かった．

一方で，世界都市内部の二極化は，この間，継続的に進行していた．世界都市には，世界を代表する大手企業（多国籍企業）の事業所が集積し，いわゆるビジネスエリートたちが多く集まる．他方，超近代的なオフィスビルを裏方で支える，警備，清掃などに携わる労働者も同時に必要である．また，顧客対応など比較的単純な事務作業（バックオフィス業務）は，都市郊外や地方，さらに人件費の安価な海外に移転され，中間労働者の職場が都市内部から外部へ流出した．中間職の減少により，社会的上昇は年々困難になっていった．事業所サービス業に従事する労働者は，非正規労働者である場合が多く，賃金も低く抑えられ，その生活は不安定である．

そして，新規移民や低所得者層が多く暮らす安価なアパートは，特に1990年代以降，ジェントリフィケーション（gentrification）と呼ばれる都市内部再開発によって，その一部が主として民間の開発業者の手で高級オフィスビルや高級マンションに建て替えられていった．元々そこに暮らしていた人々の多くは，上昇した家賃を負担できず，住み慣れた地区を出て行かざるを得なかった．一方，都市郊外では，1980年代半ば以降，ゲイテッドコミュニティ（gated community）と

写真7.6　デトロイト　ゼネラルモーターズ本社（2000年3月，筆者撮影）

7.4 都市問題と社会運動，再開発　　75

呼ばれる高級住宅街が増加した．カリフォルニア州オレンジ郡にあるコト・デ・カーザと呼ばれる地区は，1.4万人が暮らすアメリカ最大級のゲイテッドコミュニティである．ゲイテッドコミュニティは，全体が塀などで囲われ，許可された者でなければ中に入れない．ここには，犯罪や貧困など都市問題とは無縁の空間を自ら作り出そうとする，一部上流層の考え方が反映されている．

　このような状況下，都市社会を底辺で支える人々の不満が時に爆発する．2006年には，不法移民規制への抗議デモがヒスパニック団体の呼びかけによって実施され，大きな運動に発展した．3月にはロサンゼルスで50万人以上が運動に参加した．運動は全国に広がり，全米100以上の都市でデモが行われた．参加者は，ヒスパニックのみならずアジア系にも広がり，広範囲の運動となった．しかし，その後も都市部の黒人を中心に，人種・民族問題が根強く存在する．2020年5月には，ミネソタ州ミネアポリスで黒人男性が警察の暴力により命を失い，"Black lives matter."の呼びかけが世界的な広がりをみせた．

　2020年初頭からは，新型コロナウイルスの感染が世界的に拡大し，アメリカ都市も大きな影響を受けた．一方でその地域差も大きく，2021年の4月には，感染者数上位10都市のうち9都市を，中西部ミシガン州の都市が占めた．デトロイト都市圏では1週間で2.5万人以上が感染し，人口10万あたりの感染者数は全米平均の4倍以上を示した．

　そして今，アメリカ合衆国の都市に求められているのは，公正な都市社会の実現である．社会の二極化が進行するなかで，それをいかに停止させ，より平等な方向へ反転させるか，アメリカ社会は重要な岐路にある．2009年には，アメリカ史上初となるアフリカ系の民主党候補オバマ氏が大統領に選出された．"We can change."をキャッチフレーズにした彼の主張は，アメリカ人のみならず世界の人々の心を捉えた．しかし，アメリカ社会の分断はさらに深刻度を増している．2016年には，"Make America great again!"をキャッチフレーズに共和党からトランプ氏が，中西部旧工業地帯の「忘れられた」白人労働者層をはじめ広範な支持を得て当選し，2020年にはバイデン氏が民主党候補として大統領職を奪い返したが，アメリカ社会の分断は続いている．

〔平　篤志〕

•••••••••••• 課題学習 ••••••••••••

❶ アメリカ合衆国の最大都市はニューヨークであり，首都ワシントンではない．それはなぜであろうか．

❷ ウォルマート，アマゾン，アップルをはじめ，アメリカ合衆国だけでなく世界を代表するアメリカの多国籍企業が本社を地方都市におくのはなぜであろうか．

❸ 大統領選挙にみられるように，アメリカ合衆国においては，都市部と農村部の居住者の考え方に大きな違いがあるのはなぜであろうか．

文　献

菅野峰明ほか（1987）：地理的情報の分析手法，248p，古今書院．

北川健次 編（2004）現代都市地理学，211p，古今書院

平　篤志（2005）：日本系企業の海外立地展開と戦略，209p，古今書院．

富田和暁（1985）：地域的都市システム．最近の地理学（坂本英夫 編），pp.154-163，大明堂．

野村達郎（1992）：「民族」で読むアメリカ，241p，講談社．

DeBres, K. and Sowers, J. (2009): The emergence of standardized, idealized, and placeless landscapes in Midwestern main street postcards. *Professional Geographer*, 61: 216-230.

Dostrovsky, N and Harris, R. (2008): Style for the Zeitgeist: The stealthy revival of historicist housing since the late 1960s. *Professional Geographer*, 60: 314-332.

Friedmann, J. (1896): The world city hypothesis. *Development and Change*, 17, 69-83.

Harvey, D. (2003): *Paris, capital of modernity*, 384p, Routledge.〔大城直樹・遠城明雄 訳（2006）：パリ，モダニティの首都，435p，青木書店〕

McKee, J. O. (1985) *Ethnicity in contemporary America: A geographical appraisal*, 284p, Kendall Hunt.

Pred, A. (1977): *City-systems in advanced economies*, 258p, Hutchinson.

8 生活様式と生活文化

アメリカ合衆国はヨーロッパやアフリカをはじめとして，アジアやラテンアメリカからさまざまな集団が異なる時期および地域に移り住んだため，人々の生活様式や生活文化が多様である．このうち，西ヨーロッパから信仰の自由を求めて移動してきた人々が建国に大きな影響を与えてきた経緯から，キリスト教が中心的な宗教となっている．また，大型ショッピングモール，モータリゼーション，ファストフード，プロバスケットボール（NBA）など，アメリカ合衆国で開発・発展したサービスや娯楽は，今では世界各地に広く浸透し，影響を与えている．本章はアメリカ合衆国の生活と文化をめぐる独自性や課題について，アメリカ的生活様式，宗教の地域差，食文化，スポーツの4点から検討する．

ケンタッキー州レキシントンのバンガロー式の住宅．筆者はここで合計4年住んだ（2005年4月，筆者撮影）．

8.1 アメリカ的生活様式

アメリカ的な生活様式を日本の生活様式と比較すると，どのような共通点や差異が見えてくるだろうか．また，そこにはどのような理由や背景があるのだろうか．「アメリカ人」，あるいは「アメリカ的生活様式」とひとくくりに単純化して議論することは，そこに内在する多様性を見逃す危険性があるが，本章はそのことに注意を払いつつ，アメリカ合衆国の独特な生活様式について検討していく．

8.1.1 買物行動と金融資産からみる生活様式

アメリカ人の生き方，そして人々の日常生活は，総じて合理的なしくみで展開している．食材などの日用品を頻繁に買物へ行くのが珍しくない日本とは異なり，必要な買い物は週に1度のまとめ買いで済ませることが多い．アメリカ合衆国のスーパーマーケットでは，日本のスーパーマーケットに並ぶ買い物カート3つ分ぐらいの大きさのカートを押しながら，購入する食材や生活用品で満杯にして店内を回る人があふれている．一人一人の購入量が非常に多いため，買い物客は精算時にレジの前にあるベルトコンベアに商品を載せていき，店員が次々とそれらのバーコードをスキャンして支払いに進んでいく．少量の買い物をする客を対象としたセルフレジは1980年代にアメリカで開発され普及した（Meyersohn, 2022）．

アメリカ合衆国では20世紀後半から全国各地でショッピングモールが次々に建設され（写真8.1），特に大都市郊外には広大な商圏を持つモールが消費社会に大きな影響を与えてきた．しかし，1990年代後半から次第に普及したインターネットショッピングによって，多くの買い物がネットを通じて行われるようになった．それは，大型小売店大手のウォルマートやターゲットも例外ではない．

郊外で大規模な店舗面積を保有していた大型店やショッピングモール内の店舗は，顧客が次々にネットの利用へ移行し，来客数が減少した結果，現在はどの店舗もオンライン販売への対応を強化

写真8.1 ミネアポリス郊外モールオブアメリカの内部（2015年，筆者撮影）

している．近年は全国展開していたチェーンストアが倒産し，デパートも多くの不採算店舗を閉鎖するなど，かつて消費の中心であった旧来の小売業は苦戦を強いられている．

しかし，このような変化もアメリカ的な生活様式らしいといえる．なぜなら，多くの人々にとって，時間をかけて店舗まで行って買物をして持ち帰るよりも，インターネット上で購入して自宅に届けてもらう方が，時間的に効率的であるからである．近年，日本で「タイムパフォーマンス」という言葉が言われるようになったが，アメリカ合衆国の生活様式はそれを重視した合理的なしくみそのものである．

また，アメリカ合衆国では日本で「キャッシュレス」という言葉が広まるよりもはるかに前から，クレジットカードやデビットカードが普及しており，現金を使用しない支払いも珍しくない．盗難の危険がある小銭や紙幣が入った財布を持ち歩くことなく，カード1枚で簡単に買い物ができるのは，非常に便利な流れであり，近年はスマートフォンやスマートウォッチへ支払いの役割が移ってきた．かつては現金を用いずに小切手（チェック）で代金を支払うことも一般的であったが，近年はその利用も減少している．

さらに，アメリカ合衆国では分割払いによる買い物が普及しており，大手量販店から自動車会社や航空会社まで幅広い業種の企業が顧客を誘導するために，割引クーポンや低金利やボーナスマイルを特典として積極的にクレジットカードを発行している．大きな買い物をすることなく多くの航空会社のクレジットカードと契約して，大量の特典マイルを集めて特典航空券や景品を獲得した経験から，アルゴリズムの問題を指摘した Zook & Graham（2018）の実践は，アメリカ合衆国のようなカード普及型社会だから実現したといえるかもしれない．

周知のとおり，クレジットカードは個々の信用を基にして代替的な支払いが保証されており，指定期間内に利用金額未満しか払わなかった場合は残金が繰り越され，それに利息がつく．一度や二度の買い物につく利息は多額でないかもしれないが，カード発行会社が毎月定める最低金額ずつしか払わずにいると，いつのまにか利払いのためだけに延々とカード代を支払い続けることになる．いわゆる分割払いやリボルビング払いはアメリカ合衆国で広く行われているが，これが結果的にクレジットカードローンを増やす一因にもなっている．

連邦準備銀行（FRB）の報告書によると，アメリカ合衆国のクレジットカードによる負債は1兆1200億ドルにも達しており，カード債務は深刻な課題である（Wolny, 2024）．2008年にアメリカ合衆国で発して世界経済に影響を与えた金融危機も，もとはといえば低所得者層向けの高金利ローン（サブプライムローン）の不良債権化が原因であった．負債が発生する背景には，日用品の購入から住宅や自動車の購入，家族旅行などの大型出費までさまざまだが，これは借金への抵抗が日本よりも少なく，消費に煽られて「先に買って後で払う（buy now, pay later）」ことを良しとするアメリカ社会の特徴が存在する．

他方で，先住民の土地を奪いながら西部への開拓を続けたアメリカ合衆国では，フロンティアが消滅した後に都市へ人口が集中した．今に至るまで持ち家志向が強く，マイホームを持つことはアメリカ生活の重要な基盤とみなされている．日本でみられるようなマンションは，大都市中心部や郊外都市の公共住宅を除くとほとんどなく，大多数は平屋の一戸建てである．2022年の持ち家率は65.8%で，コロナ禍前の2019年の64.6%を上回り，2016〜2022年の推移では特に35歳以下の若い世代の持ち家率が上昇した（Callis, 2023）．

アメリカ合衆国では家屋や敷地をきちんと管理していれば中古住宅でも十分な資産価値を持ち，値段が下がることはあまりないため，住宅市場は日本のような新築一辺倒ではない．若者が就職してまもない時期に中古住宅を購入し，十分な価値がついた状態で売却して新たな住宅へ転居することも珍しくない．この点は，「ローン地獄」と言われる日本のマイホーム購入と大きく異なる．

アメリカ合衆国の生活でもう1つ特徴的なことは，引越しが多いことである．Doyle（2023）に

よると，アメリカ人は生涯に平均11.7回引越しをしており，特に18歳から45歳までの間に引越す回数が多い．筆者も大学院留学した際，6年半の滞在で5か所に住み，4回の引越しを経験した．そのたびに友人らに手伝ってもらったが，「アメリカでは院生が引越しに慣れているから作業も早いよ」と言われたことがとても印象に残っている．アメリカ合衆国では賃貸物件では礼金制度がなく，敷金のみ支払う1年単位の契約が基本で，退去時に物件の大きな破損がなければ全額返金されるため，新しい物件へ引っ越すハードルが低い．価格や住環境や通勤など，さまざまな要素を考慮しながら住まいを変えていくことが可能で，それゆえに移動性が高いのがアメリカ人の生活様式の特徴と言える．

生活に関連して，もう1つ大きな特徴は，家族と過ごす時間をとても大切にすることである．日本では親の仕事や子供の塾・部活動などの事情で，家族全員で食卓を共にする機会が限られている家庭は珍しくないが，アメリカ合衆国では残業労働が日本に比べて少なく，学校での課外活動も著しく遅くなることはないのと，大都市の一部を除いて塾へ行く習慣はないため，家族全員で夕食をとることをとても大事にしている．このことには階級的な差異がみられ，高学歴の親をもつ家庭ほど家族で過ごす時間を大事にすることが顕著な状況を，パットナム（2017）が指摘している．

最後に，アメリカ合衆国の金融資産について確認する．日本銀行調査統計局（2023）によると，日本では家計の金融資産の半分以上が現金・預金（54.2%）で，保険・年金・定型保証（26.2%），株式等（11.0%）と続く．アメリカ合衆国では家計の金融資産で最も多いのは株式等（39.4%）で，保険・年金・定型保証（28.6%）が続き，現金・預金（12.6%）は投資信託（11.9%）よりわずかに多いにすぎない．アメリカ社会では個人が自身の資産形成のために積極的に株式投資を行っていることが一般的で，先に述べた住宅の売買と通じる傾向と言える．

8.1.2 移動と交通からみる生活様式

どの都市圏でも公共交通機関が普及している日本と比較して，アメリカ合衆国では一部の大都市を除いて通勤の大半に自家用車が利用されている．東部のボストンやニューヨークやワシントンDC，および中西部のシカゴのように，都市の発展と公共交通機関（主に地下鉄）の整備が同時に進行した都市を除くと，人々の移動は今も自家用車の利用に依存している．これは国土が広いことも影響しているが，「個人の移動の自由」に重きを置くアメリカ人の生き方にとって，自動車は非常に便利な存在なのである．

実際に，アメリカ合衆国では今も労働者の8割以上が自家用車を利用して通勤している．公共交通が整備されていればよりスムーズかつ迅速に移動できる程度の距離も，公共交通がないために自家用車に頼らざるをえない．他国と比較して公共交通が脆弱な点を克服するため，都市内部にLRT（Light Rail Transit：軽量軌道交通）を新設する都市も増えている．オレゴン州ポートランド，ワシントン州シアトル，ミネソタ州ミネアポリスなどのように，市の中心部から主要空港やショッピングモールまでを結ぶ，利便性が高い路線も増えつつある（写真8.2）．

自らの移動手段を選択できる大人は，必要に応じて自家用車か公共交通を選択して利用することができるが，アメリカ合衆国の公共交通はある程度の規模以上の都市に限定されているため，それがない都市や農村では自動車しか移動手段がない．そのため，子供の送迎は必然的に大人の役割となる．日本のように小学生の子供一人で塾に通

写真8.2　ポートランド市内を走る路面電車．空港からダウンタウンまで直結（2015年3月，筆者撮影）

うことは，この国では考えられない行為である．

このような背景から，アメリカ合衆国では多くの州で16歳から自動車運転免許の取得が可能で，地域によっては自家用車で通学することを認めている学校も珍しくない．高等学校の上級生になり自動車が運転できるようになると，格段に移動の自由が増すため，デートや遊びにもてはやされる．しかし，高校生を含めた若者の運転は事故を起こしやすく，自動車保険は若者の被保険者に対して非常に高く設定されている．また，アメリカ合衆国では25歳以上でないとレンタカーが利用できないのが一般的である．

近年はアプリで配車を可能としたウーバー（Uber）やリフト（Lyft）が急速に発展し，自家用車を持たない者にとって移動の利便性が格段に向上した．また，18歳以上になると，ジップカー（ZipCar）と呼ばれるシェアリングカー（短時間レンタルできる自動車サービス）が利用できるようになり，自家用車を保有する必要性は次第に低下している．とはいえ，都市を離れると公共交通機関がほとんどないため，農村地域では自家用車が今も必須である．

他方で，コロナ禍を機に，世界各地で自転車の利用者が急増したが，アメリカ合衆国でも大都市を中心に自転車の利用者が増加した．さまざまな都市が自転車利用者のために側道などを整備し，その結果，自転車による死傷者も大幅に減少した．健康維持のため運動する意識が高く，他方で公共交通の整備が十分でないアメリカ合衆国においては，坂道が多いサンフランシスコなど地形的な制約を抱える都市を除けば，通勤などで自転車を利用する者が増加する傾向は今後も続くものと考えられる．

最後に，飛行機と旅客輸送についてみると，アメリカ合衆国では1980年代から2000年代にかけてさまざまな航空会社の倒産や買収および吸収合併が進み，現在はユナイテッド航空，アメリカン航空，デルタ航空の3社が三大エアラインとして君臨している．それぞれの航空会社は自社の拠点とするハブ空港を全米各地の大都市に持ち，中小都市から飛行機を利用する場合は，いったんハブ空港へ飛んでから他の主要都市へ飛ぶという移動が一般的である．このうち，ユナイテッド航空はサンフランシスコ，ロサンゼルス，デンバー，ヒューストン，シカゴ，ニューアーク，ワシントン・ダレスがハブ空港となっており，同様にアメリカン航空はダラス・フォートワース，シャーロット，マイアミ，ボストン，ニューヨーク（JFK）など，デルタ航空はアトランタ，シアトル，ミネアポリス，デトロイト，などがハブ空港である．さらに，いずれの航空会社も海外の航空会社と連携しており，ユナイテッド航空はスターアライアンスグループ，アメリカン航空はワンワールドグループ，デルタ航空はスカイチームグループのメンバーである．

近年はLCCと呼ばれる低価格の航空会社も普及しており，その中ではサウスウエスト航空がもっとも知られている．テキサス州に拠点を置くサウスウエスト航空は大手航空会社があまり利用しない大都市の第2空港（例えばシカゴのミッドウェイ空港など）を積極的に活用して，主に中距離の路線を幅広く展開している．

8.2 宗教の地域差

英国教会の支配から逃れて大西洋を渡ってきた清教徒（ピューリタン）がニューイングランドの主流派をなしたときから今に至るまで，アメリカ合衆国ではキリスト教が中心的な宗教である．プロテスタントがキリスト教徒の多数派であるが，メキシコ・ドイツ・アイルランド・イタリアなどから多くの移民が渡ってきた影響から，カトリックも一定程度の割合を占めている．中でも，スペイン人が早くから入植した南西部の地域では，歴史あるカトリック教会が共同体の重要な基盤となった（写真8.3）．

2014年に3万5000人以上の調査を行ったピューリサーチセンターの発表によると，アメリカ合衆国では人口の70.6％がキリスト教徒である．このうち福音派プロテスタントが25.4％，カトリックが20.8％，主流派プロテスタントが14.7％であり，以下，アフリカ系プロテスタント，モルモン教徒，エホバの証人，正教と続く．

写真 8.3 ニューメキシコ州アルバカーキの中心部にあるサンフェリペデネリ教会（2018 年 7 月，筆者撮影）

また，キリスト教以外の信仰をもつものは 5.9% おり，このうちユダヤ教徒が 1.9%，ムスリムが 0.9%，仏教徒とヒンズー教徒が 0.3% と続く．さらに，「何にも属していない（unaffiliated）」と回答する者が 22.8% おり，この中には特定の信仰を持たない者（15.8%），不可知論者が 4.0%，無神論者が 3.1% となっている．何にも属さず信仰を持たない人口は増加傾向にある．

加えて，2013 年から 2020 年にかけて 50 万人以上に調査を行った公共宗教研究所（Public Religion Research Institute, PPRI）の報告書でも，ピューリサーチセンターの発表と類似した傾向がみられる．PPRI のデータによると，白人のキリスト教徒は減少傾向にあり，このうち福音派プロテスタントとカトリックが過去に比べて如実に減少している．他方で，白人で「何にも属していない」人々の割合が一時は 25% を超えていたが，近年はそれより減少している．PPRI によれば，キリスト教徒は平均年齢が 50 歳前後であり，宗派ごとに比較しても全般的に高いのに対し，「何にも属していない」人々は平均 39 歳である．ただし，仏教徒，ヒンズー教徒，ムスリムはこれよりもさらに平均年齢が低く，総じてキリスト教以外の信仰を持つ者が若年層に多いことが読み取れる．

PPRI は宗派別の空間分布も公表している（図 8.1）．それによると，白人福音派プロテスタントは南部州と大平原の南側に多く，白人主流派プロテスタントは中西部と大平原の北部に多い．後者は 19 世紀にドイツ系や北欧系の人々が多く移住してきた地域であり，ヨーロッパから渡ってきたルター派やカルヴァン派の影響が今も残っていることがわかる．また，白人カトリックはニューイングランドと中西部の北部，およびルイジアナ

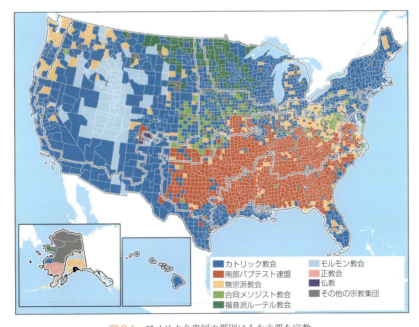

図 8.1 アメリカ合衆国の郡別にみた主要な宗教
出典：https://www.nationhoodlab.org/abortions-regional-divide/

8.2 宗教の地域差 *81*

州に多い．前者はアイルランドからの移民，後者は18世紀中期にフランスの植民地であったアカディア（カナダ北東部）から移ってきた人々が多いことが背景にある．

また，西部のユタ州およびその周辺には，モルモン教徒の割合が高い．ユタ州には，アメリカ東部から迫害を逃れて西へ進み，19世紀半ばにグレートソルト湖近辺へたどり着いたモルモン教徒が広く分布している．モルモン教はジョセフ・スミスを教祖として，キリスト教に独自の解釈を加えたもので，かつては一夫多妻制を認容するなど，カトリックやプロテスタントの伝統と異なる慣習から異教と見なされた．現在はユダヤ教徒と同程度の信者がおり，人口比で約1％を占めているが，その多くが白人である．モルモン教徒は飲酒や喫煙やカフェイン摂取を禁じているが，この禁欲的な慣習はピューリタンに由来する．

なぜ地域によって白人キリスト教徒の構成が異なるのだろうか．これを考えるうえで興味深いのが，ウッダード（2018）の論考である．彼はアメリカ合衆国の歴史を地域ごとに異なる移民集団の背景に着目し，出自や社会的地位が異なる11の人口集団（ネイション）からこの国が形成されたと主張する（図8.2）．彼の分類によれば，東から順に，ニューイングランドを中心としたヤンキーダム，カナダとの東側国境付近を中心としたニューフランス，ニューヨークを中心としたニューアムステルダム，ヴァージニアとチェサピーク湾を中心としたタイドウォーター，南東部海岸に近く旧プランテーション地域である深南部（ディープサウス），アパラチア山脈周辺およびそれ以西の大アパラチア，中西部から大平原までの地域に広く分布するミッドランド，メキシコから国境を隔てて北側まで広く分布するエルノルテ，内陸山岳地域周辺に分布する極西部，ヤンキーが太平洋岸付近に移り住んで形成したレフトコースト，極北部に広く分布するファーストネーションが，現在のカナダとアメリカ合衆国を形成している．それらは互いに協力し合うこともあるものの，歴史的には多くの対立を経験してきたため，現在の北アメリカ大陸の国境は100年後も維持できるものではないという．ウッダードが提示する北アメリカの歴史文化地理は大胆な指摘であり，アメリカ合衆国のさまざまな地域の違いに通じていないとイメージしづらい面もある．ただ，なぜ南部では保守的で共和党を支持する福音派プロテスタントが強い力を持っており，逆にニューイングランドや太平洋岸は民主党を支持する宗教的多

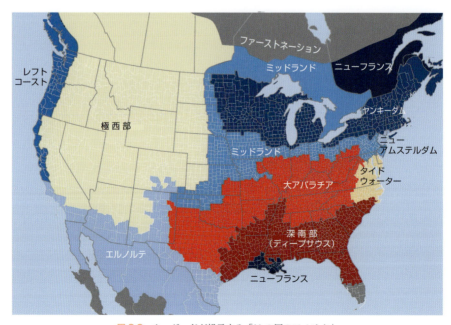

図8.2　ウッダードが提示する「11の国のアメリカ」
出典：Nationhood Lab at Slave Reginu University より．

様性が高い地域となっているかなどを考えると，非常に示唆に富む議論である．

20世紀後半以降，何人かの先駆的なキリスト教伝道師が積極的にメディアを利用するようになり，かれらの説教はテレビやラジオおよびインターネット配信を通じて全米で流れるようになった．ジェリー・ファラウェルやパット・ロバートソンなどが著名である．先述の通り，アメリカ合衆国では特定の信仰を持たない人々が増えているものの，日曜礼拝は敬虔なキリスト教徒にとって重要な生活の一部であり，教会は今も地域住民のコミュニティとして機能している．また，いくつかの影響力のある教会が地域に君臨することによって，数千人もの信徒が集まるメガチャーチが主に福音派プロテスタントの多い南部地域で増えている．これらの教会や信徒の多くが共和党支持者であり，近年「宗教右派」として認知され，選挙においてその影響力を強めている（上坂, 2008）．

● 8.3 食文化

8.3.1 先住民や移民に由来する食文化

アメリカ合衆国の食で何よりも興味深いのは，さまざまな移民集団が持ち込んだ食文化が混ざり合いながら展開していることである．中国やインドに由来するラーメンやカレーが日本で独自の定着と変化を遂げたように，アメリカ合衆国には本来他国で広く食べられていたものが持ち込まれ，それらが広く普及・定着してきた．イギリス由来のサンドイッチ，イタリア由来のピザやパスタ，メキシコ由来のタコスやブリトーなど，さまざまな例を挙げることができる．

広い国土を有するアメリカ合衆国では，地域によって定住した移民集団が異なったため，馴染まれてきた食もさまざまである．ニューイングランドの海岸に近い地域では，ロブスターや牡蠣，そして貝をバタークリーム味で煮たクラムチャウダーが広く食べられている．また，冬季にヴァーモント州を中心とした北部山間地において，サトウカエデの樹液を採集して煮詰めたメイプルシロップは，もともと先住民がヨーロッパ人に伝えた伝統知である．メイプルシロップはプラスチックケースや瓶詰で販売され，年間を通して消費されるが（写真8.4），主産地では冬から早春にかけての旬の味として広く知られている．

19世紀後半から20世紀初頭にかけてイタリア人が多く移ってきた都市には，イタリア人街（リトルイタリー）が形成された．今日では，全米でイタリア料理のピザやパスタが広く食べられているが，中西部のシカゴは特に有名である．何層にもチーズとトマトソースを重ねて焼いた独特のスタイルはシカゴピザとして知られ，普段目にする平坦な生地にトッピングをのせて焼いたピザよりもはるかにボリュームが大きい．

これに対して，人種差別の影響が強く残り，他地域に比べて経済発展が遅れた南部では，ニューイングランドや中西部とは異なる食文化が浸透した．トウモロコシの粒を潰して煮たコーングリッツは広く親しまれているほか，週末に家族で食べる鶏料理が一般的である．また，オクラやインゲンの消費が多く，アフリカから奴隷として渡ってきた人々が多くいたことを示唆する．

ちなみに，日本でよく知られているケンタッキーフライドチキンの発祥は，創設者であるハーランド・サンダース（通称カーネル・サンダース）が，ケンタッキー州南東部のコービンで国道25号線沿いにガソリンスタンド兼モーテル兼レストランを営んだ際に，圧力鍋を使って作ったフライドチキンが評判となって繁盛したことが背景にある．1950年代に入り，アイゼンハワー大統

写真8.4　メイプルミュージアムで販売されているメイプルシロップ（2017年10月，筆者撮影）

領（当時）が全国の州を結ぶ州間高速道路を整備する公共事業を打ち立てた際，多くの人々が新しい州間高速道路 I-75 号を利用して店舗前の国道 25 号線を利用しなくなるという危機感から，サンダースは店の経営権を売却して，秘伝のレシピを持って全国行脚した．苦労の末に契約を結んでレストランがフランチャイズ化したのが，後のファストフード店としての発展につながった．

また，ルイジアナ州にはケイジャン料理として知られる独特の食文化がある．18 世紀後半，カナダ北東部のアカディア人がイギリスの支配から逃れてフランス領ルイジアナに移り住み，「アカディアン Acadian」という呼び名が訛って「ケイジャン（Cajun）」と呼ばれるようになった（第 4 章参照）．ここでは，先に述べたアメリカ南部と同様に，アフリカ人奴隷が持ち込んだオクラやコメの食文化がアカディアの食文化と融合して，「クレオール」と呼ばれるようになった．コメやエビを多く使用するのが特徴で，ガンボというスープやジャンバラヤという炒め物が特に知られている．

さらに，近年はバーベキュー料理も人気である．日本で「バーベキュー」というと屋外で肉や野菜を焼いて食べる料理を想像するが，アメリカ式バーベキューとは鉄製の大型調理器に炭を入れて熱した状態で肉を燻製焼にして，これを細かく切って味付けした料理である．南部の州では豚肉が主流であるが，グレートプレーンズやテキサスでバーベキューと言えば牛肉を指す．また，味付けのソースもトマトソース系か酢をベースとしたソースなど，地域によって違いがある．元々はアフリカ系の貧しい人たちが得られた肉の部位を食するために生まれた調理方法であったが，今では全国的に知られるようになっている（鈴木，2019）．

加えて，近年はアジア系の料理も広く普及して認知度も高まった．かつてはアジア系の料理といえば，比較的安価でテイクアウトの利用が多い中華料理を指したが，今では中華料理だけでなく，日本の寿司やラーメン，ベトナムのフォー，タイのパッタイ，インドカレーなどもスーパーで買うことができるし，レストランも各地に点在している．また，即席麺は安価なヌードルスープとして人気である．特に大都市や郊外都市の高級スーパーや学生街ではエスニック料理店が多くみられ，さまざまな食を選ぶことができる．

郊外都市の一部には，中国系や韓国系など特定のエスニック集団が多く集住するエスノバーブがみられ，地域住民の需要を満たす食材が多く売られている．そのため，アメリカ合衆国にいながら，アジア料理に事欠くことなく生活することができる．

8.3.2 「ローカルフード」への関心の高まり

1990 年代以降，アメリカ合衆国では距離的に近い地域の農産物や食材（ローカルフード）が次第に認知され，現在は各地でファーマーズマーケット（農業者の市場）が開催されている（写真 8.5）．ここでは収穫されてまもない新鮮な農産物が並ぶとともに，さまざまな加工品も販売されており，地域の「旬の食」と接することができる．

第 5 章で示したように，アメリカ合衆国では広大な国土で多様な農産物が適地適作で生産されているが，それらの多くは輸出用もしくは国内卸売市場向けである．これに対して，ファーマーズマーケットで販売される農産物の多くは，地域の小規模農家が多品目を少量生産していることが多い．販売は基本的に対面式であるため，地元の農業者や食品加工業者と交流する機会となるだけでなく，ここでの購入を通じてかれらを支援するこ

写真 8.5　デトロイトのイースタンマーケット．荒天対策として屋内型マーケットが増えつつある（2014 年 8 月，筆者撮影）

とにもなる．ファーマーズマーケットの数はアメリカ農務省が統計を取り始めた1994年からの30年弱で約6倍に増え，現在では都市の規模を問わず，各地でマーケットが定期的に開催されている．

筆者が過去にケンタッキー州で調査した経験を踏まえると，ファーマーズマーケットで消費者が最も旬の農産物として待ちわびるのがトマト，トウモロコシ（スウィートコーン），インゲンであった．インゲンは南部で多く消費される野菜であるため，必ずしも他州でも同じ動向となるかは更なる調査が必要であるが，トマトとトウモロコシはどちらも夏野菜で，どの家庭の食卓にも並ぶ必需品である．このうち，トマトは真赤な大玉やカラフルなミニトマトだけでなく，エアルームと呼ばれる固定種など，日本のスーパーマーケットでは見ることのないさまざまな品種がみられる．

ファーマーズマーケットは多くの場合，市の中心部で週に1～3回開催されている．屋外の広大な敷地にテントを並べて展開するものが多いが，天候に左右されず開催できるよう，屋根つきの施設を新たに整備したマーケットも多い．先述したように，アメリカ合衆国では週に1度食材をまとめ買いするのが一般的であるため，家庭で必要な野菜や果実を毎週ファーマーズマーケットで入手することが可能である．商品価格は安売りで知られる大手スーパーマーケットに比べると高くみえるものの，高級スーパーに比べると手ごろな値段で売られている．また，低所得の人々や幼い子供を抱える家庭がファーマーズマーケットで新鮮な野菜や果物を購入できるよう，アメリカ農務省が主導してファーマーズマーケットで使用できるクーポンを提供している．

8.4 スポーツ

メジャーリーグで活躍する日本人野球選手が連日日本で放送される様子からわかるように，アメリカ合衆国ではスポーツが非常に人気のコンテンツとなっている．スポーツは娯楽として「見る」スポーツと，レジャーとして「プレイする」スポーツの両面から重要な役割を果たしている．本節では前者を中心に論じつつ，後者についても述べる．

8.4.1 商業的なアメリカスポーツ

アメリカ合衆国では野球（MLB）（写真8.6），アメリカンフットボール（NFL），バスケットボール（NBA），アイスホッケー（NHL）の4大プロスポーツが全国的に人気を博している．ニューヨーク，ロサンゼルス，シカゴなどの大都市には4大スポーツすべての球団が本拠地を構えている一方で，1つのプロスポーツしか拠点がない都市もある．例えば，ウィスコンシン州北部に位置するグリーンベイはNFLパッカーズの本拠地であるが，プロスポーツを擁する都市としては最も小さい（人口約15万人）．他方で，野球のマイナーリーグにみられるような下部組織が各地に分布しており，ローカルなレベルでプロスポーツを楽しむことも可能である．

アメリカ合衆国のプロスポーツは地域密着が徹底しており，他地域の出身者を除くと，地元のチームを応援する者が大多数である．各球団のチーム名は動物の名前からとっているものが多いが（例えばシカゴ・カブス，マイアミ・ドルフィンズ，ミネソタ・ティンバーウォルブス，サンノゼ・シャークスなど），地域独自の環境的な特徴，歴史，文化および産業などを背景に名付けたチーム名もみられるのが興味深い特徴である（例えばニューヨーク・ヤンキースやシアトル・マリナー

写真8.6 大リーグデトロイトタイガースの本拠地コメリカパーク．1990年代以降に新設されたスタジアムは，本拠地の都市景観を眺望できる設計になっているものが多い．（2013年9月，筆者撮影）

ズ，サンフランシスコ・フォーティーナイナーズやピッツバーグ・スティーラーズ，ヒューストン・ロケッツやフェニックス・サンズ，カロライナ・ハリケーンズやコロラド・アバランチなど）．

総じて，アメリカ合衆国のプロスポーツは大都市と密接に関わっており，100万人以上を有する都市圏には何かしらのプロスポーツが本拠を構えている．しかし，アメリカ国内には大都市圏を持たない州も多数ある．そのような州では，4大プロスポーツよりも大学スポーツが人気であることが多い．人口規模が小さい西部の州やリベラルカレッジが多く分布する北東部の州を除くと，どの州にも比較的大規模な州立大学もしくは私立大学が立地しており，それらが地域住民にとって熱狂的な応援対象となる．特に中西部，南部，大平原地域では大学スポーツの人気が著しい．

大学スポーツとしてさまざまな競技が行われているが，その中ではアメリカンフットボールと男子バスケットボールの人気が最も高く，商業的に大きな影響力を有している．ミシガン大学やアラバマ大学は，10万人を超える観客を収容するアメリカンフットボール専用のスタジアムを所有することで知られている．大学アメリカンフットボールは毎年8月下旬から徐々にシーズンが開始し，12月末から翌年1月にかけて，各地のリーグ戦を勝ちぬいた上位校が選抜されて対戦し，多くの観客を集めている．

大学バスケットボールは毎年11月頃からシーズンが開始し，大学フットボールのシーズンを終えた後に各地のリーグ戦が本格化する（写真8.7）．3月までのリーグ戦や各校のシーズン全体の勝敗成績を踏まえ，全米で68校が選定され，それらがトーナメント方式で全国大会を戦う．この全米選手権（NCAA Tournament）は「3月の狂乱（March Madness）」とも呼ばれ，アメリカ中のスポーツファンが各試合の結果に注目する．68校から64校に絞られた後に，第1シードから第16シードまでの16チームが4つの地区ブロックでトーナメントを戦うが，下位シードのチームが上位シードのチームに勝ったときはUpset（番狂わせ）と呼ばれ，大いに盛り上がる．

写真8.7 ケンタッキー大学のバスケットボール試合にて．タイムアウトなどの際に，ファンを喚起するさまざまなイベントが行われる（2007年11月，筆者撮影）

さらに，各州の主要大学から遠方に住む人々にとっては，地域の高校スポーツが主要な応援先のチームとなる．どの高校でも毎週木曜か金曜にフットボールやバスケットボールや野球の試合が行われ，生徒の父母はもちろんのこと，地域住民も駆けつけて熱心に応援する．それらの一部は地域のラジオやテレビで中継もされている．

このような流れを踏まえると，アメリカ合衆国のスポーツには独自の空間的な階層性が存在する．すなわち，小規模な都市や町村では木曜か金曜に試合を行う地元の高校が主要な応援先となり，ある程度の人口規模がある州では毎週土曜の大学スポーツ（主にアメリカンフットボールかバスケットボール）が主要な応援先となる．さらに，大都市圏では毎週日曜のプロスポーツの試合（主にNFLやNBA）が主要な応援先となる．週末に行われる試合は多くの視聴者を集める有力チーム同士の対戦もあり，それらは全国テレビネットワークで実況中継される．なお，アメリカンフットボールの試合は，選手の肉体的消耗を考慮して週1回に限定されているが，野球やバスケットボールは週数回ずつ試合が行われており，年間試合数も多い．

8.4.2 各地でプレイされるスポーツ

アメリカ合衆国は日本よりも国土が広いため，レクリエーションとしてスポーツをする機会と空間が多く提供されている．ゴルフは各地で安価にプレイすることができるし，自治体が管理する公

園には何面ものテニスコートやバスケットボールのゴールが多く設置されており，誰もが予約せず自由に使用することができる．さらに，大学や高校などの敷地内にあるテニスコートや野球場も，週末などであれば自由に使用することができる．加えて，民間のスポーツジムも各地に分布しており，ウエイトトレーニングや水泳から屋内のバスケットボールまで，自分の自由な時間に好きな運動ができる．総じて，アメリカ合衆国ではスポーツをする機会に恵まれている．

見るスポーツとしては，先述の４大プロスポーツの影響力が強いが，「プレイするスポーツ」では，バスケットボールに加えてテニス，ゴルフ，サッカーなども人気である．中でもサッカーはルールがわかりやすく，アメリカンフットボールに比べて接触プレイが少ないため，男女を問わず子供にサッカーをさせる家庭が多い．このことが影響して，アメリカ合衆国は過去十数年で世界有数の女子サッカー強豪国になった．

日本に比べて学校での課外活動への関与が少ないアメリカ合衆国では，各自が自由にやりたいスポーツを選んでプレイすることができる．また，生徒や学生は在学時に１つのスポーツだけをプレイするのではなく，シーズンごとにプレイできるスポーツを選択することができる．野球やバスケットボールやサッカーへ人気が集まり，それらの多くにはトライアウト（選抜試験）が設けられるが，人数制限が少ない陸上やクロスカントリーや水泳やレスリングを選ぶこともできる．プロ野球（MLB）とプロフットボール（NFL）の両方からドラフト上位で指名される選手が出てくるのも，複数のスポーツをプレイできるアメリカ合衆国ならではのことなのである．　　　［二村太郎］

・・・・・・・・・・・ 課題学習 ・・・・・・・・・・・

❶ 宗教の地域性はなぜ形成されたのだろうか．

❷ 食文化の多様性はどのようにして形成されたのだろうか．

❸ アメリカ合衆国のファーマーズマーケットではどのような野菜や果物が売られているだろうか．

文 献

上坂　昇（2008）：神の国アメリカの論理：宗教右派によるイスラエル支援，中絶・同性結婚の否認，416p，明石書店．

鈴木　透（2019）：食の実験場アメリカ：ファーストフード帝国のゆくえ，272p，中公新書．

パットナム，ロバート 著，柴内康文 訳（2016）：われらの子ども：米国における機会格差の拡大，384p，創元社．

日本銀行調査統計局（2023）：資金循環の日米欧比較．（2023 年 8 月 25 日）https://www.boj.or.jp/statistics/sj/sjhiq.pdf（閲覧日 2024 年 7 月 1 日）

Callis, R. (2023): Rate of Homeownership Higher Than Before Pandemic in All Regions. Census.gov (July 25, 2023) https://www.census.gov/library/stories/2023/07/younger-householders-drove-rebound-in-homeownership.html（閲覧日：2024 年 7 月 3 日）

Doyle, K. (2023): Here's How Often Americans Move？and How Much They're Spending. Nasdaq (December 29, 2023) https://www.nasdaq.com/articles/heres-how-often-americans-move-and-how-much-theyre-spending（閲覧日：2024 年 7 月 1 日）

Meyersohn, N. (2022): Nobody Likes Self-checkout. Here's Why It's Everywhere. CNN (July 10, 2022) https://edition.cnn.com/2022/07/09/business/self-checkout-retail/index.html（閲覧日：2024 年 9 月 28 日）

Pew Research Center (2020): Religious Landscape Study. https://www.pewresearch.org/religious-landscape-study/database/（閲覧日：2024 年 6 月 30 日）

PRRI Staff. (2021): 2020 PRRI Census of American Religion: County-Level Data on Religious Identity and Diversity. PPRI (July 8, 2021) https://www.prri.org/research/2020-census-of-american-religion/（閲覧日：2024 年 7 月 2 日）

Wolny, N. (2024): Maxed Out: Inside America's Credit Card Debt Crisis――and What We Do Next. CNET (June 12, 2024) https://www.cnet.com/personal-finance/credit-cards/features/maxed-out-inside-americas-credit-card-debt-crisis-and-what-we-do-next/（閲覧日：2024 年 6 月 30 日）

Zook, M. and Graham, M. (2018): Hacking code/space: Confounding the code of global capitalism. *Transactions of the Institute of British Geographers*, **43**(3): 390-404.

9 社会経済的格差と地域活性化

アメリカ合衆国は，新興国が台頭する今なお，世界最大の国内総生産を誇り，世界経済の中枢を担っている．建国理念に自由と平等が掲げられる一方，3億人超の人口を有し，広大な国土を持つこの国の内部には大きな社会経済的格差が存在する．本章では，ケインズ主義から新自由主義への転換という政治経済的なパラダイムシフトを踏まえ，「自由」の名の下で生じる格差拡大の実態と問題点を考える．さらに，移民・エスニシティの視点も交え，都市問題の特性と構造の変容，および BID と呼ばれる地方政府による活性化策がもたらす功罪を検討する．

サンフランシスコ市のフードバンク．貧富の差が激しく，路上生活を余儀なくされる人が数多くいる（2023年9月，筆者撮影）

9.1 経済大国アメリカの格差

9.1.1 新自由主義の台頭と格差の拡大

2023年，アメリカ合衆国の GDP は約 26.95 兆ドルに達し，後続する中国（17.7 兆ドル），ドイツ（4.43 兆ドル），日本（4.23 兆ドル），インド（3.73 兆ドル）を引き離し，世界首位の座を維持した（IMF 2023）．日本は高度経済成長とバブル景気を経て，1968年から 2010年まで世界第2位の GDP を誇ったが，中国に抜かれた後，2023年には円安の急伸もあり，ドイツにも逆転されて第4位となった．他方，アメリカ合衆国は，第二次世界大戦の終結以降，オイルショック，対日・対中の貿易赤字，9.11 テロリズム，リーマンショックなど，幾多の苦境を経験しながらも 100 年以上に渡り，世界の経済を牽引している．しかし，その一方で所得格差を示す指標（ジニ係数）をみると，G7 諸国のうち，アメリカ合衆国の値は最も高く，2018年時点で 0.393 を示した（図 9.1）．ジニ係数は，完全に平等な場合には 0 を，完全に不平等な場合には 1 を示す．数値が高い国ほど，経済格差が大きいことを意味する．すなわち，数値上，アメリカ合衆国の経済格差は先進7か国の中で最も大きい．

社会経済的な格差の拡大は，日本を含む先進国で広く指摘されているが，なぜアメリカ合衆国において，特に顕著な格差が認められるのであろうか．アメリカ合衆国建国以降の変遷に照らし，その構造をみていこう．

1776年，アメリカ合衆国（東部 13 州）はイギリスとの戦争に勝利することで，独立を果たした．後に大統領となるトーマス・ジェファソンが中心となり作成された独立宣言には「すべての人間は生まれながらにして<u>平等</u>であり，その<u>創造主</u>によって，生命，<u>自由</u>，および幸福の追求を含む<u>不可侵の権利</u>を与えられている（下線は筆者によ

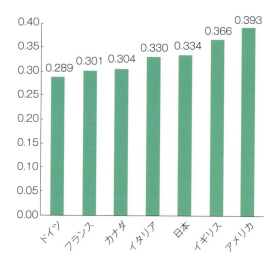

図 9.1 G7 各国のジニ係数（2018年）
世帯可処分所得（所得税と社会保険料を差し引き，各世帯が自由に使える所得）のデータに基づく「再分配所得ジニ係数」を示す．全7か国のデータが揃い，かつ直近の 2018年のデータを用いた．OECD（2023）より作成．

る）」との文言が記されている．封建的なイギリス社会に反発して建国されたこの国は，国家君主（王）にも宗教（教会）にも依らず，それらに先立ち，個人の権利を保障する国家理念をもつ．アメリカ合衆国では，出自に関わらず，実力により夢が叶うと考えられ，「アメリカンドリーム」の言説が浸透した．1848年，カリフォルニア州サンフランシスコの近郊で大規模な金脈が発見され，ヨーロッパやアジアなどの各地から，一攫千金を求めた多数の移民が到着し，ゴールドラッシュが発生したのはその一例である．

その後，第一次世界大戦（1914〜1918年）の間，ヨーロッパの列強が互いに消耗する中でアメリカ合衆国は国力を増強していった．しかし，1929年，ニューヨークのウォール街における株価の暴落に伴い，世界大恐慌が生じると，主に1933年から第二次世界大戦の戦時下に入る1937年までの間，時の大統領フランクリン・ルーズベルトは，ケインズ主義に基づく経済再建政策（ニューディール政策）を採用した．テネシー川流域開発公社（TVA）の設立に代表される公共事業の拡充による雇用創出，貧困・失業者を保護する社会保障制度の充実，銀行に対する救済事業など，政府による積極的な介入により資本主義が迎えた危機からの脱却が試みられた．

第二次世界大戦後も，大きな政府を志向するケインズ主義的な経済政策が採られたが，1970年代，スタグフレーションが生じ，税収の減少と社会支出の増加が深刻化すると，小さな政府への転換が進められた．1981年におけるロナルド・レーガンの大統領就任は，重要な転換点と考えられている．マーガレット・サッチャーが首相を務めたイギリスと同様に，これ以降，新自由主義がアメリカ合衆国の経済政策の基盤となっていった．新自由主義とは，政府による市場への介入を最小限に抑えることで，経済は最も活況し，国民の生活も豊かになると考える経済思想である．米英で主流の考えとなると，その後，他の西洋諸国をはじめ，同盟関係にある日本にも波及した．

日本では，中曽根康弘（1982〜1987年），小泉純一郎（2001〜2006年），安倍晋三（2006〜2007年，2012〜2020年）などの政権下で，日本国有鉄道・日本専売公社・日本電信電話公社・日本郵便公社の民営化，および民間投資を喚起する規制緩和・法人税率の軽減などが行われてきた．

ハーヴェイ（2007）によれば，新自由主義の目的はケインズ主義が有した種々の制約から資本を解き放つことであり，それは個人的自由の大義を装うものであるが，実際には，富裕層に対する税率の軽減，それによる一握りの人間への富の集中をもたらしているという．1970年代から1980年代に，個人所得に関して，最低水準の所得者の税率が10％台を維持した一方，最高水準の所得者の税率は70％から28％に大幅に引き下げられた．

図9.2は，可処分所得額に応じて，総人口を5つに分割した上，各所得集団が全体の所得に占める構成を示す．また，赤色の折線グラフは所得上位5％の人々が全体の所得に占める割合を表す．新自由主義的な政策の導入以前にも，アメリカ社会には確かに格差が存在した．しかし，特に1980年代以降，中間層が減少し，所得上位（第四・第五五分位）の集団と下位（第一・第二五分位）の集団が占める所得の差が拡大している．さらに特筆すべきは，所得上位5％の人々が全所得に占める割合が，16％（1972年）から，18％（1992年），24％（2022年）と大幅に上昇している点であろう．

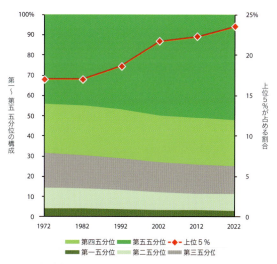

図9.2 アメリカ合衆国における所得分布の推移
U.S. Census Bureau（2023）より作成．

9.1 経済大国アメリカの格差

9.1.2 州・都市スケールの格差

図9.3は，各州において，所得が貧困線の50％未満の人々が総人口に占める割合を示す．プエルトリコ自治領（21.9％）とワシントンD.C.（8.9％）を除く全50州をみると，ミシシッピ州（8.7％），ルイジアナ州（8.5％），ニューメキシコ州（8.3％），ウエストヴァージニア州（7.6％），ケンタッキー州（7.3％）の順に高い．貧困は，黒人やヒスパニックが集中する南部の州に特に集積している．

2005年8月，アメリカ合衆国南部を直撃した大型のハリケーン「カトリーナ」は，特にルイジアナ州で猛威を振るった．黒人の貧困層を中心に，災害リスクの高い地域に住むとともに，自家用車がないために逃げ遅れた人々などが多数犠牲となった（第2章参照）．だが，水害による直接的な被害のみならず，その影響は公教育の改変にも及んだという（クライン，2011）．発災後，ニューオーリンズ市では，既存の公立校システムを再建するのではなく，チャーター・スクール制度の積極的な導入が試みられた．この制度は，義務教育の学校運営に市場競争原理を導入し，私立校にも生徒数に応じた公的援助金を支給することで，学校間の競争を図るものである．

発災から1年7か月後には，民間運営のチャーター・スクールへの移行がほぼ完了したとされる．災害前，123校あった公立校は4校に減少した一方，チャーター・スクールは7校から31校に増加した．これとともに，多くの教員が職を失ったと言われる．また，本来，被災者の救済にあてられるべき公的資金が，公教育制度の解体と民間運営への移行に流用された点からも政府の対応への批判が生じた．クラインは，こうした災害や戦争のような壊滅的な出来事が発生したとき，それを制度改変のまたとない好機と捉え，平時では困難であった公共領域への市場経済の侵入を「惨事便乗型資本主義（Disaster Capitalism）」と呼んだ．

貧困は大都市でも認められる．所得ベースで算出される貧困率を指標としてみると，三大都市圏を有するニューヨーク州，カリフォルニア州，イリノイ州は，それぞれ6.5％，5.7％，5.7％であった．これらの値も決して低くはないが，図9.4のジニ係数の分布からは，都市の社会経済的な歪みを明瞭に読み取れる．プエルトリコ自治領（0.544）とワシントンD.C.（0.517）を除くと，ジニ係数はニューヨーク州（0.515）で最も高く，コネティカット州（0.499），ルイジアナ州（0.495），カリフォルニア州（0.490），マサチューセッツ州（0.488）がそれに続いた．イリノイ州（0.481）も高い値を示し，全50州のうち第7位であった．ニューヨーク市の人口は，ニューヨーク州の総人口の約44％を占める．このことからも，大都市における社会経済的格差が示唆される．

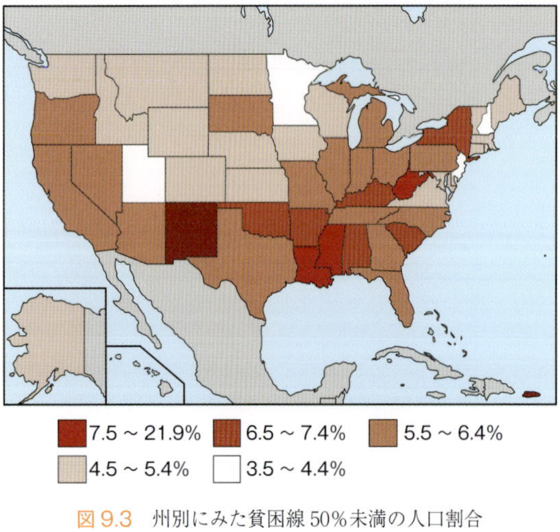

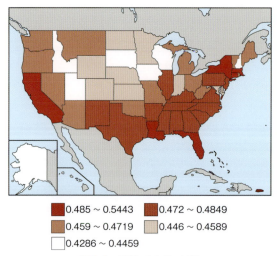

図9.3 州別にみた貧困線50％未満の人口割合
U.S. Census Bureau（2023）より作成．

図9.4 州別にみたジニ係数
U.S. Census Bureau（2023）より作成．

2022年時点，アメリカ合衆国では合計58万2462人のホームレスが確認された（U.S. Department of Housing and Urban Development, 2022）．その内訳は，シェルター入居者34万8630人，路上生活者23万3832人であった．州別のホームレス数をみると，その分布が国内においても一様でないことがわかる（図9.5）．

　ホームレスの人々は都市部で多く認められる傾向にある．50の主要都市に全ホームレス人口の50.3％が集積した．中でも，その数は温暖な西部や南部の都市に集中し，ロサンゼルス市やサンフランシスコ市が位置するカリフォルニア州では，最多の17万1521人が認められ，ニューヨーク州（7万4178人），フロリダ州（2万5959人），ワシントン州（2万5211人），テキサス州（2万4432人）が続いた．カリフォルニア州の全ホームレス人口のうち，67.3％（11万5491人）がシェルターに入っていない路上生活者であり，全50州で最も高い割合を示した．他方，ニューヨーク州の値は5.4％（4038人）にとどまり，下から3番目の第48位であった．

　西部や南部の温暖な気候は路上での生活を成り立たせるが，近隣環境への影響のみならず，ホームレスの人々の健康面からも路上生活にはさまざまなリスクがあり，適切な介入が必要である．安易な路上からの排除ではなく，彼・彼女らに寄り添う形での支援が求められている．サンフランシスコ市のテンダーロイン地区では，フードバンク（食料配給所）のほか（口絵写真），移動式の公衆トイレも設置されている．2023年秋に筆者が調査した際には，COVID-19とインフルエンザの検査会場も設けられていた．

　シリコンヴァレーに近接する同市では，2000年代以降，GAFAMなどのテックカンパニー（IT系企業）で働く高給取りの人々が出現した一方，格差が深刻化し，そこからこぼれ落ちた人々が路上へと放逐されている．2020年に始まったパンデミック以降，状況はさらに悪化しているとされる．こうした状況下，行政や非営利団体などによる，社会サービスの一層の拡充が求められている．

9.2 「インナーシティ問題」
—1960年代まで—

　それでは，アメリカ合衆国の都市問題はいつから生じ，どのように展開してきたのだろうか．ここからは都市に焦点を絞り，その経過をみていきたい．

9.2.1　都市内部の環境悪化と白人の郊外化

　18世紀末，イギリスで起こった産業革命は，その後，世界各地に波及した．アメリカ合衆国では，19世紀末以降，北東部，および中西部の都市を中心に工業化が加速した．一次産業から二次産業への転換とともに，労働需要は都市に集積していった．特に中西部の都市には，雇用機会を求め，東・南ヨーロッパやアジアなどからの新たな移民集団，さらには南部で残存していた奴隷制から解放された黒人など，多様な出自をもつ人々が流入した．シカゴをはじめ，大都市のCBDの外縁部には，工場地帯と工場労働者の集住地区が形成された．こうした地区一帯はインナーシティ（inner-city）と呼ばれ，投資の減少・撤退をはじめ，官民によるネグレクトに起因し，住宅の老朽化，犯罪発生率の上昇など，さまざまな社会問題が表出した．

　先住民の地に築かれた，移民国家・アメリカ合衆国で生じる社会問題は，これまで人種・エスニ

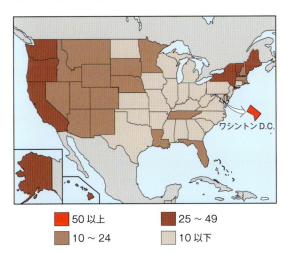

図9.5　人口1万人あたりのホームレスの割合
U.S. Department of Housing and Urban Development (2022) より作成．

シティの問題と不可分であり続けてきた．この国において，イギリス系の人々は，1754～1763年に英仏間で生じたフレンチ・インディアン戦争での勝利を経て，北米での覇権を握ると，1776年，イギリスからの独立を果たした．アメリカ合衆国において，WASP（White Anglo Saxon Protestant）の人々は，歴史的に主流派の集団として位置づけられてきた．20世紀前半までは，アイルランド系，オランダ系，ドイツ系など，他の北西ヨーロッパ系集団がイギリス系に次ぐ優位な集団と考えられ，その下に東南ヨーロッパ系が布置された．当時は，東南ヨーロッパ系の人々でさえ，白人として定義されておらず，差別の対象であった．アジア系やアフリカ系などは，それよりもさらに劣位にあるとみなされた．言うまでもなく，こうした一連の階層性は，人種差別主義（racism）に根差した，きわめて不合理かつ非人道的なものであるが，残念ながら確かに存在したし，人種差別主義そのものは21世紀の今なお，完全には消失していない．とは言え，エスニックマイノリティを取り巻く20世紀半ばまでの状況は，現代よりも一層明白で苛烈なものであった．

こうした状況下，1910年代から1920年代，パークを中心とするシカゴ大学の研究者らは，当時工業化が目覚ましかったシカゴをフィールドに，都市の研究に着手した．バージェスは，社会経済的地位，人種・エスニシティなどに注目し，都市住民の居住分布を抽象化し，同心円地帯モデル（第7章を参照）として発表した（Burgess, 1925）．CBD（図中の第Ⅰ地帯）の外側に広がるインナーシティ（第Ⅱ地帯：漸移地帯）では，工場から排出される煤煙が居住環境の悪化を引き起こしていた．また，郊外に比べて建設年代が古く老朽化したこの地区のアパートメントには，低所得層で工場に勤めるエスニックマイノリティの人々が集積した．

イギリス系を中心とする北西ヨーロッパ系の人々（多くは相対的に富裕な人々）は，こうした物理的・社会的な環境の悪化を忌避し，郊外へと居を移していった．富裕な人々の中でも，Ⅲ→Ⅳ→Ⅴと外方に向かうに従い，その富裕度は増し，住宅の良好度も高まっていくと考えられた．このような白人の郊外化は，「ホワイトフライト（White Flight）」と形容された．

ホワイトフライトを可能にせしめた要因の1つは，19世紀末から20世紀初頭にかけての路面電車網の発達であった．路面電車により，シカゴのCBDは郊外に接続されていった．こうした郊外地域は，「路面電車の郊外（Streetcar Suburbs）」と呼ばれた．

9.2.2 エスニック地区の形成と空間的同化論

富裕層の人々のモビリティが増進した一方，科学技術の進歩とその社会実装を享受できない人々も多数生じた．郊外からの通勤費を負担できない低所得層の人々（多くは非白人）は，インナーシティを脱することができなかった．彼・彼女らは，エスニック集団ごとに，インナーシティの特定の空間に集住し，エスニック地区を形成した．1920年頃のシカゴを描いたバージェスの原図には，チャイナタウン，ブラックベルト（黒人地区），リトルシシリー（イタリア・シチリア島出身者の地区）が描かれた．

エスニック集団単位での居住分化は，住み分け，またはセグリゲーション（residential segregation）と呼ばれる．バージェスは抽象化した同心円上の構造を描いたが，実際の分布は川・湖，道路・線路をはじめとする種々の要素を反映し，より複雑なものであった（矢ケ﨑・高橋，2016）．インナーシティにおいて，エスニック集団が占拠する空間に対しては，これまで複数の呼称が与えられてきた．エスニックエンクレイヴ（ethnic enclave），ゲットー（ghetto）は，中でも頻繁に用いられる呼称である．これらの用語を区別なく用いる場合もあるが，実際には，学術的な定義づけがなされている．

エスニックエンクレイヴは，特定のエスニック集団による集中居住のみならず，当該のエスニック集団に特有の経済活動が認められる地区である．雇用が創出される空間としての含意が強く，エスニック集団によって積極的に形成された地区である．対して，ゲットーはホスト社会による排除の結果として形成された，エスニック集団によ

る居住・生活地区を意味する．元来，イタリアのヴェネツィアをはじめ，中世ヨーロッパにおいて，ユダヤ人の居住地区を示した．現在では，転じて，他のエスニック集団の地区にも用いられ，エスニックゲットー，ブラックゲットーなどの派生的な呼称が認められる．

エスニックエンクレイヴとゲットーはともに，特定のエスニック集団の集住地区を意味する．空間的帰結に関する限り，両者に異同はほとんどないが，形成要因については対置的である．すなわち，エンクレイヴは内部凝集力に基づく自発的要因が強く作用した結果として形成される一方，ゲットーはホスト社会からの排除の作用が強く働き，エスニック集団が特定の空間への集中を余儀なくされることで生成される．理念的なモデルとして両者を理解することは重要だが，実際には，自発的な作用と強制的な作用が同時に働き，エスニック地区が形成される事例も少なくない．

それでは，インナーシティに集積したエスニック集団は，恒久的に当該地区への集中を維持するのだろうか．この問いに対し，20世紀初頭から世紀末頃までの間，「空間的同化論（spatial assimilation theory）」が有力な説明の枠組みを提供した（図9.6）．前述の通り，移住当初，エスニック集団の人々は総じて経済的に貧しく，インナーシティの特定の街区に集住する傾向が強い．空間的同化論によれば，その後，ホスト社会での居住年数の経過，および二世・三世の誕生に伴う世代交代とともに，エスニック集団の居住地は次第に外方へ移動していく．移民の子・孫などは，アメリカ社会で生まれ育ったため，言語的なハンディキャップを抱えない．彼らは大学に進学するなどし，一世に比べて教育・学歴の面でも上昇を果たす．すなわち，エスニック集団の構成員の文化（言語・生活様式など）が主流派のそれに同化（＝文化変容（acculturation））し，それとともに社会経済的な地位の上昇（socioeconomic upward mobility）が達成されたとき，彼・彼女らの居住地もまたアメリカ生まれの白人富裕層が住む郊外へと移動すると考えられた．

このような文化変容と社会経済的地位の上昇に

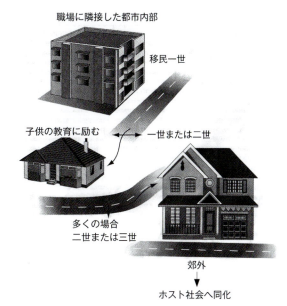

図9.6　インナーシティから郊外への転住過程
Teixeira et al. (2011) より作成．

対応した，都市内部から郊外への転住プロセスは，バージェスのモデルに符合する．1990年代頃まで，同理論に依拠した研究が多数生産され，この分野において，グランドセオリーとも呼べる地位を獲得した．しかし，空間的同化論による説明は，20世紀末以降，限界を迎えることになる．

9.3 「ジェントリフィケーション」
―1960年代以降―

9.3.1 発現要因：需要が先か？供給が先か？

主に1960年代まで，都市の内側（インナーシティ）から外側（郊外）への移動が顕著に確認された一方，外側から内側への居住地移動は指摘されてこなかった．しかし，1960年代，イギリス・ロンドンにおいて中流階級の都心回帰現象が報告され，ジェントリフィケーションとして定義されると（Glass, 1964），まもなく，北米都市においても同様の現象が相次いで指摘され始めた．

ジェントリフィケーションは，イギリスの紳士階級（gentry）にちなんだ造語であり，インナーシティの労働者地区における住民階層の高級化とそれに起因する種々の街区変容の過程を意味する．単なる富裕層の都心回帰や都市再開発を示すものではない．この語には，インナーシティの街区における住民の社会経済属性の上昇とそれに

伴う地価・賃料の上昇，さらには従前の低所得層の域外への締め出しという負の影響が含意される．

加えて，こうした居住面でのジェントリフィケーション（residential gentrification）のみならず，商業のジェントリフィケーション（commercial gentrification），または小売業のジェントリフィケーション（retail gentrification）と呼ばれる派生的な現象を生じさせる．住民属性の高級化とともに，従前の低所得層の住民に親しまれてきた家族経営などによる小規模な商店は姿を消し，中高所得層向けのより高級な食料品店やブティック，大手コーヒーチェーンストアなどが出店するのが通例である．居住と商業のジェントリフィケーションが両輪のように駆動し，街区変容が劇的に進行する．

ジェントリフィケーションの発現要因を巡っては，1960年代末から2000年代初頭までの間，需要側／供給側の双方の研究者間で激論が展開された．カナダの地理学者デイビッド・レイをはじめとする前者は，20世紀後半における新中流階級（New Middle Class）と呼ばれる，新たな価値観を有する人々の出現からジェントリフィケーションを説明した（Ley, 1996）．すなわち，彼・彼女らはインナーシティという都市空間に対し，通勤時間の縮減や文化的多様性といった新たな価値を見出したことで，需要そのものが変化したという．他方，ニール・スミスを中心とした後者は，潜在的な地代と資本化された地代との差を意味する「地代格差（rent gap）」による利潤獲得に目を付けた，開発資本の都心回帰が上位中産階級の回帰を引き起こしたと主張する（Smith, 1996）（図9.7）．

長らく放棄されたインナーシティの街区は，建造環境の老朽化やスティグマ化された場所イメージに基づき，資本家による投資の対象から外れてきたが，CBDへの近接性など，実際には高い潜在性を有する都市空間であり，資本による開発が人々の価値観の変容に先んじて生じたと説明する．2000年代になると，両者の主張は対立するものではなく，相補性を有するものと理解され

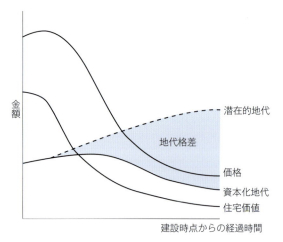

図9.7　スミスの地代格差モデル
Smith（1979）より作成．

（Lees, 2000a），この議論は一定の落ち着きをみせた．

9.3.2 歴史的変遷—経済動向の影響—

ジェントリフィケーション研究では，従前の住民である低所得者に与える影響が中心的な論点の1つとなってきた．また，ジェントリフィケーションの進行に政府が加担しているとの見解も認められ，都市政策との関連からもその動向に注目が集まっている．さらに，ジェントリフィケーションは経済動向との関係にも大きく左右されることが指摘されている．

図9.8は，1968～1999年における，ジェントリフィケーションの展開を示す．1960年代末に発現したジェントリフィケーション「第1波」では，それまで投資・開発が行われてこなかったインナーシティの住宅が，散発的に再投資のターゲットになった（Hackworth and Smith, 2001）．アメリカ合衆国では，北東部の比較的古い都市でみられ，1973年のオイルショックに端を発する経済不況期に突入するまで続いた．このときのジェントリフィケーションは，多くの場合，公的セクターによる多大な経済支援を受けた．行政は，インナーシティにおける自由市場の経済衰退に介入したのである．

1970年代末，経済が回復を始めると，1980年代末までの間，ジェントリフィケーション「第2波」が続いた．この第2波は，ジェントリフィケーションがナショナルおよびグローバルなス

年	波	内容
1968	第1波	「ジェントリフィケーションの散発的な発生」1973年以前のこの段階では、西ヨーロッパとアメリカ北東部の都市において、主に小規模な街区で孤立的にジェントリフィケーションが発生した。
1969		
1970		
1971		
1972		
1973	遷移期	「ジェントリファイアーによる不動産購入」ニューヨーク市をはじめとする都市では、評価が低下した街区を大規模に消費するため、開発業者と投資家が不動産価格の低迷を利用した。それにより、1980年代のジェントリフィケーションの基盤が形成された。
1974		
1975		
1976		
1977		
1978		
1979	第2波	「ジェントリフィケーションの定着」これまで投資が行われてこなかった都心部の街区にも、ジェントリフィケーションが侵食した。1973年以前の段階とは対照的に、1980年代は、グローバル都市ではない、より小規模な都市でもジェントリフィケーションが一般的になった。ニューヨーク市では、アートコミュニティの存在がしばしば居住のジェントリフィケーションと相互に関係し、SoHo、トライベッカ、ロウアーイーストサイドをはじめとする街区への資本の流入を円滑にした。この時期、最貧層の住民の締め出しを巡り、激しい政治的闘争が起こった。
1980		
1981		
1982		
1983		
1984		
1985		
1986		
1987		
1988		
1989	遷移期	「ジェントリフィケーションの停滞」経済不況が、ジェントリフィケーションの完了した街区や進行中の街区への資本の流入を制約した。これを受け、脱ジェントリフィケーション、またはそれまでのプロセスの逆転現象が進むとの予測が生じた。
1990		
1991		
1992		
1993	第3波	「ジェントリフィケーションの再来」多くの街区でジェントリフィケーションが続くとともに、都心部からより離れた街区でもジェントリフィケーションが開始され、脱ジェントリフィケーションは大げさな予測であったとされる。経済不況期後に生じた、このジェントリフィケーションは、それまで以上に大規模な資本に接続され、大手開発業者は、多くの場合、政府の支援を受けながら、各街区を再度、くまなく開発した。
1994		
1995		
1996		
1997		
1998		
1999		

図9.8 ジェントリフィケーションの消長（Hackworth and Smith, 2001）より作成.

ケールにおける多様な経済的・文化的プロセスに統合された点で特徴的であった．また、ニューヨーク市トンプソンスクエア公園のホームレスの排除をはじめ、生活に困窮した住民が立ち退きを強いられ、行き場を失った結果、社会経済的により脆弱化していくなど、ジェントリフィケーションが貧困層に与える負の影響が一層と直接的になっていった．

1987年、「ブラックマンデー」と呼ばれる香港の株式市場に端を発する世界的な株価の大暴落が進み、1989年以降、アメリカ合衆国のインナーシティの住宅市場も影響を被った．1970年代までの不況期はジェントリフィケーションの進行にさほど大きな影響を与えなかった．他方、1990年前後のそれはより顕著であり、インナーシティへの資本投下が抑制され、ジェントリフィケーションの進行が停止する地区や小規模化する地区が確認された．

こうした中、1990年代には、脱ジェントリフィケーションが生じていくと予測する声も上がった．しかし、実際には、1993年以降、ジェントリフィケーションの「第3波」が到来し、再度、再投資が活発化していった．1990年前後の経済不況期の後、ジェントリフィケーションは、それまでよりも大規模な資本とより密接に結びつき、多くの場合、政府の援助を受けながら、大手開発業者がより広域的な街区の変容に携わった．政府は直接的な介入者から、民間の経済活動に対する支援者へとその役割を変えていった．

加えて、第3波のジェントリフィケーションは住民階層に関しても新たな特徴を示した．通常、この都市現象は、低所得者層の街区において、パイオニアジェントリファイアーと呼ばれる、アーティストなどの流入を契機に始まると考えられる．彼・彼女らが、物理的および心象的にインナーシティの街区を再編することで萌芽する．その後、魅力化されたインナーシティの当該街区に、パイオニアの人々よりも富裕な上位中産階級の人々が流入する．この過程で地価・賃料がさらに上昇し、パイオニアたちの多くが街区に止まることが困難となり、域外へと締め出される．ここまでが、一般的なジェントリフィケーションによる住民交代のシナリオであった．しかし、2000年代以降のニューヨーク市では、スーパージェントリフィケーションと呼ばれる、さらなる住民階層の高級化が発現した（Lees, 2000b）．

スーパージェントリファイアーとして定義される人々は、ウォール街の金融系企業などに勤める高所得層（Super Rich）である．その地代負担力は、従前の上位中産階級のジェントリファイアーを上回る．ニューヨーク市内の一部の街区では、開

発業者によるさらなる開発と，それに伴い地価・賃料が一層上昇した結果，こうした住民の交代が進んだ．

このように，ジェントリフィケーションは複数回の住民の交代を比較的短期間に生じさせる．重要な点は，その過程において，住民の社会経済属性の上昇を繰り返すことである．ニューヨーク市のような，金融経済が繁栄し，世界経済の中枢であるグローバル都市では，その傾向が顕著である．テレビやSNSなどを通じて，華やかな暮らしを送る人々が取り沙汰される影で，貧困層はより条件の悪い地区や，最悪の場合には路上へと追いやられている．前掲の図9.1〜9.5も示すように，20世紀の後半以降，アメリカ合衆国の格差は容赦なく，着実に拡大している．社会経済的格差の拡大は空間を巡る闘争と不可分な関係にあり，ジェントリフィケーションはそれを端的に示す都市現象である．

9.4 都市政策の新自由主義化

9.4.1 越境する都市政策「BID」

第二次世界大戦後，北米の都市では，郊外化に伴う都市機能の空間的拡散と税収の減少により，都市中心部の衰退が加速した．自家用車の普及を背景に郊外住宅地が形成され，自動車による来店を前提とした大型ショッピングモールが出現すると，小規模な小売店が集積した中心部の商業街区は疲弊していった．また，工業機能の海外移転に伴い，インナーシティに集積した工場が閉鎖されるとともに，景気の悪化などに伴い，失業者が多数発生し，これらの問題への対処のため政府の財政は逼迫した．こうした動向に対応し，1970年代以降，北米では，街区単位での経済活性化を目的に，官から民への権限委譲を伴う新自由主義的な都市政策が普及している（髙橋，2025）．

1970年，カナダのトロント市においてBusiness Improvement Districts（BID）が誕生した．都市政策BIDは，特定の街区内の土地所有者が自主的に追加の税金を支払うことによって財源を確保し，それにより街区の経済的な活性化を目的とした活動を行う地域自治制度である（高橋，2016）．税金の徴収業務は地方自治体によって行われるが，徴収された資金は地元経営者・土地所有者らの有志が組織するBID役員会へ返還される．資金の使途は，主にこのBID役員会によって決められ，州または市の業務は税金の徴収のほか，行政サービスに関係する情報提供などに限られる．官民の連携により，商店会などの既存の自治組織では困難であった公共空間のデザインなどが可能になる．加えて，任意の商店会組織が直面してきた会費徴収とフリーライダーの問題の解決に寄与する．

BIDは，トロント市で誕生後，カナダの他都市やアメリカ合衆国のみならず，イギリス，ドイツ，ニュージーランド，南アフリカ共和国などの複数の都市へと伝播した（Hoyt, 2003）．こうしたBIDの諸外国への広がりは政策移転（policy transfer）と呼ばれ，政策仲介者（policy agents）の役割が重要とされる．20世紀後半に瞬く間に向上した，行政界さらには国境を越えた都市政策のモビリティについて，MaCann（2011）は，個々の政策仲介者による一見して平凡で些細な活動が政策移転に果たす役割の重要性を指摘した．発祥の地であるトロント市ではBIA（Business Improvement Areas）の呼称が用いられるが，世界的には同制度の総称としてBIDが用いられることが多い．アメリカ国内でも，その呼称は州や市ごとに多様である．

2003年時点，アメリカ合衆国の48州ですでにBIDの導入が確認されていた（Mitchell, 2003）．また，北米には合計約1000のBIDが存在するとされる（Morcol et al., 2008）．アメリカ合衆国では，ニューオーリンズ市が最も早く1975年にBIDを導入した．カナダの主要都市の大半において，1980年代までにBIDが普及した一方，アメリカ合衆国の主要都市では，特に1990年代以降に導入する自治体が増加した．2015年現在，トロント市で北米最多の81のBIAが確認された一方，ニューヨーク市はそれに次ぐ72のBIDを有し，アメリカ国内では最多であった．また，人口上位20都市のうち，インディアナポリス市を除く，すべての都市でBIDが採用されていた．

表9.1 人口上位都市におけるBIDの導入状況

順位	人口	都市	導入年	BID数
1	8,491,079	ニューヨーク	1984	72
2	3,928,864	ロサンゼルス	1990	39
3	2,722,389	シカゴ	1977	53
4	2,239,558	ヒューストン	1996	45
5	1,560,297	フィラデルフィア	1990	14
6	1,537,058	フェニックス	1990	1
7	1,436,697	サンアントニオ	2000	1
8	1,381,069	サンディエゴ	不明	20
9	1,281,047	ダラス	1992	12
10	1,015,785	サンノゼ	1989	2
11	912,791	オースティン	1993	2
12	853,382	ジャクソンヴィル	2000	1
13	852,469	サンフランシスコ	1999	14
14	848,788	インディアナポリス	-	-
15	835,957	コロンバス	1999	4
16	812,238	フォートワース	1986	8
17	809,958	シャーロット	1999	5
18	680,250	デトロイト	2014	1
19	679,036	エルパソ	1997	1
20	668,342	シアトル	1983	8

＊各都市の人口は，2010年時点．髙橋（2016）より作成．

9.4.2 公共空間の私有化とエスニック地区の観光地化

従来の政府による統治形態をガバメント（government）とした場合，1970年代から1980年代にかけての「国家の退場」と新自由主義の台頭以降，行政のみならず，民間をはじめとする多様なアクターの参画による，地域の新たな統治形態「ローカル・ガバナンス（local governance）」が普及してきた（ハーヴェイ，2007）．

街区内の地権者らが中心となるBIDは，ローカルガバナンスの一例と考えられ，都市の統治を巡る20世紀後半以降の思潮，およびそこに孕む正／負の影響を明瞭に映し出す．前述の通り，BIDの財源は，街区内の地権者による自発的に支払われた追加の税金により賄われる．ある街区がBIDに指定される際，その是非を問い，地権者間での投票が行われるが，BIDへの指定が決まる賛成票の最低基準は自治体により異なる．自治体によっては，地権者総数の半分未満の賛成票でもBIDに指定されてしまう場合もあり，制度設計が問題の1つとなる．BIDに指定された場合，反対票を投じた地権者や投票しなかった地権者にも，追加の税金の支払いが義務づけられる．

BIDの予算規模は，各街区内の構成員の経済力に依存する．そのため，BIDの施行下では，街区間の格差が助長される可能性を孕む．また，BIDに指定された街区内では，一部の地権者らから構成されるBID役員会が，街区内の全地権者から強制的に追加徴収された特別税の使途を決定する権限を掌握し得る．すなわち，BIDは行政から民間への権限移譲を伴う，新自由主義的な都市政策であるとともに，一部の私人による公共空間の私有化に寄与する．これらを踏まえ，都市の部分空間である街区の内部で多大な権限を保有することから，BIDを準政府（quasi-government），私的政府（private government）などと呼び，批判する研究者も認められる．

BID制度を活用した街区単位でのまちづくりは，インナーシティやCBDの街区を中心に認められる．BIDに指定された個々の街区では，BID役員会が中枢的な役割を果たし，予算や事業内容などが決められる．BIDの主な施策は，ブランド戦略の策定，ストリートフェスティバルの開催，案内板・バナー・花壇などの設置，落書きの除去・壁画の作成などの修景活動のほか，清掃員による美化活動，警備員の配置や監視カメラの設置をはじめとしたセキュリティ対策などである．

BIDはエスニック地区でも広く導入されている．サンフランシスコ市では，チャイナタウンと日本町がBIDに登録されている．同市では，Community Benefit District（CBD）の呼称が用いられ，日本町はJapantown CBDの名称で登録されている（写真9.1）．かつて差別の対象であったエスニックマイノリティと彼らが形成した都市の部分空間は，今日では，翻って多文化性を物質的に象徴する空間として肯定的に捉えられる（髙橋，2025）．さらに，特定の都市空間と不可分に結びついた特定のエスニシティは，他の街区との差別化をはかるために格好の資源として利用される．このように，現在，エスニシティは経済的資源として街区ブランディングに活用され，エスニック地区は観光地化しつつある．　　　　［髙橋昂輝］

写真 9.1　サンフランシスコ市の Japantown CBD（2023 年 9 月，筆者撮影）
左は同 CBD が設置したバナー，右は同 CBD が雇用する清掃員の活動の様子を示す．

・・・・・・・・・ 課題学習 ・・・・・・・・・

❶ アメリカ合衆国では，なぜ社会経済的格差が深刻化したのだろうか．

❷ 公共事業の民営化によって，市民の生活にはどのような影響が生じるだろうか．

❸ BID の導入によって，都市の街区では，どのような変化や影響が生じるだろうか．

文　献

ハーヴェイ，D．(2007)：新自由主義―その歴史的展開と現在，395p，作品社．

クライン，N．(2011)：ショック・ドクトリン―惨事便乗型資本主義の正体を暴く（上），400p，岩波書店．

高橋昂輝 (2016)：北米都市の業務改善自治地区 BID―トロントにみるローカルガバナンスとエスニックブランディング．地理空間，9 (1)：1-20．

髙橋昂輝 (2025)：多文化都市トロントにおける移民街の揺動：ジェントリフィケーション・私的政府 BIA・ローカル政治．明石書店．

矢ケ﨑典隆・高橋昂輝 (2016)：バージェス時代の多民族都市シカゴを記憶する移民博物館．歴史地理学，58 (4)：1-22．

Burgess, E. W. (1925): The growth of the city: An introduction to a research project, In Park, R. E. and Burgess, E. W., *The City*, The University of Chicago Press, pp.47-62.

Hackworth, J., and N. Smith. (2001): The changing state of gentrification. *Tijdschrift voor Economische en Sociale Geografie*, **92**(4): 464-477.

Hoyt, L. (2003): *The Business Improvement District: An Internationally Diffused Approach to Revitalization*. International Downtown Association.

Glass, R. (1964): Introduction: Aspects of change. In Centre for Urban Studies (Ed.), London: *Aspects of change*, 342p, MacKibbon and Kee.

Lees, L. (2000a) A reappraisal of gentrification: towards a 'geography of gentrification'. *Progress in Human Geography*, **24**(3): 389-408.

Lees, L. (2000b) Super-gentrification: the case of Brooklyn Heights, New York City. *Urban Studies*, **40**(12): 2487-2509.

Ley, D. (1996): *The New Middle Class and the Remaking of the Central City*, 383p, Oxford University Press.

McCann, E. (2011): Urban policy mobilities and global circuits of knowledge: toward a research agenda. *Annals of the Association of American Geographers*, **101**(1): 107-130.

Mitchell, J. (2003): *Business Improvement Districts and the Shape of American Cities*, 152p, State University of New York Press.

Morcol, G., et al. (2008): Business improvement districts: Research, theories, and controversies. In Morcol, G., Hoyt, L., Meek, J. W. and Zimmerman, U. Eds. *Business Improvement Districts: Research, Theories, and Controversies*. pp.1-23. CRC Press.

Smith, N. (1979): Toward a theory of gentrification: a back to the city movement by capital, not people. *Journal of the American Planning Association*, **45**(4): 538-548.

Teixeira, C., et al. (2011): *Immigrant Geographies of North American Cities*, 354p, Oxford University Press.

IMF (2023): World Economic Outlook: Navigating Global Divergences. https://www.imf.org/external/datamapper/NGDPD@WEO/OEMDC/ADVEC/WEOWORLD

OECD (2023): OECD Data: Income inequality. https://data.oecd.org/inequality/income-inequality.htm#indicator-chart

U.S. Census Bureau (2023): *Income in the United States: 2022 (Current Population Reports)*. https://www.census.gov/content/dam/Census/library/publications/2023/demo/p60-279.pdf

U.S. Department of Housing and Urban Development (2022): *The 2022 Annual Homelessness Assessment Report (AHAR) to Congress. PART 1: Point-in-time Estimates of Homelessness*. https://www.huduser.gov/portal/sites/default/files/pdf/2022-AHAR-Part-1.pdf

10 高齢者と高齢社会

アメリカ合衆国は，現在，中国・インドに次ぐ世界第3位の人口（3億4111万人，2024年）を有する．この巨大な人口は民族構成の多様性（第4章）という特徴を有しているが，さらに他の先進諸国と同様に，年齢構成の変化も進んでいる．本章では，アメリカ合衆国における人口高齢化と，高齢人口の分布に影響を与える高齢人口移動の動向に注目してみよう．

リタイアメント・コミュニティの案内板．居住者を高齢者に限定していることを示す「55 plus」という表記がみられる．（2005年9月，筆者撮影）

10.1 人口構成の変化

まず，人口ピラミッドを用いてアメリカ合衆国の人口構造の変化を確認しよう（図10.1）．1900年の総人口は7500万人であり，その中で最も多数を占めるのは0～4歳人口であった．年齢の上昇とともに人口は減少し，高齢になるほど人口に占める割合は低下する．年少人口（0～14歳）が人口の34.4％を占める構造であった．1950年の人口は1億5000万人で，半世紀でほぼ倍増したが，人口構造も変化した．35歳以上は高齢になるほど人口が減少する形状を示すが，20歳代が相対的に少なく，0～4歳人口が突出して多い構造を示す．これは20世紀初頭の不況や第二次世界大戦の影響によって10～20歳代の人口が少ないのに対して，第二次世界大戦後のベビーブームによって0～4歳人口が多数を占めたためである．また，1900年に比べると65歳以上の年齢層も左右に幅が広がり，高齢人口の占める割合が増加したことを読み取ることができる．2000年になると，総人口は2億8000万人に増加した．多数を占めるのが35～39歳および40～44歳人口であり，この年齢層は1946年から1964年まで続いたベビーブームの最後の年齢層にあたる．そしてこの年齢層の子供に相当する10歳前後の年齢層も比較的大きな割合を占める．同時に，65歳代以上の高年齢層の割合もいっそう大きくなっており，特に平均寿命の長い女性の占める割合が高まっている．

2020年の人口ピラミッドは，2000年に比べて0～14歳人口の占める割合が縮小し，65歳以上人口の増加が認められる．特に年少人口については，0～4歳人口の占める割合が従来に比べ縮小した．アメリカ合衆国は，他の先進諸国に比べると比較的出生率が高い傾向にあったが，合計出生率（TFR）は，2009年に2.00を記録して以降少しずつ低下傾向にあり，近年は1.6～1.7程度で推移している（World Population Prospects, 2022）．アメリカ合衆国においても少子化が進行しており，そのことが年少人口の割合を低下させている．また，1950年および2000年の人口ピラミッドにおいて他の年齢層に比べ突出して高い割合を示してきたベビーブーム出生者が，2020年には56～74歳となっており，老年人口（65歳以上）に加わることとなった．そのため，2020年の人口ピラミッドは，65歳以上人口の占める割合が従来に比べ大きく広がる形となった．

このように高齢層の人口が増加した理由として，医療技術の進歩や社会福祉の充実などによって各年齢層の死亡率が低下し，高齢に至るまで生存することが可能になったことが指摘できる．アメリカ合衆国の平均寿命は1900年の男性46.3

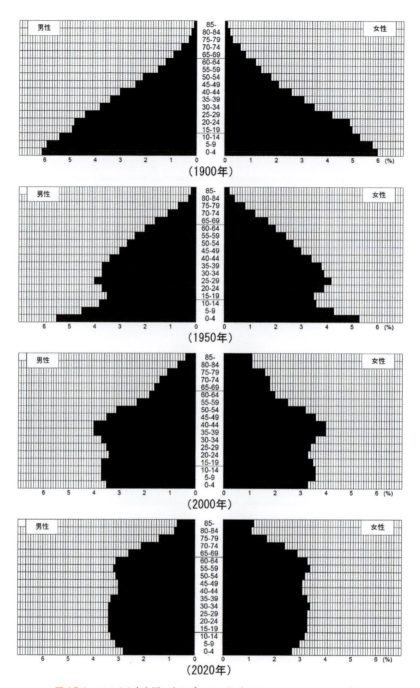

図 10.1 アメリカ合衆国の人口ピラミッド（1900, 1950, 2000, 2020 年）
Cencus of Population 各年次より作成.

歳，女性 48.3 歳から，1950 年に 65.4 歳，71.0 歳と伸び，2020 年には 74.6 歳，80.3 歳へと大幅に伸長した．

その結果，アメリカ合衆国においても，他の先進諸国と同様に人口の高齢化が進んだ（図 10.2）．高齢人口割合（人口に占める 65 歳以上人口の割合）は，1900 年に 4.1％であったが，1942 年には，高齢化社会の基準とされる 7％に達した．その後も高齢人口割合は増加を続け 2000 年に 12.4％となった．この時期に，世界の中でも人口高齢化の先行したヨーロッパの国や日本の高齢人口割合は 15〜17％に達していたが，アメリ

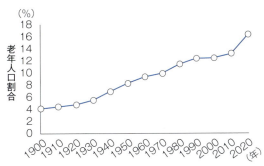

図10.2 アメリカ合衆国における老年人口割合の変化（1900〜2020年）人口統計資料集より作成.

カ合衆国はそれよりもやや低い水準であった.

20世紀末に高齢人口割合が他の先進諸国に比べて低い水準にとどまっていたのは, 高齢化の進行が比較的緩やかであったためである. 高齢化の進行をみる指標の1つに, 高齢人口割合が7%から14%に達するのに要する年数（倍加年数）がある. 表10.1は, 世界で最も早い時期に7%に到達したフランスやノルウェー, アメリカ合衆国とほぼ同時期に7%に到達したオランダやカナダ, および日本の倍加年数を示している. 19世紀末に7%に到達したフランスなどが100年前後の期間で14%に達したのに対して, 20世紀半ばに7%になったオランダやカナダ, スペインなどは40〜60年程度で14%に達した. 日本はさらに短く, 1970年からわずか24年で14%に達した. それに対して, アメリカ合衆国は1942年に7%となった後, 2014年に14%に到達しており, 倍化年数は72年であった.

このような緩やかな年齢構成の変化はアメリカ合衆国の人口の大きな特徴であるが, その要因の1つが, 第二次世界大戦後に起こったベビーブームである. ベビーブームは1946年から1964年まで18年間に及び, 彼らは2010年時点において46〜64歳であった. そのため21世紀に入ってもしばらくの間は, 人口全体でみると高齢人口の割合は相対的に低く, 生産年齢人口が多数を占める人口構造となっていた.

この他に重要な要因として移民の存在がある. アメリカ合衆国は建国以来多くの移民を受け入れることで人口が増加してきたが, 移民の多くは比較的若い年齢で移動を行う. 例えば, 2000年の人口センサスによる外国出身者に関する集計によると, 1990年から2000年までの10年間にアメリカ合衆国に入国した1300万人のうち, 69%が2000年時点で15〜44歳である. この傾向は近年も同様である. 2010〜2020年にアメリカ合衆国に入国した者は1000万人を数えるが, そのうち62%は, 2020年時点において18〜44歳である（American Community Survey, 2020）. つまり, 移民の大半は10歳代から30歳代でアメリカ合衆国に渡っている. 移民は, 民族構成を多様化させるのみでなく, 年齢構造にも影響し, 高齢人口割合を低下させている.

また, アメリカ合衆国の出生率も高齢化を抑制する要因であった. 20世紀末には, 多くの先進諸国では合計出生率（TFR）が2を下回り, 親世代に対して子供の世代が少ない人口構造となっていたが, アメリカ合衆国全体の合計出生率は, 2000年代に入っても人口の置換水準にほぼ等しい水準を維持しており, 2006年時点においてTFRは2.1であった. これらのことが, 他の先進諸国に比べ, アメリカの年齢構造の変化を抑制してきたのである.

しかし, 2020年になると, ベビーブーマーのうち比較的早く出生した者は65歳に達し, 高齢層に加わることとなった. 2000年と2020年の人口ピラミッドを比較すると, 65〜69歳, 70〜74歳人口が人口に占める割合は男女とも大きく

表10.1 主要国の65歳以上人口割合の倍加年数

国	65歳以上人口割合（到達年次）		倍加年数
	7%	14%	7% → 14%
フランス	1864	1979	115
ノルウェー	1885	1977	92
スウェーデン	1887	1972	85
オランダ	1940	2004	64
アメリカ合衆国	1942	2014	72
カナダ	1945	2010	65
スペイン	1947	1992	45
ポルトガル	1951	1992	41
ギリシャ	1951	1992	41
ブルガリア	1952	1993	41
日本	1970	1994	24

人口統計資料集より作成.

表 10.2　人種民族別の高齢化に関する指標（2020 年）

	0～14 歳 人口割合（％） 2020 年	15～64 歳 人口割合（％） 2020 年	65 歳以上 人口割合（％） 2020 年	移民に 占める割合（％） 2020 年	TFR 2020 年
全体	18.2	65.0	16.8	100.0	1.6
白人（ヒスパニックを除く）	14.8	63.5	21.8	17.3	1.5
黒人	20.4	67.1	12.5	11.8	1.7
アメリカ先住民およびアラスカ先住民	22.1	68.1	9.8	0.3	1.5
アジア系	16.6	70.7	12.7	34.1	1.4
ハワイ先住民およびその他太平洋諸島民	23.6	68.2	8.2	0.4	2.1
ヒスパニック	24.9	67.2	7.9	34.5	1.9

注）「移民に占める割合」は 2010 年～2020 年に国外からアメリカに移住した人口に占める各人種民族の割合である．
Census of Population, American Community Survey, National Vital Statistics Reports, 73-2, 2024 より作成．

拡大している．また，先述の通り合計出生率も低下傾向にあり，出生数も 407 万人（2000 年）から 367 万人（2020 年）へと減少している．こうしたことから，緩やかに上昇してきた 65 歳以上人口割合は，2010 年から 2020 年にかけて大きく増加した（図 10.2）．ベビーブーム出生者が今後高齢層に加わることを考えると，アメリカ合衆国の高齢化はこれから一層進展することが予想される．

さて，こうした人口高齢化の進行状況は人種民族によっても違いがみられる．これは，移民や出生の状況が人種民族によって大きく異なるためである（表 10.2）．人種民族別に 65 歳以上人口割合をみると，ヒスパニックを除く白人は 21.8% で，他の人口集団よりも高い値を示す．65 歳以上人口割合が最も低いのはヒスパニック（7.9%）である．ヒスパニックは移民の約 3 分の 1 を占め，さらに合計出生率（TFR）も 1.9 で，白人や黒人と比べ高い．上述のように移民の多くは若く，かつ出生率が高いために，ヒスパニックは 0～14 歳人口の割合が他の人口集団に比べて高い．さらにアジア系は，合計出生率はそれほど高くないが，移民の約 3 分の 1 を占めるために 15～64 歳人口の割合が高い．一方，ヒスパニックを除く白人は移民に占める割合は小さく，さらに合計出生率も 2 を下回る．そのため白人の高齢人口割合は，他の人口集団に比べ高い水準となっている．量的な側面に注目しても，2020 年における 65 歳以上人口のうち 76% を白人が占める．現在のアメリカ合衆国の高齢化は，白人を中心として急速に進行しているのである．

10.2　人口高齢化の地域性

前節で示した人口の年齢構造の変化は，アメリカ合衆国の国内でも地域的な差異を伴いながら進行している．図 10.3 に，アメリカ合衆国の各州における高齢者数と高齢人口割合を示した．まず分布に注目すると，1920 年は五大湖周辺の諸州で高齢人口が多い．最も高齢人口が多かった州はニューヨーク州（49 万人）で，ペンシルヴェニア州（39 万人），オハイオ州（32 万人），イリノイ州（30 万人）と続く．地域別の人口シェアは，北東部が 29.5%，中西部が 36.2%，南部が 25.8% であり，西部はカリフォルニア州（20 万人）を除く州できわめて少なく，全体の 9% を占めるに過ぎなかった．

その後，各州において高齢人口は増加するが，特にフロリダ州やテキサス州，カリフォルニア州で大幅に増加したため，1970 年には北東部と中西部の人口シェアは，それぞれ 25.9%，28.5% と，どちらも 1920 年に比べ低下し，南部が 30.1%，西部が 15.4% を占めるようになった．このような，北東部および中西部の相対的な減少と南部・西部の増大という変化は，サンベルトの成長を反映したアメリカ合衆国全体の人口分布変化と一致した傾向であるが，さらに，高齢者自身の居住地移動によって，フロリダ州やカリフォルニア州をはじめとするサンベルト地域に多くの高齢者が流入したことも重要である．

2020 年になると，カリフォルニア州（602 万

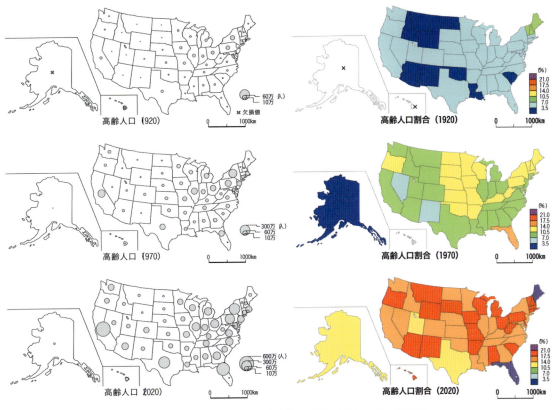

図 10.3 州別の高齢人口分布と高齢人口割合（1920，1970，2020 年）
Census of Population 各年次人口センサスより作成．

人）が最も多く，次いでフロリダ州（457万人），テキサス州（392万人），ニューヨーク州（341万人），ペンシルヴェニア州（248万人）と続く．上位3州の位置する西部および南部において高齢人口が増加したため，北東部と中西部の人口シェアはそれぞれ18.3％と21.3％にさらに割合を低下し，フロリダ州を含む南部が37.9％で最大のシェアを有するようになった．カリフォルニア州とテキサス州を含む西部も22.5％を占め，1920年時点にみられた五大湖周辺地域への偏りは小さくなりつつある．

一方，人口に占める高齢人口の割合に注目すると，1920年は総人口に高齢者の占める割合は4.7％であり，まだ若年層の多い人口構造であった．この時期に高齢人口割合の高かったのはヴァーモント州（8.4％），メーン州（8.1％），ニューハンプシャー州（8.0％）を含む北東部のニューイングランド地方であり，アメリカ合衆国における高齢化の先行地域であった．この地域は，アメリカ合衆国の建国当初から人口が定着した地域であるが，その後も多数の移民を受け入れ都市化の進んだ沿岸部（現在のメガロポリス地域）に比べると移民の流入が少なく，初期定着者の加齢に伴って高齢化が進んだために，この時期にすでに7％を上回る高齢化となったものと思われる．

1970年になると総人口に占める高齢人口の割合は9.9％に増加した．高齢人口割合が7％を上回る州が46州となり，アメリカ合衆国の全域で高齢化が進行している．最も高齢化の割合が高かったのは，高齢人口が大幅に増加した南部のフロリダ州で，人口の14.6％を占めた．1920年において高齢化の進行していたのはニューイングランド地方であったが，1970年には中西部でも高齢化が進行し，アイオワ州（12.4％），ネブラスカ州（12.4％），サウスダコタ州（12.1％）の高齢人口割合の上位を占めた．中西部ではこの時期に，他の地域に比べ生産年齢人口があまり増加し

10.2 人口高齢化の地域性

なかったために，高齢化が進行した．2020年になると，総人口に占める高齢人口の割合は16.8%になり，全ての州で高齢化が進行し，47州において高齢人口割合が14%を上回った．先に述べたように，ベビーブーマーが65歳以上の年齢を迎えていることや少子化により，国土全体で高齢化が進行していることが確認できる．

10.3 高齢人口移動

前節で検討した高齢人口の地域分布における量的・質的変化には，居住者の加齢による増加（aging in place）と高齢人口移動（居住地移動）による増加（net migration）という2つの要因がある．アメリカ合衆国では高齢者の居住地移動が多く，それが分布に与える影響も大きい．この高齢人口移動の現状を検討してみよう．なお，人口移動すなわち人の居住地選択には，新型コロナ感染症（COVID-19）が強く影響したと考えられる．本節では，一般的な特性を検討するため，コロナ流行以前の2019年のAmerican Community Surveyを資料として，高齢人口移動の特徴をみてみよう．なお，この資料には推計値とその誤差の範囲が公開されているが，本項では推計値をそのまま用いた．

2019年に，65歳以上人口のうち過去1年間に居住地を変更した者は全体の6.3%を占める（表10.3）．高齢の移動者のうち，移動者の数は前期高齢者（65〜74歳）の方が多いが，移動者の割

表10.3　高齢人口移動の概要（2019年）

	全年齢	非高齢人口（0〜64歳）	高齢人口（65歳以上）	65〜74	75歳以上
人口（2019年）	328,239,523	274,165,495	54,074,028	31,575,561	22,498,467
移動総数	44,322,377	40,915,913	3,406,464	1,898,265	1,508,199
移動者の割合(%)	13.5	14.9	6.3	6.0	6.7
内					
自郡内移動	24,512,131	22,634,230	1,877,901	992,387	885,514
シェア(%)	55.3	55.3	55.1	52.3	58.7
州内移動	10,501,717	9,767,608	734,109	414,090	320,019
シェア(%)	23.7	23.9	21.6	21.8	21.2
州間移動	7,398,337	6,766,765	631,572	392,306	239,266
シェア(%)	16.7	16.5	18.5	20.7	15.9
国際移動	1,910,192	1,747,310	162,882	99,482	63,400
シェア(%)	4.3	4.3	4.8	5.2	4.2

注）移動者の割合（%）は期末時人口比，シェア（%）は移動全体に占める割合．
American Commynity Survey より作成．

表10.4　高齢人口移動の主要な到着地および出発地（2019）

順位	州	転入数	%	順位	州	転出数	%
1	フロリダ	106,074	16.8	1	カリフォルニア	61,822	9.8
2	アリゾナ	41,823	6.6	2	フロリダ	59,571	9.4
3	テキサス	34,090	5.4	3	ニューヨーク	34,590	5.5
4	ノースカロライナ	31,635	5.0	4	テキサス	26,271	4.2
5	カリフォルニア	30,343	4.8	5	ペンシルヴェニア	24,264	3.8
6	ジョージア	21,720	3.4	6	イリノイ	24,148	3.8
7	サウスカロライナ	18,795	3.0	7	ニュージャージー	20,567	3.3
8	ペンシルヴェニア	17,917	2.8	8	アリゾナ	19,160	3.0
9	テネシー	16,948	2.7	9	ジョージア	18,826	3.0
10	ヴァージニア	16,516	2.6	10	ノースカロライナ	18,617	2.9
	全体	631,572	100.0		全体	631,572	100.0

American Community Survey (2019) より作成．

合は，後期高齢者（75歳以上）の方が高い．また移動の空間スケールに注目すると，同一郡内での移動が55.1%を占め比較的短距離の移動が多いが，18.5%が州の境界を越えた移動を行っている．年齢階級別にみると，前期高齢者は後期高齢者に比べ州間移動の割合が高いが，後期高齢者は自郡内の比較的近接した地域内での移動の割合が高い傾向にある．

それでは，高齢人口移動が活発なのはどの地域であろうか．表10.4は，高齢人口移動の転入と転出について，移動者数の上位10州を示している．転入移動は，上位10州のうち9州が西部あるいは南部の州であり，特に，フロリダ州への転入は州間移動全体の16.8%を占める．いわゆるサンベルト地域に含まれる州が高齢者の流入地域となっている．フロリダ州やカリフォルニア州，テキサス州などは州の人口規模自体が大きいため移動数が多くなっている可能性もあるが，北東部や中西部の大規模州であるニューヨーク州やイリノイ州，オハイオ州などの転入数は多くないことを考えると，南部および西部の州が，その他の地域以上に高齢者を引きつける地域となっていることが明らかである．この要因として，冬に厳しい寒さとなり降雪もある北部に比べて，温暖な気候であることをあげることができる．さらに，南部の州の中には高齢者の購買行動などによる地域経済への効果を見込んで，高齢者の流入を積極的に受け入れようとする州もある．そのような州では，高齢者の所得にかかる税金を徴収しないなどの優遇策をとっており，そのことが，高齢者を引きつける要因となっている．

一方，転出移動は，ニューヨーク州とイリノイ州，ニュージャージー州が上位10州に含まれる．これらは北東部・中西部の中でも五大湖周辺に位置する州であり，高齢移動の主要な出発地となっている．さらに残る7州は，転入移動の上位州にも含まれる州である．つまり，これらの州は高齢人口移動における主要な出発地であると同時に，主要な到着地となっている．これらの州は，以前から高齢者の流入を数多く受けれてきた州であるが，近年では，フロリダ州やカリフォルニア州な

どの伝統的な高齢人口移動の到着地が，一度流入した高齢者を新たな流入地域へ送り出す「回転ドア」としての役割を果たすようになったことが指摘されている（Frey, et al., 2000）．転入移動と転出移動のどちらも多い州の存在は，この指摘を裏付けている．転入移動数および転出移動数に関するこうした傾向は，2000年の人口センサスにおいても観察されており，アメリカ合衆国における高齢人口移動の基本的なパターンとなっていると考えられる．

さらに，州別・年齢別の純移動率を表10.5に示した．高齢人口移動全体でみると，フロリダ州やネヴァダ州，アリゾナ州をはじめとして西部や南部には流入超過の州が多い．これらの州は，温暖な気候や安価な生活費，さまざまな娯楽施設を備え安全面にも配慮された高齢者専用住宅地域（リタイアメント・コミュニティ）の整備などが，他地域の高齢者を引きつけている．さらに，高齢者の流入は地域経済や税収面でも効果があるため，行政が積極的に高齢者を受け入れようとする場合も多い．一方，北東部や中西部の州では，純移動率がマイナスで，流出超過の州が多い．このことは，先ほどの主要な出発地に北東部の州が多く含まれていたことと合致する傾向である．アメリカ合衆国では従来から，冬の寒さの厳しい北部から，サンベルト地域へ移動するスノーバードと呼ばれる高齢者の移動が指摘されていたが，その傾向は現在も基本的なパターンとして維持されていると言えよう．

しかし，年齢階級別に純移動をみてみると，いくつかのパターンがあることがわかる．南部・西部の州の中には，アリゾナ州やフロリダ州，テキサス州のようにすべての年齢階級で流入超過を示す州もあるが，アーカンソー州やコロラド州のように，高齢期の前半は流入超過であるが年齢の上昇とともに流出超過へ転じる州もある．一方，北東部・中西部の州の中には，すべての年齢階級で流出超過を示すニューヨーク州やマサチューセッツ州，イリノイ州，ミシガン州などの他に，ロードアイランド州やコネチカット州，ヴァーモント州などは，高齢期の前半は流出超過であるが，年

表10.5　州別・年齢別の純移動率（％）（2019年）

	65歳以上計	65-69歳	70-74歳	75歳以上
北東部				
メーン	-0.02	0.73	-0.46	-0.32
ニューハンプシャー	-0.53	-1.35	0.56	-0.57
ヴァーモント	-0.67	-1.24	-1.68	0.48
マサチューセッツ	-0.38	-0.50	-0.31	-0.34
ロードアイランド	0.28	-0.59	0.89	0.61
コネティカット	-0.23	-1.00	-0.17	0.29
ニューヨーク	-0.65	-0.90	-0.60	-0.50
ニュージャージー	-0.84	-1.19	-0.88	-0.56
ペンシルヴェニア	-0.27	-0.38	-0.22	-0.21
中西部				
オハイオ	-0.09	-0.16	-0.12	-0.01
インディアナ	-0.41	0.04	-0.31	-0.82
イリノイ	-0.62	-0.97	-0.34	-0.50
ミシガン	-0.25	-0.41	-0.44	0.00
ウィスコンシン	-0.12	-0.31	0.29	-0.23
ミネソタ	-0.49	-0.50	-1.07	-0.14
アイオワ	-0.33	-0.68	-0.22	-0.14
ミズーリ	-0.20	-0.39	-0.18	-0.07
ノースダコタ	0.74	0.18	0.03	1.53
サウスダコタ	-0.37	0.15	-0.80	-0.54
ネブラスカ	-0.21	-0.64	-0.65	0.37
カンザス	0.39	0.06	0.26	0.73
南部				
デラウェア	0.78	1.01	0.53	0.76
メリーランド	-0.46	-0.62	-0.49	-0.32
ワシントン D.C.	-0.52	-0.66	-0.52	-0.39
ヴァージニア	-0.13	-0.13	-0.53	0.15
ウエストヴァージニア	-0.48	-0.68	-0.02	-0.63
ノースカロライナ	0.74	0.95	0.34	0.86
サウスカロライナ	0.97	1.53	1.28	0.28
ジョージア	0.19	0.37	-0.35	0.41
フロリダ	1.03	1.85	1.10	0.47
ケンタッキー	0.08	-0.04	0.07	0.18
テネシー	0.45	0.74	0.21	0.39
アラバマ	0.47	0.75	0.60	0.16
ミシシッピ	0.32	0.65	-0.21	0.38
アーカンソー	-0.04	0.26	0.42	-0.54
ルイジアナ	-0.43	-0.48	-0.46	-0.36
オクラホマ	0.14	0.13	0.33	0.03
テキサス	0.21	0.16	0.31	0.18
西部				
モンタナ	-0.44	-1.15	-0.47	0.21
アイダホ	1.50	1.04	0.98	2.25
ワイオミング	-0.54	-2.13	1.28	-0.35
コロラド	0.35	0.62	0.56	-0.04
ニューメキシコ	-0.75	-0.72	-1.17	-0.50
アリゾナ	1.73	2.19	1.74	1.40
ユタ	0.47	0.73	0.54	0.20
ネヴァダ	0.66	1.18	0.67	0.21
ワシントン	-0.26	-0.62	-0.43	0.16
オレゴン	0.43	0.78	0.07	0.38
カリフォルニア	-0.54	-0.77	-0.37	-0.47
アラスカ	-1.78	-2.00	-0.67	-2.49
ハワイ	0.04	1.18	-0.98	-0.20

American Community Survey より作成.

齢とともに流入超過に変わっている．つまりアメリカ合衆国の高齢人口移動は，北東部や中西部での転出超過と南部や西部の転入超過が基本的なパターンであるが，このパターンは年齢とともに変動する．年齢層が上がるにつれて，南部や西部の州では転入超過から転出超過へ変わる州が現れ，北部や東部の州ではそれに対応するように転出超過から転入超過へと変わるのである．

このように年齢が上がることによって転入超過・転出超過の状況が変わることは，高齢人口移動のライフコースモデルと関連づけて理解することができる．ライフコースモデルによると，高齢期の移動は3つの段階に区分される．まず高齢期の比較的早い時期に，高齢期の生活を楽しむために行う移動が第一の移動である．さらに，本人や配偶者の心身に変化が生じたり，死別した場合に，家族や親類の支援を受けるために移動するのが第二の移動である．さらに，年齢を重ね介護が必要となった場合に介護施設等へ移動するのが第三の移動である（Litwak and Longino, 1987）．

移動率の地域性にみられる変化も，高齢期の初期段階では温暖な気候の下で老後の生活を楽しむために，南部を主要な到着地とする移動が発生したが，さらに年齢を重ねた後に家族や親類の居住する地域へ再移動を行った．そのために，南部の州では，転入超過から転出超過へと変化し，北東部や中西部では高齢後期の転入超過に転じたものと捉えることができよう．この過程で，高齢者を受け入れ，さらに送り出す「回転ドア」の役割を果たす州では，転入と転出のどちらも数多く発生することになる．さらに，75歳以上になると自郡内の移動が多数を占めるのは，近隣の施設へ向かう第3の移動が発生しているためと考えることができる．

10.4　高齢者の生活—リタイアメント・コミュニティー

アメリカ合衆国の高齢者の生活において特徴的な施設が，高齢者のみが居住するリタイアメント・コミュニティである．日本では，高齢者専用の居住施設というと介護や医療に重点をおいた，

写真 10.1　サンシティセンターの空中写真（2023年1月，USDA撮影）

いわゆる老人ホームがイメージされるが，アメリカ合衆国のリタイアメント・コミュニティはそれとは異なる特徴を有している．リタイアメント・コミュニティは高齢期における居住地選択の1つとして機能し，多くの高齢者を引きつけている．ここでは，フロリダ州にあるサンシティセンターを事例として，その特徴を紹介する．

サンシティセンター（写真 10.1）は，フロリダ半島西岸のタンパから約30マイル（約50 km）ほど南に位置しており，1961年に高齢者専用住宅地域として開発された．2020年国勢調査によると，人口は約3万人，1万4000世帯であるが，そのうち65歳以上の人口が総人口の66.9%を占めている．

リタイアメント・コミュニティの最も基本的な施設は住宅である．住宅はいくつかのタイプに分かれており，サンシティセンターの場合，最も小さな住宅で10万ドル程度から購入可能である．プールやガレージの数によって価格は上昇し，最高価格帯で40万ドル程度に達する．

リタイアメント・コミュニティの多くは，高齢者が趣味やボランティアなどさまざまな活動を楽しみながら生活することを意図しており，それを実現するための施設が整備されている．サンシティセンターの場合，最も充実しているのがゴルフ場である．サンシティセンター内の全域に140以上のホールが整備されており，ゴルフ場を取り巻くように住宅や道路が配置されている．さらに，室内・屋外のプールやテニスコート，ソフトボール用グランド，バレーボールコート，フィットネスルーム（写真 10.2）などさまざまなスポーツを楽しむことのできる設備が整備されている．こうしたスポーツ関連の施設に加え，陶芸や模型制作，絵画など屋内活動のためのクラブハ

写真10.2 フィットネスルーム（2005年9月，筆者撮影）

写真10.3 ゴルフカート（2005年9月，筆者撮影）

ウスや図書館，コミュニティ活動の拠点となるセンターなども用意されている．こうした施設の維持管理のために居住者は組合を組織し，1人年間194ドルの利用料を払っている．

コミュニティを東西に貫く幹線道路沿いにはショッピングモールがあり，小売店舗やサービス業が立地している．このことによって，遠くまで買い物に出かけることが困難となった高齢者であっても，コミュニティの中で生活に必要なものを購入することが可能となっている．ゴルフ場を中心とするリタイアメント・コミュニティではゴルフカートを移動の主要な手段として用いる者も多い（写真10.3）．

高齢者の集まるコミュニティであるため，医療機関も重要である．サンシティセンターの敷地内には112床を有する病院が立地しており，24時間体制の医療サービスを提供している．その他，タンパという大都市に近接しているため，そこに立地する専門的な病院やフロリダ州立大学の医療施設なども利用可能である．さらに，サンシティセンターがオープンしてから40年以上が経過し，心身の状態が変化し介護を必要とする者も増加しつつある．それらに対応するために，サンシティセンターの中にケア施設が立地している．その1つであるレーク・タワーズ（Lake Towers）は，インデペンデント・リビング，アシステッド・リビング，ケアサービスと，複数の機能を併せ持った施設である．このことは，ゴルフなどを楽しむ状態から心身の状態が変化しても，サンシティセンターの近隣で段階に応じた介護を受けることが可能であることを意味する．サンシティセンターは，退職後の一時的な娯楽の場として機能するのみでなく，地域全体が「終の棲家」としての機能を果たすことによって，居住者に安心した生活を提供している．

［平井　誠］

・・・・・・・・・・ 課題学習 ・・・・・・・・・・

❶ 2010年以降，アメリカ合衆国において人口高齢化が急激に進展したのはなぜだろうか．
❷ 大都市圏と非大都市圏で高齢化に違いがあるのはなぜだろうか．
❸ 高齢者が居住地を変えるのはなぜだろうか．

文　献

Frey, W.H., at al. (2000): State magnets for different elderly migrant types in the United States. *International Journal of Population Geography*, **6**: 21-44.

Litwak, E. and Longino, C. F. (1987)：Migration patterns among the elderly: A developmental perspective. *The Gerontologist*, **27**: 266-272.

11 アジア化とラテンアメリカ化

アメリカ合衆国では，アジアやラテンアメリカにルーツを持つ人々の増加が著しい．彼らの増加が顕著になったのは20世紀後半以降であるが，今後さらなる増加が見込まれる．さらに彼らは，人口構成の変化の主役に位置づけられるだけではなく，政治・経済活動や文化景観にも影響を与える存在になっている．彼らはどのような経緯でアメリカ合衆国に移住し，定住してきたのであろうか．彼らの地理的分布にはどのような特徴があるのだろうか．本章ではアジア系とヒスパニックの人口学的特徴，地理的分布の特徴，さらには彼らが生産する文化景観の特徴について考えてみよう．

ロサンゼルスのチャイナタウン（2006年9月，筆者撮影）

11.1 増加するアジア系

2020年現在，ヒスパニックはアメリカ合衆国の総人口の18.7％，アジア系は6.0％を占める（図11.1）．両者の割合はこれまでも順調に上昇してきたが，2060年には全人口の4人に1人がヒスパニック，11人に1人がアジア系になるとセンサス局は予測している．いずれ彼らがアメリカ社会のエスニック構成における主役になることは間違いない．その人口動態について，まずはアジア系について概観しよう．

2020年センサスによれば，アメリカ合衆国に居住するアジア系は1989万人，全人口の6.0％を占めるにすぎない．ヒスパニックの18.7％やアフリカ系の12.2％と比べれば小集団である．ところでアジア系6.0％という数字は，センサス局が定義する人種カテゴリーの1つにのみ該当する「単一人種（race alone）」である．2020年センサスでは，人種やエスニシティについての質問項目の書込み欄が200字（2010年は30字）に拡張され，これまで見落とされてきた多人種な状況がより正確に把握できるようになった．アメリカ合衆国には複数の人種カテゴリーを交差する人々が住んでおり，こうした人々をセンサス局は「多人種（race in combination）」と定義している．2020年センサスで把握できたアジア系多人種は411万人存在する．したがって多人種を含めたアジア系は2400万人，全人口の7.2％を占める．

アジア系の地理的分布は太平洋側に偏る傾向が強い（図11.2）．アジア系が100万人を超える州は5つあるが，1位がカリフォルニア州（609万人）で，2位のニューヨーク州（193万人）を大きく引き離す．全国のアジア系の30.6％がカリフォルニア州に集中していることになる．州人口に占める割合でみればハワイ州（37.2％）が突出して高く，次いでカリフォルニア州（15.4％）の順になる．アジアからの移住経路に位置したハワイ諸島と，太平洋側の玄関口になったカリフォルニア州の地理的条件を物語る数値である．他

図11.1 総人口におけるヒスパニックとアジア系（2000～2060年）
（2030年以降は推計値．グラフ中の数値は全体に占める％）
US Census Bureau による．

11.1 増加するアジア系　　109

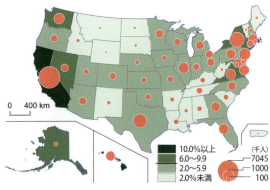

図 11.2 アジア系州別人口と割合（2020）
US Census Bureau, Census 2020 による．

に太平洋岸のワシントン州（9.5％）なども高い割合を示すが，ニュージャージー州（10.2％），ニューヨーク州（9.6％）など大西洋岸北東部の諸州においても割合が高くなっており，北東部の大都市がアジア系の受け皿になっていることがうかがえる．

西部太平洋岸と北東部大都市へ集中する傾向は，郡別にみるとさらに顕著になる（図 11.3）．アジア系の全国平均が 6.0％であるところ，その割合を上回るのは全国 3221 郡のうちわずか 137 郡のみであり，アジア系が特定の郡に集中する傾向が強いことがわかる．その特定の郡というのが，太平洋岸や北東部の都市部の郡である．最も割合が高いのがハワイ州ホノルル郡（43.0％）で，白人（18.5％）や，本来のエスニック集団の主役であった太平洋諸島系（10.0％）をはるかに上回る．大陸本土に目を向けると，最も高い割合を示すのがカリフォルニア州サンタクララ郡（39.2％）である．サンフランシスコ都市圏に立地する同郡にはシリコンヴァレーがあり，多数のIT 企業や大学が立地し，アジア系の技術者や学生の存在がうかがえる．ところで，サンタクララ郡とそれに隣接するアラメダ郡（32.4％）は，センサス史上初めて大陸本土に登場したアジア系がエスニック・マジョリティとなる郡であり，白人（サンタクララ郡が 32.2％，アラメダ郡が 31.1％）を上回る．サンフランシスコ都市圏がアジア系の高率地域になる一方，最大のアジア系人口を擁するのは，同じカリフォルニア州のロサンゼルス郡である．2020 年センサスにおける同郡のアジア系は 150 万人に達し，これはサンタクララ郡の約 2 倍の規模であるが，総人口が多いため割合としては 15.0％である．北東部では，ニューヨーク州

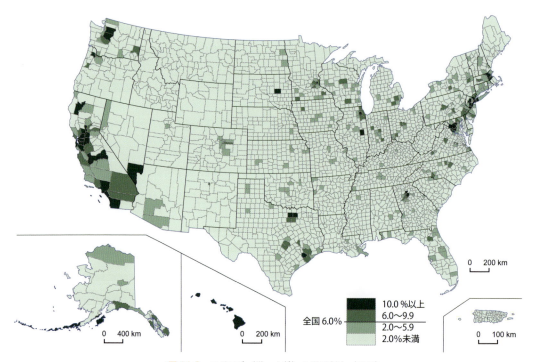

図 11.3 アジア系（単一人種）の郡別割合（2020）
US Census Bureau, Census 2020 による．

110　　11　アジア化とラテンアメリカ化

クイーンズ郡が27.5％で，上位8位に入る．同郡は人種的多様性で知られるが，隣接するマンハッタンには全国最大規模のチャイナタウンが立地する．

こうした伝統的な集住地域に対して，ボストン都市圏郊外のミドルセックス郡（26.5％）やヒューストン都市圏郊外のフォートベンド郡（22.1％）など，大都市郊外でもアジア系の割合が急速に高まっている．

11.1.1 アジア系の多様性

アジア系という1つのカテゴリーにまとめられる集団ではあるが，言語や宗教などの属性は実に多様である．2020年センサスにおけるアジア系サブグループの3大集団は，単一人種では上位から順にインド系（440万人），中国系（台湾系を除く，413万人），フィリピン系（308万人）である（図11.4）．多人種まで含めると，1位と2位の順位が入れ替わるが，これら3集団が多数派であることにかわりはない．サブグループにより多人種の割合の違いが目立つが，これは入国時期と大きく関係している．19世紀中頃から20世紀初めに移住の大きな波があった中国系，フィリピン系，日系は多人種の割合が他集団と比較して高い．特に日系は全体の53.3％が多人種で，アジア系の中で多人種化が最も進行している．それに対して，第二次世界大戦後の移民が多いインド系，ベトナム系などではその割合が低い．混血の程度もさることながら，アジア系サブグループはそれぞれの入国時期，入国理由，入国後の就業業種も異なり，そうした事情がそれぞれの地理的分布にも反映される（図11.5）．

中国系は西部太平洋岸と北東部の諸州でマジョリティである．中国系はアメリカ合衆国に最初に大量移住したアジア系である．ヨーロッパ系の移民が大西洋を経由して入国したのに対して，中国系は太平洋を経由した．中国系の大量移住は1850年頃のカリフォルニアのゴールド・ラッシュから始まった．当初はカリフォルニア州の鉱山で働いたが，大陸横断鉄道の建設が本格化すると鉄道建設にも従事した．セントラル・パシフィック鉄道会社が中国国内で労働者を募集した

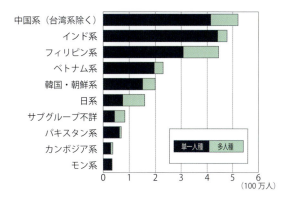

図11.4 アジア系のサブグループ別人口（2020）
US Census Bureau, Census 2020 による．

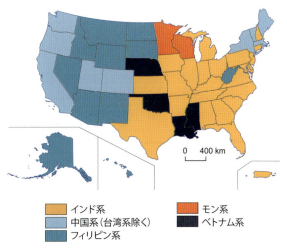

図11.5 アジア系（多人種含む）サブグループにおける州別マジョリティ（2020）
US Census Bureau, Census 2020 による．

こともあり，彼らは1860年代以降急増し，太平洋岸の大都市や鉄道沿線の開発拠点にチャイナタウンを形成して集住した．

大量に移住して低賃金で働き，ヨーロッパ系とは異質な生活スタイルを営む彼らに対して，白人労働者は労働を奪う敵として嫌悪し，アメリカ社会における中国系に対する偏見や差別感情が高まった．こうした差別は法制度にも現れ，アメリカ合衆国ではじめて特定人種を対象とした移民法，いわゆる「中国人排斥法」が1882年に制定された．当初同法は，労働者の入国のみを制限したが，1888年に対象を拡大したため，それ以降20世紀半ばまで中国系が増加することはなかった．

中国系に代わり19世紀末から急増したのが日

系であったが，日系の移民史は第4章に詳しく説明されている．日系とほぼ同時期の19世紀末以降移住するようになったのがフィリピン系である．フィリピンは1902年以降アメリカ合衆国領であったため，当時フィリピン系は比較的自由に移住することができたうえ，1917年と1924年の移民法の対象から除外された．フィリピン系は，当初ハワイ州やカリフォルニア州で農業労働に従事した．しかし彼らの増加により反フィリピン感情が高まり，1934年のフィリピン独立法の中の規定により，フィリピンからの移民は年間50名に制限されるようになった．

これら歴史の古いアジア系に対して，移民の国別割り当てを撤廃した1965年の移民法，いわゆる「ハート・セラー法」が施行されて以降，アジアからの新しい移民が急増した．中西部から東部にかけての諸州でマジョリティの地位にあるインド系は新しい移民の典型である．そもそもインド系の移民の記録は17世紀の東インド会社の時代にさかのぼるが，1920年当時の人口はわずか3千人であり，日系の14万人，中国系の7万人に比べればアジア系におけるマイノリティの存在であった（Gibson and Jung, 2002）．しかし1965年以降急増し，1980年に36万人，2000年には168万人に達した．最近のインド系の多くが，大学留学生やIT技術者として学生ビザや就労ビザで入国していることはよく知られている．同じことが最近の中国系移民にもいえるが，中国系は古くからのコミュニティが存在する太平洋岸や大都市へ移住する傾向が強い．それに対してインド系は古いつながりが弱いために国内に分散する傾向があり，東側の諸州でマジョリティになっている．

ベトナム系も1960年代以降に急増した．きっかけは，1975年のベトナムの社会主義体制への移行と，1979年の中越戦争による大量の難民排出である．アメリカ合衆国は難民法を1980年に改正し，年度ごとの難民受け入れ制限を5万人まで引き上げ，さらにそれを超過した場合の緊急措置も定めた．これにより多くのベトナム難民が援助と庇護を求めてアメリカ合衆国へ移住した．1975年の社会主義体制移行時の難民は高学歴の専門職が多かったが，1979年の中越戦争後の移民は農村出身者が多く，彼らはグレートプレーンズの中小規模の都市に定住し，食肉処理場などで働いた（Ravuri, 2003）．そのため，ネブラスカやオクラホマなど，グレートプレーンズの諸州でベトナム系がマジョリティになっている．

ミネソタ州とウィスコンシン州でマジョリティの地位にあるモン系は，もともとは中国，ベトナム，ラオス，タイの国境付近に住む人々であった．ベトナム戦争時にアメリカ軍を支援したことで，戦終後にベトナム軍による迫害を受け，さらにはラオス内戦後に成立したラオスの共産主義政権に迫害され，難民となった．1970年代後半以降，多くのモン系難民が移住し，五大湖沿岸の諸州やカリフォルニア州に定住した．

11.2 増加するヒスパニック

アメリカ合衆国におけるヒスパニックの存在感は日々増加の一途をたどっている．昨今の大統領選挙でも，候補者陣営にとってヒスパニック票をいかに取り込むかが重要な課題になる．そもそもヒスパニックとはどのような人々なのであろうか．

11.2.1 ヒスパニック／ラティーノとは

センサスの質問票には，人種の質問から独立して「ヒスパニック／ラティーノ（Hispanic/Latino）」の質問が設定されており，そのうえ「ヒスパニック／ラティーノは人種ではない」と注意書きがある．人種は遺伝的・形質的特徴による自然人類学的分類であるのに対し，ヒスパニック／ラティーノは文化的属性の共通項，すなわち「エスニシティ」によって分類された集団であるためである．

センサスに「ヒスパニック」という指標が登場したのは1980年である．1960年代の公民権運動以降，行政にとってエスニック・マイノリティ集団を支援するための人口学的情報が必要になったが，メキシコ系，キューバ系，プエルトリコ系など，複数の国や地域にまたがる出自を持つ彼らを統括する範疇として登場したのが「ヒスパニック」であった．ヒスパニックの語源は，古

代ローマ帝国時代にイベリア半島を指したラテン語地名「ヒスパニア Hispania」にある．その形容詞が Hispanicus（ヒスパニアの）であり，それが転じて英語の Hispanic（ヒスパニック）になり，後にスペインと関係の深い旧スペイン領アメリカの出身者を意味するようになった．

それに対し，「ラティーノ」がセンサスに登場するのは 2000 年である．センサス局によれば，ラテンアメリカ出身者を指すのにアメリカ合衆国の西側で「ラティーノ」が用いられる傾向にあるため，調査回答率への影響を考慮して調査項目を「ヒスパニックまたはラティーノ Hispanic or Latino」に修正した．「ラティーノ」は，スペイン語の「ラテンアメリカ人 Latinoamericano」からの派生語である．アメリカ合衆国のスペイン語話者の多くがラテンアメリカ出身者であるので，スペインとの関係を想起させる「ヒスパニック」よりも，出身地と密着した「ラティーノ」という表現のほうが現実に即しているといえる．

11.2.2 ヒスパニックの存在感

ヒスパニックの増加傾向は図 11.1 に示したとおりである．ヒスパニックがアメリカ合衆国最大のエスニック・マイノリティ集団になったのが確認されたのは 2000 年センサスであり，同年彼らは総人口の 12.6％に達し，12.2％のアフリカ系を逆転した．

ヒスパニックの分布には，2 つの地理的集中傾向が確認できる．1 つがラテンアメリカに地理的に近接する太平洋岸から南西部にかけての諸州，もう 1 つが大都市の集中する五大湖沿岸から北東部の諸州である（図 11.6）．特に集中するのは，メキシコと国境を接する南西部のカリフォルニア，テキサスなどの諸州である．ヒスパニックが最も多く住むのがカリフォルニア州で，その数は 2020 年現在で 1558 万人に達する．次に多いのがメキシコとリオグランデ川をはさんで国境を接するテキサス州で 1144 万人，3 位がメキシコ湾経由でのアメリカ入国の玄関になるフロリダ州で 570 万人である．州人口に占める割合でみれば，最大はプエルトリコ自治連邦区の 98.8％であるが，ここは 1898 年にアメリカ合

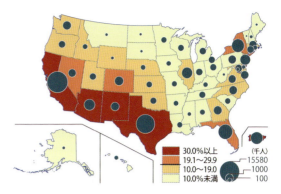

図 11.6　ヒスパニックの州別人口と割合（2020）
US Census Bureau, Census 2020 による．

衆国に自治領として編入されるまではスペイン領であったため，他州とは事情が異なる．本土に目を向ければ，メキシコと国境を接する州の割合の高さが目立つ．最も割合が高いのがニューメキシコ州で 47.7％，30％を超えるのがテキサス州（39.4％），カリフォルニア州（39.3％），アリゾナ州（30.7％）であり，いずれもメキシコと国境を接する州である．テキサスは 1845 年，他の州は 1848 年に併合されるまでメキシコ領であり，もともとヒスパニックの住む土地であった．北東部のニュージャージー州（21.6％）やニューヨーク州（19.6％），五大湖沿岸のイリノイ州（18.2％）も 200 万人を超えるヒスパニックを擁するが，もともとの人口が多いので割合は 20％程度である．

郡単位でヒスパニックの集積をみた場合，ラテンアメリカからの距離という地理的条件の重要性がより鮮明になる（図 11.7）．プエルトリコを除けば，ヒスパニックが 50％を超える郡は 2020 年現在で 101 に達するが，その分布はメキシコと国境を接するカリフォルニア，ニューメキシコ，テキサスの諸州に集中する．それ以外で 50％を超える例として，カンザス州の「精肉業ゴールデントライアングル（Golden Triangle of Meatpacking）」に含まれるフォード郡やフィニー郡，太平洋岸北部ワシントン州の農業地帯で果物関係の就農や加工工場での労働など農業関連産業が集まるフランクリン郡やヤキマ郡，北東部ニューヨーク州のプエルトリコ系の集住で有名なブロンクス郡，南東部フロリダ州のキューバ系の集住地

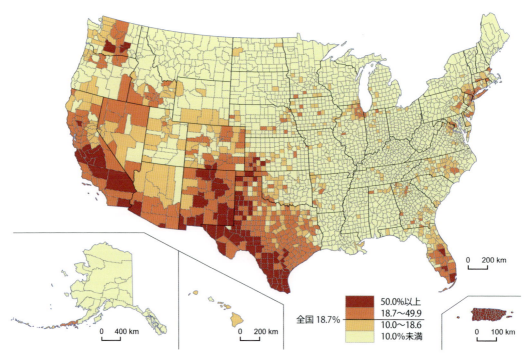

図 11.7　ヒスパニックの郡別割合（2020）
US Census Bureau, Census 2020 による.

区リトル・ハバナが立地するデイド郡など，それぞれにヒスパニックが集住する背景を持つ．これらの例はヒスパニックの地理的集中の新旧傾向を示す．カンザス州とワシントン州の事例はヒスパニックが農業や食品加工業に就業機会を求めて農村地域に進出しつつある新傾向を象徴する．ニューヨーク州とフロリダ州の事例は，大都市に形成されたヒスパニックの伝統的集住地域「バリオ」の存在を暗示する．

11.2.3　出自でみるヒスパニック

人口増加と分布の偏向以外のもう1つ重要な特徴が，サブグループによる地理的分布傾向の違いである．そもそもヒスパニックは，メキシコ系が多くを占め，その割合はヒスパニック全体の57.7％に達する（図11.8）．そのため，多くの州でメキシコ系がヒスパニック集団内のマジョリティの地位にある．しかし，アジア系と同様にサブグループによる分布の違いがみられる．ヒスパニックが200万人を超える大都市統計地域（MSAs: Metropolitan Statistical Areas）は2022年時点で全国に8つ存在するが，メキシコと国境を接するカリフォルニア，アリゾナ，テキサス各

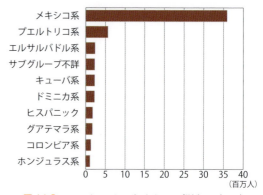

図 11.8　ヒスパニックのサブグループ別人口（2020）
US Census Bureau, Census 2020 による.

州内の6都市では，陸路での近接性を反映してメキシコ系が4分の3以上を占める（図11.9）．五大湖沿岸の内陸に位置するシカゴでも，メキシコ系が77.5％に達する．メキシコ系はかつて鉄道網を介して内陸の工業地帯へ労働者として移動したが，シカゴにおけるメキシコ系の存在は，内陸交通の要衝としてのシカゴの地位を反映しているといえる．それに対してマイアミやニューヨークは，かつては海路，最近では航空路を経由する移住経路に位置しており，ニューヨークではカリブ海出身のプエルトリコ系やドミニカ系，マイアミ

114　　11　アジア化とラテンアメリカ化

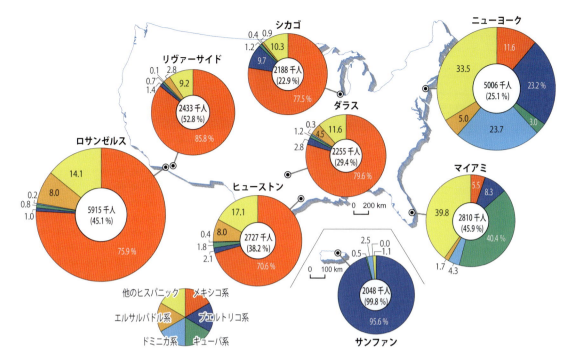

図 11.9 ヒスパニック 200 万人以上の大都市統計地域におけるヒスパニック構成（2020）
US Census Bureau, American Community Survey, 5-Year Estimates Detailed Tabel による．

では距離的に近いキューバ系の割合が高くなる．キューバ系は 1958 年のキューバ革命後に多く移住し，マイアミが最大の集住地になっている．

11.3 ロサンゼルスのアジア系とヒスパニック

前述のとおり，国内最大規模のアジア系とヒスパニックを擁する州はカリフォルニア州であり，郡ではロサンゼルス郡である．したがってロサンゼルスは，人口構成のアジア化とラテンアメリカ化を最前線で経験している都市といえる．

11.3.1 ヒスパニック・バリオ

「バリオ（barrio）」とは都市内の「地区」を意味するスペイン語である．ただしラテンアメリカ諸国でスラムを「バリオ」と呼ぶ場合がある．そのため，アメリカ合衆国のヒスパニック集住地区を「バリオ」と呼ぶ場合，ホスト社会アメリカの人々が抱く「ヒスパニック」すなわち「貧困」という負のイメージがその空間に反映される．

バリオの歴史は古い．カリフォルニア州やニューメキシコ州は，19 世紀初頭まではスペイン領，1848 年の米墨戦争終戦以前はメキシコ領であったため，当時を起源とするバリオが多数存在する．カリフォルニアがスペインのヌエバ・エスパニャ副王領であった 17 世紀末，21 のカトリック伝道施設「ミッション」が約 30 マイル間隔で太平洋岸に建設された．現在のロサンゼルス付近では，北部のサンフェルナンド，ダウンタウン東部のサンガブリエル，オレンジ郡南部のサンフアンがそれに該当する（図 11.10）．当時のミッションは自給自足を前提とし，宗教機能とともに生産機能を備えており，農園（アシエンダ）や牧場（ランチョ）が併設された．またスペイン人入植者は，現在のダウンタウンのすぐ東にミッションや軍隊の後方支援を目的とした民間人入植村エルプエブロ（El Pueblo）を 1781 年に建設した．これが現在のロサンゼルスの起源である．これらのミッションや民間人入植村にはスペイン人や後にメキシコ人が集住し，現在の伝統的バリオの起源になった．

伝統的バリオに対し，現在のヒスパニック集住地区はダウンタウンの東部から南部にかけて，幹線道路沿い 20 km 以上にわたり広がるバリオの連続体になっている．ダウンタウン東側には，ボ

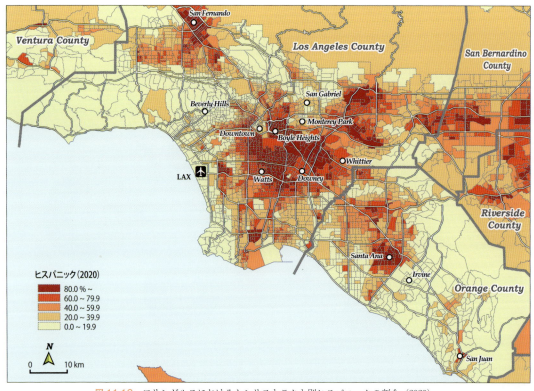

図11.10　ロサンゼルスにおけるセンサストラクト別ヒスパニックの割合（2020）
US Census Bureau, Census 2020による．

イルハイツに代表されるバリオがひしめく．ダウンタウン東部にヒスパニックが進出するようになったのは20世紀初めであり，当時，製造業が都心から分散してロサンゼルス川以東のこの地域に進出し，そこに雇用機会を求めるヒスパニックが移動した．これによりダウンタウン東部では，ヒスパニックの過度の集中と過密化により居住環境悪化と住宅不足が深刻化した．それに対して自家用車を所有する白人は，ビバリーヒルズを中心としたダウンタウン西部に集住し，エスニック構成の東西の対比が鮮明になった（Menchaca, 1995）．

20世紀中ごろ，ヒスパニックは東部の過密化によりダウンタウン南部や郊外に流出した．ワッツを中心とするダウンタウン南部のサウスセントラルは，アフリカ系の集住で知られる地域だったが，アフリカ系が所有する安価な住宅市場は，住宅不足に悩むヒスパニックの新たな進出先になった．家族や近親者の結束が強いヒスパニックは，仲間内で不動産購入資金をプールして住宅市場に介入するが，それほどの結束力のないアフリカ系はそれに対抗できず，その結果，サウスセントラルはヒスパニックの集住地域に変貌した．

20世紀後半になると，一部のヒスパニックは，社会・経済的地位の上昇を実現し，郊外の白人住宅街へ進出するようになった．新興中産階級のヒスパニックが進出した南東部郊外のダウニーや東部郊外のウィッティアは，メキシカン・ビバリーヒルズと呼ばれた（González, 2017）．

ある地区においてヒスパニックが劇的に増加し，地域の人口構成や文化景観が変容する現象を，地理学者カーティスは「バリオ化（barrioization）」あるいは「スーパーバリオ化（superbarrioizaton）」と呼んだ（Curtis, 2004）．そもそも「バリオ化」という用語は，歴史学者のカマリジョ（Camarrillo, 1979）が，ホスト社会アメリカにおいて従属的地位にあるヒスパニックの社会的かつ空間的すみわけを表現するために用いた．しかし，ロサンゼルスの事例のように，バリオが拡大し連続体となる様子は，もはやエス

ニック・マイノリティという従属的な立場によるすみわけの規模をはるかに超える．ロサンゼルスではヒスパニックがもはやマジョリティであり，ロサンゼルスの文化景観を生産し改変する主役である．ロサンゼルスの都心から東部，南部の一帯を覆い尽くさんばかりに広がるバリオの連続体においては，ヒスパニックが景観改変の主体となり，まるでラテンアメリカのようなエスニック景観をいたるところに生産している（写真11.1）．

また，彼らは都市機能においても主役的立場にある．彼らの政治的発言力は，2005年にロサンゼルス市政はじめてのヒスパニック市長を誕生させた（2005～2013年の市長はメキシコ系ヒスパニック）．彼らが文化景観や都市機能への関与を深める様子は，ホスト社会に従属するという負の立場よりも，カーティスが定義する「バリオ化」の概念が包摂するヒスパニックの主体的かつダイナミックな活力を投影しているといえるだろう．

11.3.2　アジア系の移民街と新たな郊外

ロサンゼルスにおけるアジア系の歴史も古い．ロサンゼルスにおけるアジア系の動向を，日系と中国系を中心に概観しよう（図11.11）．

ロサンゼルスに最初に定住したアジア系は中国系であり，1850年代にはすでに定住していた．当時の中国系は，エルプエブロの南に隣接する一画にチャイナタウンを形成した．ここはサザンパシフィック鉄道のユニオン駅に隣接し交通の便が良かったため，そこで中国系は彼らの代表的なビジネスであるクリーニングをはじめ，鉄道や道路の建設，商業，農業などに従事した．しかしユニオン駅の拡張にともない，チャイナタウンは1938年に現在の位置に移転した．

日系がロサンゼルスに定住したのは1880年代であった．彼らは古いチャイナタウンの南，現在のダウンタウンの東に定住し，日系人街リトルトーキョーを形成した．彼らはそこを拠点に商業や農業に従事した．こうしてロサンゼルスに生活基盤を築いた日系であるが，第二次世界大戦中は強制収容所に送られた．

戦後解放された日系は，主にロサンゼルス東部や南部に再定住した．そのうち南部のガーデナは，戦前から日系が農業を営んでいた場所であるが，戦後定住した日系男性の多くが庭師に就業し，1955年には南加庭園業連盟を組織した．これは戦前からこの分野で日系の名声が高かったことから参入が容易であったためである（Brooks, 2009）．その後，ガーデナの南のトーランスに，トヨタ，ホンダ，全日空などの日系企業が進出し，ロサンゼルス南部は新たな日系人街として発展した．

日系はダウンタウン西部の海岸近くのソウテルにも戦前から定住し，庭園業などを営んでいた．戦後一時衰退したが，1970年代頃から日系ビジネスが戻り始め，現在では別称「リトルオーサカ」と呼ばれる新興の日系人街に成長している．

日系が形成した郊外トーランスに対し，中国系が形成する郊外はその規模をはるかに凌駕する．ダウンタウン東側のモンテレーパークを中心に巨大な中国系集住地域が存在するが，これを地理学者リー（Li, 1998）は，中国系が形成した新たなエスニックな郊外「エスノバーブ」と呼んだ．かつてエスニック集団が形成した移民街が，都心近くのインナーシティに立地し集団内のエスニック経済活動の拠点として機能したのに対し，近年出現しつつある巨大なエスノバーブでは，強い社会・経済的上昇性をともなう中国系エスニック集団が，地元エスニック経済よりグローバル経済と連動した活動を展開している．

巨大なエスノバーブとヒスパニック・バリオは，ロサンゼルスの人口構成のみならず都市的活

写真11.1　ボイルハイツのエスニック景観（2006年，筆者撮影）
ここはダウンタウンからわずか5キロ東に位置する．

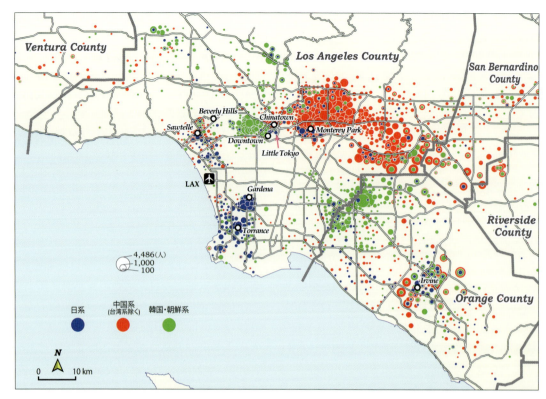

図11.11 ロサンゼルスにおけるセンサストラクト別東アジア系サブグループの割合（2020）
US Census Bureau, American Community Survey, 5-Year Estimates Detailed Tabel による.

動においてもアジア系とヒスパニックが主役になりつつあることを象徴する空間であるといえる.

[石井久生]

•••••••••••• 課題学習 ••••••••••••

❶ なぜアジア系やヒスパニックはアメリカ合衆国に移住したのだろうか.

❷ なぜアジア系とヒスパニックは20世紀後半以降に急激に増加したのであろうか.

❸ ロサンゼルスにおける日系や中国系のエスニック・タウンの立地は，なぜ時代とともに変化したのだろうか.

文　献

Brooks, C. (2009): *Alien Neighbors, Foreign Friends: Asian Americans, Housing and the Transformation of Urban California*, 169p, University. of Chicago Press.

Camarrillo, A. (1979): *Chicanos in a Changing Society: From Mexican Pueblos to American Barrios in Santa Barbara and Southern California, 1848-1930*, 326p, Harvard University Press.

Curtis, J. (2004): Barrio space and place in southeast Los Angeles, California. In *Hispanic Space and Latino Place: Community and Cultural Diversity in Contemporary America* (D.D. Arreola, ed.), pp. 125-141, University of Texas Press.

Gibson, C. and K. Jung (2002): Historical Census Statistics on Population Totals by Race, 1790 to 1990, and by Hispanic Origin, 1970 to 1990, for The United States, Regions, Divisions, and States. Working Paper Series No.56. http://www.census.gov/population/www/documentation/twps0056.html （2024年1月11日閲覧）

González, J. (2017): *In Search of the Mexican Beverly Hills: Latino Suburbanization in Postwar Los Angeles*, 201p, Rutgers University Press.

Li, W. (1998). Ethnoburb versus Chinatown: Two types of urban ethnic communities in Los Angeles. *Cybergeo*, **10**: 1-12.

Menchaca, M. (1995). *The Mexican Outsiders: A Community History of Marginalization and Discrimination in California*, 270p, University of Texas Press.

Ravuri, E. (2003): Changes in Asian and Hispanic population in the cities of the Great Plains, 1990-2000. *Great Plains Research: A Journal of Natural and Social Sciences Great Plains Studies*, **13**: 75-96.

12 アメリカ合衆国と世界

いままでアメリカ合衆国の地誌について，10のテーマをあげて考えてきた．そうした考察を踏まえて，アメリカ合衆国を全体として他の国や地域と比較し，グローバルな枠組みに位置づけてみると，この国の地誌的特徴がさらに明らかになる．本章では，アメリカ合衆国をカナダとメキシコという隣国や，南に広がるラテンアメリカ，特にブラジルと比較する．また，グローバル化するアメリカ合衆国の現実の姿を具体的にとらえてみる．最後に，「アメリカ合衆国は世界の博物館だ」という解釈とその意義について考えてみよう．

ロサンゼルスの全米日系人博物館（2019年9月，筆者撮影）

12.1 文化的に異なる2つの隣国

12.1.1 アングロアメリカとラテンアメリカ

アメリカ合衆国の隣国はカナダとメキシコである．これらはきわめて性格の異なる国々である．

南北アメリカを文化地域に区分する場合に，アングロアメリカとラテンアメリカに二分する方法がよく用いられる．アメリカ合衆国とカナダはアングロアメリカと呼ばれ，中部アメリカ（メキシコ，中央アメリカ，西インド諸島）と南アメリカはラテンアメリカと呼ばれてきた．実は，アメリカ合衆国では，1980年代までは大学の地理学の授業科目や地理学教科書でアングロアメリカという地域呼称が広く用いられたが，これは今ではほとんど使われない．アングロとはイングランド系という意味である．アメリカ合衆国とカナダのルーツを語るときにはアングロアメリカという呼称は有効であっても，現代のこの地域を指す呼称としては確かに不適切である．実際には，アメリカ合衆国もカナダも多様な人々から構成される多民族社会である．

一方のラテンアメリカは依然として一般的に使用される地域呼称であるが，地理学者のハーム・デブライ（de Blij, H. J.）は，そろそろこの用語の使用をやめるべきだと主張する．ラテンアメリカと呼ばれる地域は，かつてアングロアメリカと呼ばれた地域よりもはるかに民族的にも文化的に多様性に富む．日本では依然としてアングロアメリカとラテンアメリカという地域呼称がよく使われているが，正しい地域認識に基づいて，これらの用語の使用をそろそろやめる時期ではないだろうか．なお，デブライは，北アメリカ，中部アメリカ，南アメリカに分類する方法が妥当であるとする（de Blij, 2008）．

12.1.2 アメリカ合衆国とカナダ

アメリカ合衆国とカナダはアングロアメリカと呼ばれ，1つの文化地域に区分されてきたが，両国には多くの地域差が存在する．小塩・岸上（2006）は，歴史，社会，政治経済の領域において2国を比較しており，いくつかのポイントを要約すると次のようになる．

アメリカ合衆国は，1775年にイギリスとの独立戦争を契機に，近代国家としての歴史を開始した．イギリスからの独立がアメリカ合衆国という国家の出発点となり，基本的人権の尊重と自由と平等の理念に基づいて建国された．このように独立戦争を経て誕生したアメリカ合衆国には，封建制度が存在せず身分制度が生まれなかったし，社会的モビリティが大きいため，明瞭な階級分化は起こらなかった．

一方，カナダは保守主義の国であり，イギリス的な社会秩序の維持を中心の課題とし，君主制国

家主義，エリート主義，階級意識が強くみられる．1770年代のイギリス植民地では，独立に賛成する人々と反対する人々が対立し，1776年にアメリカ合衆国が独立すると，反対派はカナダに逃れて自分たちの社会を形成した．カナダはイギリスとの関係を継続し，イギリス文化を継承した．ただ，フランス植民地の存在によって，イギリス系とフランス系の共存関係が維持されることになった．カナダが連邦国家としての道を歩み始めたのは1867年であり，カナダ人という概念が制度として規定されるようになったのは第二次世界大戦後のことであった．現在でもカナダはイギリス連邦に属し，元首はチャールズ3世で，その名代として総督という役職が設けられている．

多民族社会・多文化主義に関しても大きな相違がみられる．アメリカ合衆国には，先住民に加えて，北西ヨーロッパ系の旧移民，アフリカ系奴隷，南・東ヨーロッパ系の新移民，アジア系移民，ラテンアメリカ系移民が流入し，多様な人々から構成される国が形成された．アメリカ社会では，多様な人々を受容するために時代によって同化論やるつぼ論が唱えられたが，1960年代に公民権運動を経験してからは，多文化の存在を容認する考え方が一般的となった．

カナダでは，イギリス系社会とケベックのフランス系社会の均衡を維持することが，国の発展にとって重要な課題であった．そのため，カナダの多文化主義は，多数派であるイギリス系がフランス系の存在を保証し，不満を抑制するための手段として用いられた．19世紀後半からは多様な移民を受け入れながら西部の開発が進み，モザイク社会が形成された．2言語を公用語とする多文化主義は，主にイギリス系，フランス系，移民集団を対象とするもので，アメリカ合衆国とは異なり，先住民政策は積極的には展開されなかった．

そのほか，両国とも連邦制を採用しているが，カナダの場合には地方分権が進んでおり，州（province）はアメリカ合衆国の州（state）よりも大きな権限を持つ．アメリカ合衆国では連邦政府への中央集権化の傾向が強まっている．また，カナダでは社会保障が充実しており，国民皆

写真12.1 カナダとアメリカ合衆国の国境（手前がブリティッシュコロンビア州，向こうがワシントン州）（2016年3月，筆者撮影）

保険制度が存在し，アメリカ合衆国よりも厳しい銃規制が行われている．なお，国境線をめぐる対立が第二次世界大戦まで続いたが，その後は世界最長の非武装国境地帯となり，今日に至る．写真12.1はワシントン州とブリティッシュコロンビア州の国境である．白く塗られた土台に銀色の支柱が立ち，その両側にCANADAとUNITED STATESの文字が刻まれているのみである．

12.1.3 アメリカ合衆国とメキシコ

一方，アメリカ合衆国の南に接するメキシコは，カナダとはまったく異なる世界である．アメリカ合衆国とメキシコの国境は，いわゆるアングロアメリカとラテンアメリカの形式的な境界をなしてきた．文化に着目すると，アメリカ合衆国では英語とプロテスタントが主流であるが，メキシコはスペイン語とカトリックの国である．メキシコの人口構成は，先住民とスペイン人との混血であるメスチーソ（総人口の60%）によって特徴付けられ，先住民の比率も25%と比較的高いが，ヨーロッパ系の白人は15%にとどまる．一方，アメリカ合衆国は，多数派である白人と，少数派であるヒスパニック，アフリカ系，アジア系などから構成される．

両国の相違は経済においてさらに顕著であり，その国境線は豊かな国と貧しい国を隔てる境界でもある．そのため，メキシコ人は賃金の高いアメリカ合衆国を目指す．不法入国する人々もあとを絶たない．一方，アメリカ合衆国の経済は，低賃金労働力としてメキシコ人労働者に大きく依存

する．国境の東側の半分はリオグランデ川であり，川を渡って入国する人々はウエットバックと呼ばれる．西側の国境では砂漠に鉄板のフェンスが建てられている．写真12.2と写真12.3はカリフォルニア州のインペリアルバレーにおける国境の景観である．カレキシコ市の東には農地が広がり，コロラド川の水を農業用水としてインペリアルバレーまで送水するオールアメリカン水路が延びる．国境線のフェンスの南側はメヒカリ市の市街地で，フェンスの隙間からメキシコ人の生活の様子を垣間見ることもできる．

このように両国間の国境は明瞭であり，不法入国者に対する取締りが行われているが，いわゆるアングロアメリカとラテンアメリカの文化的および経済的な境界はますます不明瞭になりつつある．それは，アメリカ合衆国のラテンアメリカ化が進行しているためである．メキシコ国境に接するカリフォルニア，アリゾナ，ニューメキシコ，

写真12.2　アメリカ合衆国とメキシコの国境（カリフォルニア州インペリアルバレー南部）（2007年3月，筆者撮影）

写真12.3　インペリアルバレー南部の国境地域
破線は国境線，☆印は写真12.2の撮影地点を示す．USDA（2022年5月30日撮影）による．

テキサスではヒスパニック人口が増加し，メキシコ系の文化要素が明瞭である．また，フロリダでは西インド諸島との人的および経済的な交流が盛んで，マイアミはラテンアメリカの首都とも言われる．増加し続けるヒスパニックは，経済的にも政治的にもますます存在感を増している．

12.2　アメリカ合衆国とラテンアメリカ

本章の冒頭で，ラテンアメリカは多様性に富んでいるため，ラテンアメリカという呼称を用いるのは不適切であると述べたが，ラテンアメリカには共通の特徴が存在することも事実である．ラテンアメリカと比較することにより，アメリカ合衆国の地理的特徴を明らかにすることができる．

比較の具体例としてブラジルを取り上げてみよう．アメリカ合衆国もブラジルも南北アメリカを代表する巨大な国家であり，農業生産力，人種民族の多様性，日系社会の存在など，さまざまな共通点がみられる．しかし，両国は対照的な地理的特徴を持っている．人種民族構成と混血，移民社会とホスト社会，農場と農業様式，都市構造と居住行動の4点について両国を比較してみよう．

12.2.1　人種民族構成と混血

ブラジルは混血の文化によって特徴付けられる．16世紀に入ってポルトガル人がブラジル北東部の植民を開始し，サトウキビプランテーションにアフリカ人奴隷が導入された．ここを基点として海岸部の植民が進行するとともに，内陸で牧畜経済や鉱山開発が展開した．こうした開発の過程で，白人のポルトガル人男性と先住民女性との混血によってマメルコやカボクロが，ポルトガル人男性とアフリカ人女性との混血によってムラートが増加した．

ブラジルの国勢調査には人種民族の統計があり，それらの分類は，白人（ブランカ），黒人（プレタ），黄色人（アマレーラ），混血人・褐色人（パルダ），先住民（インディジェナ）の5つである．2010年国勢調査では，白人47.8％，褐色人43.1％，黒人7.6％，黄色人1.1％，先住民0.4％という構成であった．アメリカ合衆国の国勢調査でも，人種民族を分類することにより人口

構成が明らかにされる．ただし，ブラジルでもアメリカ合衆国でも，人種民族の分類は客観的基準に基づくものではなく，自己申告による．どの分類に申告するのかについて，両国には大きな認識の違いが存在する．

ブラジルでは，自己申告する際には，実際の肌の色よりも薄い色のカテゴリーに申告するといわれる．というのは，人種民族の分類は，客観的な肌の色よりも，社会経済階層を反映する．「お金が肌を白くする」という表現がよく使われるように，外見は黒人でもお金持ちであれば，本人も周囲の人々も白人として認識する．したがって，国勢調査の人種民族分類は，必ずしも肉体的特徴を直接的に反映するものではない．これがブラジルの混血文化である．一方，アメリカ合衆国では，外見は白人であっても，1滴でも黒人の血が混じっていれば黒人とみなされ，人種民族の分類は厳しく，境界は明瞭である．

12.2.2 移民社会とホスト社会

このような2つの社会は，移民に対する対応に関して，異なるホスト社会である．日系移民と日系社会について考えてみよう．

アメリカ合衆国にもブラジルにも大きな日系社会が存在する．特にカリフォルニア州とサンパウロ州では，第二次世界大戦前に日系移民は集約的農業で大きな成功を収めた．しかし，戦後の日系社会の展開には大きな相違がみられた．カリフォルニア州では，日本人は戦時中の強制収容によって多くの財産を失い，戦後，農業に復帰した人々は多くなかった．戦前に日系移民が組織した農業協同組合の多くは消滅し，日本人の経済活動は多様化した．一方，サンパウロ州では，戦後，日本人は集約的農業の発展の原動力となり，日系農業協同組合は非日系人を取り込みながらブラジルの農業協同組合に発展し，野菜や果物の供給に主導的役割を演じた．

両国の日系二世には著しい相違がみられる．アメリカ合衆国では，二世はアメリカ人になりきろうと努め，200％のアメリカ人を目指したといわれる．それは，日本に対して無関心で日本語を話さないことや，第二次世界大戦中のヨーロッパ戦線で勇敢に戦った日系人部隊からも理解できる．一方，ブラジルの日系二世は日本語が達者で，自分が日系人であることを誇りにしているし，日系人であることはブラジル社会で有利に働く．これは，二世の多くが農村の日系社会に育ったことや，ブラジル社会が日系人を高く評価するためである．このように，2つの日系社会が異なる特徴を有するという事実は，日系移民を受け入れたアメリカ合衆国とブラジルというホスト社会が異なる社会構造を持つことを示唆する．

12.2.3 農業構造

農業と農場規模についても，両国は著しく異なる．2017年の農業統計を表12.1にまとめた．アメリカ合衆国では面積の単位はエーカーであるのに対して，ブラジルではヘクタールを用いるので，同じ規模区分で比較することはできない．ただ，エーカーをヘクタールに換算し（1エーカーは約0.4ha），類似した規模に分類すると，概要を理解することはできる．

両国の農場面積はほぼ同程度であるが，ブラジルの農場数はアメリカ合衆国の農場数の2.5倍近くある．そのため，平均農場面積ではアメリカ合衆国がブラジルをはるかに上回る．規模別の農場構成を比較すると，両国の相違点が明瞭になる．ブラジルでは圧倒的に小規模農場が多く，5 ha未満の農場数は全体の37.9％を占める．しかし，これらの農場は農場面積では1.0％を占めるに過ぎない．これらを含めた20 ha未満の農場は総農場数の65.5％に及ぶ．一方，1000 ha以上の農場は，数の上では1％であるが，面積では47.6％を占める．これは少数の大規模農場が農地を独占することを示唆する．ブラジルでは歴史的に少数の地主への土地の集中が顕著であったが，大土地所有制は昔も今も健在である．一方，アメリカ合衆国の場合は，20 ha未満の小規模農場は全体の41.9％であるが，20～72 haや72～202 haといった中間規模の農場の重要性を確認することができる．

このような規模別にみた農場構成の相違は，両国が経験した国家の発展と開発のしくみの違いによるものである．アメリカ合衆国では，他国との

表12.1 アメリカ合衆国とブラジルの農場（2017年）

アメリカ合衆国				
農場規模 (ha)	農場数	(%)	農場面積 (ha)	(%)
4未満	273,325	13.4	527,004	0.1
4～20	583,001	28.5	5,984,679	1.6
20～72	564,763	27.7	23,069,230	6.3
72～202	315,017	15.4	38,044,871	10.4
202～404	133,321	6.5	37,585,513	10.3
404～809	87,666	4.3	48,839,253	13.4
809以上	85,127	4.2	210,267,433	57.9
合計	2,042,220	100.0	364,317,983	100.0
平均農場面積 178.4 ha				

USDA, 2017年農業センサスによる.

ブラジル				
農場規模 (ha)	農場数	(%)	農場面積 (ha)	(%)
5未満	1,893,267	37.9	3,425,383	1.0
5～20	1,381,376	27.6	14,774,383	4.2
20～50	855,865	17.1	26,661,932	7.6
50～100	394,157	7.9	26,942,917	7.7
100～500	365,841	7.3	74,255,950	21.1
500～1000	54,878	1.1	38,001,742	10.8
1000以上	51,203	1.0	167,227,511	47.6
合計	4,996,587	100.0	351,289,818	100.0
平均農場面積 70.3 ha				

IBGE, 2017年農牧業センサスによる.

戦争や交渉によって新たに獲得された土地は連邦政府の所有地（公有地）となった．連邦政府は，19世紀にさまざまな法律を制定して，公有地を処分した．教育のための州政府への賦与，鉄道などの交通網を整備するための民間会社への賦与などに加えて，公有地処分の中心となったのは，家族農場を振興するための未開拓地の賦与や売却であった．自立した農民は民主主義社会の基盤である，という認識が共有された．こうして，未開拓地は家族農場から構成される農業社会へと姿を変えた．大地主を生み出すような政策はとられなかったので，農民が中産階層を形成した．誰でもがんばって働けばお金持ちになれる，というアメリカンドリームは，社会経済的な上昇の原動力となった．

一方，ブラジルでは，植民地時代にカピタニア制に基づいて統治が行われ，各地で開拓を促進するために大規模な土地（セズマリア）が賦与された．大地主はプランテーションや大牧場（ファゼンダ）を経営した．そして小数の地主が広大な土地を所有し，ほとんどの人々は土地を持たないという社会構造が生まれた．その結果，農村には中産階層は形成されなかった．そして，明瞭な社会経済階層と貧富の格差が固定化された．農地改革の動きはあるけれども，大土地所有の伝統が修正される兆しはみられない．

12.2.2.4 都市構造

都市構造と居住行動についても著しい差が存在する．すでに第7章と第9章でみたとおり，アメリカ合衆国では，バージェスが20世紀はじめのシカゴの研究を通じて，中心業務地区（CBD）を中心として，工場地帯と漸移地帯，労働者住宅地帯，優良住宅地帯，通勤者住宅地帯が同心円状に展開することを示した．都市が外側に拡大する過程で，貧しい人々は都心の周辺部に，経済的に豊かな人々は都市の縁辺部に居住した．現代の都市構造においても，郊外に工業団地，オフィスパーク，ショッピングモールなどが建設されて，郊外が繁栄する一方で，都心周辺部の衰退が著しい．また，都心部と郊外の分離が目立つ．貧しい人々が都心の周辺部に居住し，裕福な人々の住宅地が郊外に広がるという基本的構造には大きな変化はみられない．新たに到着した移民は，家賃や住宅価格の最も低い場所，すなわち都心に近い住宅地に流入して新たな生活を始める．

一方，ブラジルでは，リオデジャネイロで典型的にみられるように（図12.2），植民地都市という起源を反映して，都心部の広場を中心に行政，宗教，消費の機能が集積し，その周辺に上流階層が居住する．歴史家ギデオン・ショーバーグ（Sjoberg, G.）が提示した前産業都市のように，工業機能は欠落する．上流階層の居住地の外側には中産階層や少数派集団が居住し，その外側は下流階層の住宅地である．さらに最も外側には不法占拠地区や不良住宅地区（スラム）が存在する．農村から流入した人々は，都市の縁辺部の空き地を不法占拠して住み始める．時間の経過とともに住宅の状況は改善され，数年が経過すれば土地の既得権が認められる．かつてのスラムは時間の経

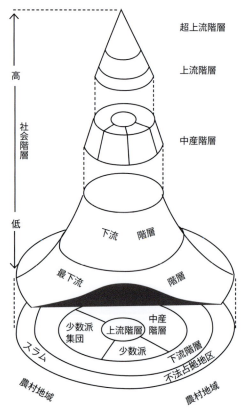

図 12.1　ラテンアメリカの伝統的な都市構造
Morris and Pyle (1971) による.

過とともに，それなりの住宅地に姿を変える．新たに流入する人々はさらに外側の空き地を不法占拠して，住宅地の形成に営む．そうした住宅地は徐々にグレードアップしていく．

　アメリカ合衆国とブラジルの場合，こうした都市構造を規定するのは，都市における人間の住み方の違いである．アメリカ人は移動性に富んでいて，盛んに住み替える．その背景に存在するのは，自分の状況に応じて住宅と住宅地を選択する，という発想である．自分の状況というのは家族規模や経済状況である．家族が増えれば，住んでいる住宅に部屋を増築するのではなく，大きな住宅を探して住み替える．所得が増えれば，自分の所得にふさわしい住宅地を選択して住み替える．このような居住地選択と住み替えを繰り返すことによって居住地域の分化が生じ，同じ住宅地には同じ属性を持つ人々が暮らすようになる．その結果，どの住宅地に住んでいるかは，その人の属性，特に社会経済的地位を示す指標となる．

　一方，ブラジル人は地縁や血縁の関係を重視する．スラムに生活していても，経済的な余裕ができると，アメリカ人のように住み替えるのではなく，自分の家に投資して住宅を改善する．こうして，地域社会が維持されるとともに，住宅と住宅地は時間の経過とともに改善される．

　アメリカ合衆国では，新しい移民は都心周辺部に流入し，経済的に豊かになると，より外側の住宅地に引っ越す．こうした住み替えを繰り返すことによって，郊外の豊かな住宅地へ住民の移動が起き，その結果，人も富も地域外に流出する．都市更新やジェントリフィケーションを除くと，貧しい住宅地が豊かな住宅地に変わることはない．一方ブラジルでは，人々は移動しないので，蓄積された富が居住地へ還元される．さらに，都市の縁辺部に新しい人々が流入し，同じプロセスを繰り返して，都市は外延的に拡大する．

　以上，4点についてアメリカ合衆国とブラジルを比較した．ブラジルはポルトガル植民地が独立してできた国であり，スペイン植民地から独立した多くの国々とは確かに異なる点も認められる．また，旧スペイン植民地の国々にも，よくみれば明らかなように，地域差が存在する．しかし，ブラジルは他のラテンアメリカの国々と多くの共通点を持っている．アメリカ合衆国とブラジルの比較から明らかになった地域差は，アメリカ合衆国とラテンアメリカ諸国の地域差でもある．

　それでは，このような地域差はどのような理由によって生じたのだろうか．これは，ヨーロッパから持ち込まれた社会，経済，文化のしくみの違いによる．ラテンアメリカでは，プランテーションとイベリア系牧畜を中心とした社会と経済が生まれ，その基盤となったのは大土地所有制と階層社会であった．一方，アメリカ合衆国では，北西ヨーロッパから小農と混合農業の伝統が導入され，アメリカ合衆国の経済や社会の発展の基盤となった（矢ケ崎，2008）．

12.3　アメリカ社会のグローバル化

12.3.1　移民の役割

　アメリカ人とアメリカ社会はどのようにグロー

バル化しているのか，また，世界のグローバル化にどのような役割を演じているのか．いくつかの事例を考えてみよう．

アメリカ国勢調査局（U.S. Census Bureau）のホームページをみると，人口時計（Populatin clock）のコーナーにアメリカ合衆国の総人口が示されており，人口増加の様子が理解できる．

19世紀中頃までは北西ヨーロッパからの移民が主流を占め，彼らは旧移民と呼ばれた．19世紀末からは新移民と呼ばれる南・東ヨーロッパからの移民が急増した．20世紀後半以降，ヨーロッパからの移民が減少する一方で，ラテンアメリカとアジアからの移民が多数（約80％）を占める．アメリカ合衆国へ移民を送り出す地域は時代によって変わったが，この国は常に移民を引きつける力を維持している．かつてアメリカ合衆国に移民を送り出したヨーロッパ諸国も日本も，今日では外国から労働力を受け入れる必要がある．アメリカ合衆国は，継続して移民を引きつけるという点で，世界でも異色の国である．移民は単純労働力として，また科学技術の発達を促す頭脳として，この国の発展を支える存在であり，アメリカ社会を変革する原動力でもある．

第44代大統領のバラク・オバマ大統領はアメリカ合衆国初のアフリカ系大統領であった．父親はケニア出身の留学生で，カンザス出身の白人女性との間にバラクが生まれた．父親はルオ族の出身というから，アメリカ合衆国でなければオバマ大統領は誕生しなかったに違いない．写真12.4

は2008年11月の大統領選挙で，オバマの勝利を報じたロサンゼルス地域の新聞である．

12.3.2 学術の世界

最近のアジア系とヒスパニックの増加は，アメリカ社会をゆっくりと変えつつある．例えば，アメリカ地理学者協会が発行する年報（Annals of the American Association of Geographers）には，従来の英語による論文要旨に加えて，2008年からスペイン語と中国語の要旨が掲載されるようになった．フランス語やドイツ語といったいわゆる伝統的なアカデミック言語ではなく，スペイン語や中国語であるという点は，中国系の地理学研究者の最近の活躍（特にGIS関係が多い）と，アメリカ社会におけるヒスパニックの存在感を反映したものであろう．

アメリカ合衆国の大学ではグローバル化が進んでいる．というのは，大学では人的な多様性を尊重するしくみができあがっており，教員に占める外国人比率は高い．特に研究中心型の大学では，原則としてその大学院の修了生を教員として採用することはしないし，外国人教員がたくさんいる．大学院博士課程を持たない大学では，教員はすべて他大学の出身者となる．必要な人材を確保するために，教員の採用に際して公募が一般に行われるが，超一流の研究中心大学では，空きポストができれば，最適な人材を世界中から探して，国籍その他を問わずに採用するという．いずれにせよ，アメリカ合衆国では世界中から有能な人材を確保するというしくみが確立しており，これが大学の競争力を高めている．

アメリカ合衆国における地理学研究の主要大学に関して，資料が古いのが難点であるが，教員数，同大学院出身者数，出生地を示したのが表12.1である．博士号を取得した母校で教える教員はごく少数に限られる．なお，アメリカ合衆国では博士号（Ph.D.）は研究職での運転免許証のようなもので，すべての専任教員がこの学位を取得している．外国生まれの人が外国人だと仮定すると，外国人がかなり高い比率を占めていることがわかる．なお，外国人の研究者が多いという傾向は，地理学に特有の現象ではない．学長が外国

写真12.4　オバマ大統領誕生を報じるロサンゼルス地域の新聞（2008年11月，筆者撮影）

表 12.2　主要大学における地理学教員の構成

大学	教員総数	同大学院出身者数	出生地 米国	出生地 外国	出生地 不明
ウィスコンシン大学マディソン校	18	2	11	5	2
カリフォルニア大学バークリー校	13	1	3	6	4
クラーク大学	15	0	7	4	4
ペンシルヴェニア州立大学	21	0	11	6	4
ミネソタ大学	23	2	12	5	6

Gude to Programs in Geography in the United States and Canada 1998-99 により集計.

写真 12.5　観光地としての映画の都ハリウッド（2023 年 11 月，筆者撮影）

人の大学もある．よりよい研究環境を求めて，世界各地から研究者がアメリカ合衆国の大学を目指す．日本人のノーベル賞受賞者のなかにも，アメリカ合衆国の研究教育機関で仕事をしてきた研究者が少なくない．

12.3.3　消費生活

外国人が活躍するのは学術の世界だけではない．プロスポーツ界でも外国人の活躍が目立つ．メジャーリーグベースボールではラテンアメリカ系やアジア系の外国人選手が活躍する．日本人のプロ野球選手のなかには，またプロ野球選手を目指す若者のなかには，メジャーリーグで活躍することを夢見る人々が少なくないだろう．世界中から選手を引き付けるプロスポーツは野球だけではない．バスケットボール，アイスホッケー，アメリカンフットボールでも，外国人選手の活躍が目立つようになった．スポーツ留学も盛んになっており，アメリカ合衆国の大学に進学して，プロ選手を目指す若者も増えている．

消費生活においてもグローバル化が進んでいる．アメリカ合衆国で発展した生活様式は世界中に広まった．ファストフード，ファッション，音楽，映画など，私たちの日常生活にはアメリカ的なものが多く存在する．なかでも映画や音楽は，世界中から観光客を集める観光資源でもある（写真 12.5）．

アメリカ合衆国で生まれた小売形態もグローバル化した．通信販売という小売形態の発達については第 1 章で概要を述べたが，シアーズローバック社の分厚い通信販売カタログは，アメリカ的生活様式の等質性を助長した．アメリカ人にとって，通信販売カタログはアメリカ文化を象徴する存在となり，外国に居住するアメリカ人が母国の生活文化を知るための教材ともなった．日本でも，衣料品や日用雑貨など，通信販売を利用する人々が多い．最近ではインターネットショッピングがますます人気を集めている．チェーンストアやスーパーマーケットもこの国で誕生した．大規模スーパーマーケットチェーンは主流の小売業の形態として普及し，世界中に広まった（写真 12.6）．

アメリカ合衆国で誕生した小売形態であるショッピングモールも世界中に拡散した．ショッピングモールの写真をみただけでは，それがアメリカ合衆国なのか，日本なのか，それともブラジルなのか，判読することは容易ではない．もっとも，ショッピングモールが導入された地域では，その生活様式に適合するように独自の変形が行われてきたし，日常生活におけるショッピングモー

写真 12.6　アメリカ合衆国で生まれた世界最大のスーパーマーケットチェーン（2018 年 2 月，筆者撮影）

ルの役割には地域差が存在する.

アメリカ合衆国のショッピングモールは,郊外の開発とモータリゼーションを反映し,郊外居住者の日常的な生活空間の一部を構成する.郊外は住宅地,小売商業施設,生活関連の施設から構成され,そこでは住民の階層分化は進んでいない.ショッピングモールは郊外の地域社会を象徴する存在であり,単に買い物の場だけではなく,人々が交流し,若い夫婦が小さな子供を遊ばせ,青少年が入り浸り,高齢者が散歩を楽しむ空間である.子供時代を外国で過ごしたアンダーヒルは,その著書『なぜ人はショッピングモールが大好きなのか』のなかで,アメリカ合衆国に帰国してショッピングモールに出かけ,そこに本当のアメリカを発見し,アメリカ中産階層社会への帰属意識を持つことができたと語っている(Underhill, 2004).

一方,公共交通機関への依存度が高い日本では,都心の商業施設が健在であり,ショッピングモールは特別な商業施設であり,数が限られる.貧富の格差が大きく犯罪が多発するブラジルでは,ショッピングモールは会員制クラブのように隔離された空間であり,そこでは安全性が確保される.すなわち,ショッピングモールはグローバル化すると同時に,ローカル化も進行している.

12.4 世界の博物館

世界各地からアメリカ合衆国を目指す移民にとって,この国は終着駅である.国内を移動することはあっても,さらに外国に永続的に移動することはない.移民はやがてアメリカ人となり,アメリカ生まれの子供は生まれながらのアメリカ人となる.アメリカ合衆国は移民にとっての終着駅であると同時に,世界の文化の終着駅でもある.

移民の出身地は時代によって異なるが,移民はその時代の文化や最先端の技術をこの国に導入した.それらのなかには,アメリカ的な生活様式や生産様式を作り上げるために活用されたものもあったし,大きく変形されずに残存するものも,また消滅するものもあった.故郷の文化に基づいて移民が新たに作り上げたものも存在する.いつの時代においても,移民はこの国に活力と多様性をもたらす原動力なのである.

アメリカ合衆国で発展した技術や文化のルーツを探ると,世界各地から持ち込まれたものが基盤になっていることが多い.例えば,農業についてみると,北西ヨーロッパから導入された混合農業の伝統,そして家畜や作物が調整され,新しい農業様式が誕生した.また,スウェーデン系移民がデラウェア川沿いのニュースウェーデンに持ち込んだ丸太小屋の建築様式は,フロンティアの象徴となり,アメリカ人の質素な開拓生活の代名詞となった.丸太小屋で生まれたエイブラハム・リンカーンが,ホワイトハウスにまで上り詰めたという成功物語は,長く語り継がれている(写真12.7).

アメリカ合衆国には各地に移民博物館があり,移民の歴史や故郷の文化は移民集団ごと記憶され記録される.移民のなかには,母国を喪失した人々もいる.ロシアのボルガ川流域から移住したボルガドイツ人や,黒海沿岸地域から移住した黒海ドイツ人は,故国から排除されたため,その文化や伝統や歴史は,ネブラスカ州やノースダコタ州を中心に継承される(写真12.8).シカゴのカンボジア系移民博物館は,カンボジアの文化と伝統の存続を目指すとともに,大虐殺が行われたキリングフィールドで命を奪われた人々を追悼する施設でもある.なお,移民博物館に加えて,ネイ

写真12.7 エイブラハム・リンカーン生誕地国立歴史公園に展示された丸太小屋(2013年8月,筆者撮影)

写真12.8 ネブラスカ州リンカーンにあるロシア系ドイツ人アメリカ歴史協会の本部（2013年8月，筆者撮影）

写真12.9 リトルトーキョーの二宮金次郎像（2008年8月，筆者撮影）

ティブアメリカン博物館やアフリカ系アメリカ人博物館も多くあり，エスニック文化が記憶され記録される（矢ケ﨑，2018）．

民俗学者の柳田國男は方言周圏論を唱えた．方言は文化の中心地から周辺に向かって同心円状に拡散するため，中心から遠く離れた場所に古い文化要素が残存するという考え方である．この発想を応用すると，次のような仮説が考えられる．

ある時代の移民が持ち込んだ文化要素のなかには，本国から遠く離れたアメリカ合衆国という場所で，そのまま大きく変形することなく維持されるものがある．しかし，その文化要素の起源地では，時間の経過とともに変化が生じ，古いものは失われる．その結果，アメリカ合衆国には移民が持ち込んだ古い文化が残存する．さまざまな移民集団がさまざまな時代に文化要素を持ち込んだため，アメリカ合衆国には世界の古い文化要素が存在する（矢ケ﨑，2018）．

ヨーロッパ系移民が持ち込んだもの，アフリカ人奴隷が持ち込んだもの，アジア系移民が持ち込んだもの，ラテンアメリカ系移民が持ち込んだものはどれも多様である．アメリカ合衆国は世界を主導するような新しい科学技術や文化を作り出し，それをグローバルに発信する．同時に，この国には世界各地の古い文化要素が残っており，そうした古いものに対する関心が維持されている．日本であまりみられなくなった二宮金次郎像は，ロサンゼルスのリトルトーキョーのランドマークの1つである（写真12.6）．この国は，新しいものを生み出すアメリカという表層と，古いものが残存するアメリカという基層から構成される．このように考えると，アメリカ合衆国は世界の博物館にちがいない．

　　　　　　　　　　　　　［矢ケ﨑典隆・二村太郎］

●●●●●●●●●●●●● 課題学習 ●●●●●●●●●●●●●

❶ アメリカ合衆国はなぜ隣接するカナダやメキシコとは異なる地理的特徴を持つのだろうか．

❷ アメリカ合衆国とブラジルが異なる社会や経済の発展を経験したのはなぜだろうか．

❸ アメリカ合衆国ではなぜグローバル化が進んだのだろうか．

文 献

小塩和人・岸上伸啓 編（2006）：〈朝倉世界地理講座13〉アメリカ・カナダ，418p，朝倉書店．

矢ケ﨑典隆（2008）：南北アメリカ研究と文化地理学—3つの経済文化地域の設定と地域変化に関する試論—．地理空間，1(1)：1-31．

矢ケ﨑典隆 編（2018）：移民社会アメリカの記憶と継承—移民博物館で読み解く世界の博物館アメリカ—，308p，学文社．

de Blij, H. (2008): American regional appellations: Farewell to "Latin" America? *AAG Newsletter*, **43**(8): 4.

Morris, F. B. and Pyle, G. F. (1971): The social environment of Rio de Janeiro in 1960. *Economic Geography*, **47**: 286-299.

Underhill, P. (2004): *Call of the Mall*, 240p, Simon & Schuster［鈴木主税 訳（2004）：なぜ人はショッピングモールが人好きなのか，340p，早川書房］．

索　引

ア　行

アイスホッケー　85, 126
アグリビジネス企業　47
アシエンダ　115
アパラチア山脈　3, 11, 57
アファーマティブアクション　74
アフリカ系アメリカ人　128
アーミッシュ　41
アムトラック　26
アメリカ
　——型農業様式　5
　——的生活様式　6
　——先住民　3, 13, 44
　→　ネイティブアメリカン　127
　——中産階層社会　127
アメリカ化　10
アメリカ地理学者協会　125
アメリカ・ファースト　20, 58
アメリカンドリーム　123
アメリカンフットボール　85, 126
新たなサービス下層　60
アングロアメリカ　119

異議申し立ての時代　74
イギリス連邦　120
遺伝子組み換え作物　54
移民　33, 101, 124
移民社会　122
移民博物館　35, 127
イリノイ＆ミシガン運河　25
因子生態分析　72
インターステートハイウェイ　27, 64, 69
インターネットショッピング　126
インド系移民　112
インナーシティ（都心周辺部）　18, 62, 72, 74, 91

映画　126
エスニシティ　112
エスニック意識　10
エスニックコミュニティ　72
エスニック集団　33
エスニックタウン　41
エスニック地区　92
エスニックビジネス　41
エスニックフェスティバル　35
エスニック文化　128
エスノバーブ　84, 117
エリー運河　24

エルノルテ　82

扇形モデル　71
オガララ帯水層　53
オートアレー　30
オバマ大統領　125

カ　行

海外直接投資　63
海岸山脈　13
海岸平野　3
外国人労働力　53
外資系企業　68
カーギル社　49
カスケード山脈　13
カスケード地震　17
家族農場　46
カトリック　80, 120
カナダ　55, 64, 119
環境保護庁　19
環状道路　32

企業的養豚業　51
気候　3, 14, 45, 57, 105
キャッシュレス　78
キューバ系移民　115
極西部　82
居住地選択　124
キリスト教　80
金融資産　79

クォーターセクション　47
グランドキャニオン　13
グリーン・ニューディール政策　19
クレジットカード　78
グレートプレーンズ　11
グローバリゼーション（グローバル化）　63, 124
グローバル・シティ　60

ケイジャン　37
　——料理　84
ゲイテッドコミュニティ　75
契約栽培　48
軽量軌道交通（LRT）　79
毛皮交易所　4
ケンタッキーフライドチキン　83

公共交通機関　79
航空交通　27

合計出生率（TFR）　99
高校スポーツ　86
公有地　46
高齢者専用住宅地域　105
高齢人口移動　104
高齢人口割合　100
国勢調査　121
国土　1, 22, 66, 83
穀物基地　30
国境　120
国境効果　68
国境線　120
コムギ　45
コルディエラ山　12
ゴルフ　87
混血　121
コーンベルト　49

サ　行

サッカー　87
サブプライムローン　78
サラダボウル論　35
サンアンドレアス断層　14
3月の狂乱　86
産業構造　34, 55
サンタアナ　19
サンフランシスコ大地震　16
サンベルト　57, 67, 102

シアーズバロック社　6
シェアリングカー　80
シエラネヴァダ山脈　12
ジェントリフィケーション　17, 75, 93, 124
自家用車　79
資源　28, 53, 55
自然環境　3, 11, 36
自然災害　16
自動車運転免許　80
自動車組立工場　31, 64
社会経済階層　123
社会地区分析　72
ジャガイモ　44
写真結婚　39
写真花嫁　39
シャスタ山　13
州（province）　120
州（state）　120
主流派社会　74
消費生活　126

情報通信技術（ICT）　61
植生　7, 14
食肉工場　26
食文化　83
植民地都市　123
食料生産　44
ショッピングモール　77, 123, 126
所得格差　88
シリコンヴァレー　61, 110
新型コロナウイルス　76
人口移動　29
人口構造　99
人口重心　29
人口の高齢化　100
新自由主義　88
人種のるつぼ論　35
人種民族構成　121
新大陸　2
深南部　82

水運　24
スノーバード　105
スノーベルト　58
スーパーバリオ化　116
スーパーファンド法　19
スーパーマーケット　77
スパングリッシュ　9
スペイン植民地　4
スポーツ　85
　→　高校――　86
　→　大学――　86
　→　プロ――　85
スラム　123
スワードの愚行　24

生活様式　77
西漸運動　29
製造業ベルト　55, 58, 64
精肉業ゴールデントライアングル　113
精密農業　48
世界都市　75
世界の博物館　127
セクターモデル　71
セグリゲーション　18, 92
積極的差別是正措置　74
ゼリンスキー　7
前コロンブス時代　3
先住民　22, 33, 83, 92, 120
　アメリカ――　3, 13, 44
　→　ネイティブアメリカン　127
センターピボット　15, 49
前適応　40
セントローレンス川　4
ゼンノーグレイン　30
全米選手権　86

創造階級　62

タ　行

大アパラチア　82
タイガ　15
大学スポーツ　86
大規模灌漑農業　50
大規模食肉工場　50
大規模酪農　51
タイドウォーター　82
大土地所有制　122
太平洋岸　3
太平洋の火の環　11
タイムパフォーマンス　78
大陸横断鉄道　5, 25, 68
タウンシップ制　4
タウンシップ・レンジ方式　4
多核心モデル　71
滝線都市　12, 66
多国籍企業　63
多人種　109
脱工業化社会　59
竜巻回廊　16
多民族社会　33, 120
単一人種　109

地域区分　2, 7
地域主義　10
地域性　3, 8
地域認識　1, 8
地下水管理組合　53
地誌学　1
チャイナタウン　42
中央平原　23
中国系移民　111
中国人排斥法　34, 111
中心業務地区（CBD）　123
中部アメリカ　119
中部植民地　22
鳥趾状三角州　12

通信販売システム　6

鉄道交通　25
テニス　87
デネヴァン，ウィリアム　3
デルモンテ社　51
転出移動　105
転入移動　105
天然資源　55

トウェイン，マーク　14
同心円モデル　70
トウモロコシ　5, 44
道路交通　26
都市景観　69
都市構造　31, 123
都市システム　66
ドミニカ系移民　114

トルネード・アレイ　16

ナ　行

内陸低地　3
南部植民地　22

日米貿易摩擦　64
日系アメリカ人　20
日系移民　122
日系企業　68
ニューアムステルダム　82
ニューイングランド植民地　22
ニューフランス　82
ネイティブアメリカン　127
　→　アメリカ先住民　3, 13, 44

農業構造　122
農業地域区分図　47
農業の工業化　48
農業労働力　53

ハ　行

倍加年数　101
排日移民法　34
バスケットボール　85, 86
ハート・セラー法　112
ハブ空港　28, 80
バーベキュー　84
バリオ　114
バリオ化　116
ハリケーン・カトリーナ　18

ピザ　83
ヒスパニック　9, 37, 102
ビッグスリー　75
引越し　78
ヒートアイランド現象　73
標準大都市統計地域（SMSA）　7

ファーストネーション　82
ファストフード　126
ファブレス企業　63
ファーマーズマーケット　84
フィードロット　50
プエルトリコ系移民　114
フォーディズム　57
ブドウ　44
ブラジル　121
フランス植民地　4
フランチャイズチェーン　6
プランテーション　45
不良住宅地区　123
フロストベルト　58
プロスポーツ　85
プロテスタント　80, 120
フロンティア　8, 29

文化地域　119
　　──　区分　7
分極化　60
分断　10

平均寿命　99
ベイスン・アンド・レンジ　13
米墨戦争　23
ベトナム系移民　112
ベビーブーム　99

ホスト社会　39, 74, 122
没場所化　70
ホームステッド法　4, 46
ホームランド　37

マ　行

丸太小屋　127

ミシシッピ川　30
ミッション　115
ミッドランド　82
ミュア，ジョン　20
民族島　40

メイプルシロップ　83
メガチャーチ　83
メガロポリス　66, 103
メキシカン・ビバリーヒルズ　116
メキシコ　120
メキシコ系移民　114

メジャーリーグベースボール　126
メソアメリカ　5, 45
メルティング・ポット論　35

モータリゼーション　5, 26, 73
持ち家　78
モビリティ　28
モルモン教　82
モルモン教徒　80
モン系難民　112

ヤ　行

野外博物館　41
野球　85
ヤンキーダム　82

余剰穀物　54
ヨーロッパ文化圏　4

ラ　行

ライフコースモデル　106
ラティーノ　113
ラテンアメリカ　109, 119
ランチョ　115

リタイアメント・コミュニティ　106
リトルイタリー　42
リトルオーサカ　117
リトルトーキョー　117, 128
リーマンショック　75

ルイジアナ購入　23

レタス　52
レフトコースト　82
連邦準備銀行（FRB）　78

ローカルフード　84
ロサンゼルス　115
ロッキー山脈　3, 11
ロマ・プリータ地震　16
ロングロット　45

ワ　行

ワイン　52
ワスプ（WASP）　35

英　文

BID（Business Improvement Districts）　96
CBD　→　中心業務地区
FRB　→　連邦準備銀行
GAFAM　67
ICT　→　情報通信技術
LCC　80
LRT　→　軽量軌道交通
SMSA　→　標準大都市統計地域
TFR　→　合計出生率
WASP　→　ワスプ

編集者略歴

二村太郎(ふたむらたろう)
1975年　千葉県に生まれる
2008年　ケンタッキー大学大学院修了
　　　　同志社大学アメリカ研究所専任研究員を経て
現　在　同志社大学グローバル地域文化学部准教授
　　　　Ph.D.（地理学）

矢ケ﨑典隆(やがさきのりたか)
1952年　石川県に生まれる
1982年　カリフォルニア大学バークレー校大学院修了
　　　　東京学芸大学教育学部教授，日本大学文理学部教授を経て
現　在　東京学芸大学名誉教授
　　　　Ph.D.（地理学）

シリーズ〈世界を知るための地誌学〉
アメリカ　　　　　　　　　　　　　　　　定価はカバーに表示

2025年4月5日　初版第1刷

編集者　　二　村　太　郎
　　　　　矢　ケ　﨑　典　隆
発行者　　朝　倉　誠　造
発行所　　株式会社　朝倉書店
　　　　　東京都新宿区新小川町6-29
　　　　　郵便番号　162-8707
　　　　　電話　03(3260)0141
　　　　　FAX　03(3260)0180
　　　　　https://www.asakura.co.jp

〈検印省略〉

© 2025〈無断複写・転載を禁ず〉　　シナノ印刷・渡辺製本

ISBN 978-4-254-16952-2　C 3325　　　　Printed in Japan

JCOPY　〈出版者著作権管理機構　委託出版物〉
本書の無断複写は著作権法上での例外を除き禁じられています．複写される場合は，そのつど事前に，出版者著作権管理機構（電話 03-5244-5088，FAX 03-5244-5089，e-mail: info@jcopy.or.jp）の許諾を得てください．

地図の事典

日本地図学会 (監修)／森田 喬 (編集代表)

B5 判／532 ページ　ISBN：978-4-254-16358-2　C3525　定価 19,800 円（本体 18,000 円＋税）

「知る」「作る」「使う」を軸にした総合事典。あらゆるものが地図的表現の対象となりうる今日，地図リテラシーの基幹部分を示すべく，専門家に限らずすべての利用者に向け編集。〔内容〕地図を知る（地図とは何か／地図の歴史／地図と社会／地図の種類／地図の挑戦）／地図を作る（地図の原理／地図作成の類型／地図の作図・デザイン／地図の製作・複製／ネットワーク環境の地図）／地図を使う（地図利用の基本／地図の目的別利用／地図の入手／地図の保存・活用／地図と教育・研究）

地誌トピックス 1 グローバリゼーション ―縮小する世界―

矢ケ﨑 典隆・山下 清海・加賀美 雅弘 (編)

B5 判／152 ページ　ISBN：978-4-254-16881-5　C3325　定価 3,520 円（本体 3,200 円＋税）

交通機関，インターネット等の発展とともに世界との距離は小さくなっている。第 1 巻はグローバリゼーションをテーマに課題を読み解く。文化の伝播と越境する人，企業，風土病，アグリビジネスやスポーツ文化を題材に知見を養う。

地誌トピックス 2 ローカリゼーション ―地域へのこだわり―

矢ケ﨑 典隆・菊地 俊夫・丸山 浩明 (編)

B5 判／152 ページ　ISBN：978-4-254-16882-2　C3325　定価 3,520 円（本体 3,200 円＋税）

各地域が独自の地理的・文化的・経済的背景を，また同時に地域特有の課題を持つ。第 2 巻はローカリゼーションをテーマに課題を読み解く。都市農業，ルーマニアの山村の持続的発展，アフリカの自給生活を営む人々等を題材に知見を養う。

地誌トピックス 3 サステイナビリティ ―地球と人類の課題―

矢ケ﨑 典隆・森島 済・横山 智 (編)

B5 判／152 ページ　ISBN：978-4-254-16883-9　C3325　定価 3,520 円（本体 3,200 円＋税）

地理学基礎シリーズ，世界地誌シリーズに続く，初級から中級向けの地理学シリーズ。第 3 巻はサステイナビリティをテーマに課題を読み解く。地球温暖化，環境，水資源，食料，民族と文化，格差と貧困，人口などの問題に対する知見を養う。

世界地誌シリーズ 2 中国

上野 和彦 (編)

B5 判／180 ページ　ISBN：978-4-254-16856-3　C3325　定価 3,740 円（本体 3,400 円＋税）

教員を目指す学生のための中国地誌学のテキスト。中国の国と諸地域の地理的特徴を解説する。〔内容〕多様性と課題／自然環境／経済／人口／工業／農業と食糧／珠江デルタ／長江デルタ／西部開発と少数民族／都市圏／農村／世界の中の中国

世界地誌シリーズ 5 インド

友澤 和夫 (編)

B5 判／160 ページ　ISBN：978-4-254-16925-6　C3325　定価 3,740 円（本体 3,400 円＋税）

インド地誌学のテキスト。インド共和国を中心に，南アジアの地域と人々のあり方を理解するために最適。〔内容〕地域編成と州／巨大人口と多民族社会／自然／農業／鉱工業／ICT 産業／交通と観光／農村／巨大都市圏／他

世界地誌シリーズ 6 ブラジル

丸山 浩明 (編)

B5 判／184 ページ　ISBN：978-4-254-16926-3　C3325　定価 3,740 円（本体 3,400 円＋税）

ブラジル地誌学のテキスト。アマゾン，サンバ，コーヒー，サッカーだけでなくブラジルを広く深く理解するために。〔内容〕総論／自然／都市／多民族社会／宗教／音楽／アグリビジネス／観光／日本移民／日本の中のブラジル社会／サッカー

世界地誌シリーズ 7 東南アジア・オセアニア

菊地 俊夫・小田 宏信 (編)

B5 判／176 ページ　ISBN：978-4-254-16927-0　C3325　定価 3,740 円（本体 3,400 円＋税）

東南アジア・オセアニア地域の地誌学のテキスト。自然・生活・文化などから両地域を比較しつつ，その特色を追求する。〔内容〕自然環境／歴史・文化の異質性と共通性／資源／伝統文化／グローバル化と経済活動／都市の拡大／比較地誌

世界地誌シリーズ 8 アフリカ

島田 周平・上田 元 (編)

B5 判／176 ページ　ISBN：978-4-254-16928-7　C3325　定価 3,740 円（本体 3,400 円＋税）

アフリカ地誌学のテキスト。〔内容〕自然的多様性・民族的多様性／気候・植生／生業と環境利用（焼畑・牧畜・ブドウ栽培）／都市と農村／都市環境問題／地域紛争／グローバル化とフォーマル経済／開発援助・協力／大衆文化／日本との関係

世界地誌シリーズ 9 ロシア

加賀美 雅弘 (編)

B5 判／184 ページ　ISBN：978-4-254-16929-4　C3325　定価 3,740 円（本体 3,400 円＋税）

ロシア地誌学のテキスト。自然・産業・文化などから全体像をとらえ，日本や東アジア，世界との関係性を解説する。〔内容〕総論／国土と自然／開発と資源／農業／工業／社会経済／都市／伝統文化／民族と地域文化／日本・世界との関係

世界地誌シリーズ 10 中部アメリカ

石井 久生・浦部 浩之 (編)

B5 判／168 ページ　ISBN：978-4-254-16930-0　C3325　定価 3,740 円（本体 3,400 円＋税）

中部アメリカ地域の地誌学のテキスト。自然と災害・民族・産業などを概観し，欧米・世界との関係を解説する。〔内容〕地域概念・区分／自然と災害／民族と文化／農業／経済・都市／人と富の移動／貧困と格差／地政学／ツーリズム／他

世界地誌シリーズ 11 ヨーロッパ

加賀美 雅弘 (編)

B5 判／180 ページ　ISBN：978-4-254-16931-7　C3325　定価 3,740 円（本体 3,400 円＋税）

教員を目指す学生のためのヨーロッパ地誌学テキストの改訂版。大きく変容するヨーロッパ・EU を多面的な視点から解説する。〔内容〕総論／自然環境／農業／工業／都市／観光／市民の暮らし／地域主義・民族／移民問題／国境／世界と EU

シリーズ〈世界を知るための地誌学〉 日本

仁平 尊明・菊地 俊夫 (編)

B5 判／ 144 ページ　ISBN：978-4-254-16951-5　C3325　定価 3,850 円（本体 3,500 円＋税）

日本の地誌をわかりやすく解説する好評テキストを現在の地誌研究に即してアップデート。社会科教員を目指す学生だけでなく，日本を知りたいすべての人に。本文カラー。〔内容〕日本地誌の見方，考え方／北海道／東北／関東／中部／近畿／中国／四国／九州／さまざまな姿からみた日本の地域像／日本の地誌は何に役立つか

地理学基礎シリーズ1 地理学概論 （第2版）

上野 和彦・椿 真智子・中村 康子 (編)

B5 判／ 180 ページ　ISBN：978-4-254-16819-8　C3325　定価 3,630 円（本体 3,300 円＋税）

中学・高校の社会科教師を目指す学生のスタンダードとなる地理学の教科書を改訂。現代の社会情勢，人類が直面するグローバルな課題，地球や社会に生起する諸問題を踏まえて，地理学的な視点や方法を理解できるよう，具体的に解説した。

地理学基礎シリーズ2 自然地理学概論

高橋 日出男・小泉 武栄 (編著)

B5 判／ 180 ページ　ISBN：978-4-254-16817-4　C3325　定価 3,630 円（本体 3,300 円＋税）

中学・高校の社会科教師を目指す学生にとってスタンダードとなる自然地理学の教科書。自然地理学が対象とする地表面とその近傍における諸事象をとりあげ，具体的にわかりやすく，自然地理学を基礎から解説している。

地理学基礎シリーズ3 地誌学概論 （第2版）

矢ケ﨑 典隆・加賀美 雅弘・牛垣 雄矢 (編著)

B5 判／ 184 ページ　ISBN：978-4-254-16820-4　C3325　定価 3,740 円（本体 3,400 円＋税）

中学・高校教員を目指す学生のための定番教科書。全編カラー。〔内容〕身近な地域の地誌／地域変化の歴史地誌／朝鮮半島／中国／インド／東南アジア／オーストラリア／中東／ヨーロッパ／アメリカ合衆国／ラテンアメリカ／アフリカ／他

地理を学ぼう 海外エクスカーション

島津 弘・伊藤 徹哉・立正大学地理学教室 (編)

B5 判／ 116 ページ　ISBN：978-4-254-16359-9　C3025　定価 2,860 円（本体 2,600 円＋税）

海外を舞台としたエクスカーションの進め方と具体的な事例を紹介。実際に行くのが難しい場合の「紙上エクスカーション」の手引きとしても。〔内容〕アウシュヴィッツ／シンガポール／シアトル／ニューカレドニア／カナリア諸島／マニラ／他

空間解析入門 ―都市を測る・都市がわかる―

貞広 幸雄・山田 育穂・石井 儀光 (編)

B5 判／ 184 ページ　ISBN：978-4-254-16356-8　C3025　定価 4,290 円（本体 3,900 円＋税）

基礎理論と活用例〔内容〕解析の第一歩（データの可視化，集計単位変換ほか）／解析から計画へ（人口推計，空間補間・相関ほか）／ネットワークの世界（最短経路，配送計画ほか）／さらに広い世界へ（スペース・シンタックス，形態解析ほか）

上記価格は 2025 年 3 月現在